Nordpol

Grant Ld.
Smith-Sd.
Etah
Thule
Baffin-Bai
Peary Ld.
Grönland
Franz-Josef-Ld.
Karisches M.
Nowaja-Semlja
Karl-Vorland
Königs-B.
Green B.
Grönland-See
Spitzbergen
Barents-See
Bären I.
Nordkap
Jan Mayen
H.I. Kola
Skandinavien
Finnland
Leningrad
Nördl. Polarkr.
Westl. L. 0 Östl. Länge v. Greenw.

Wilkins' u. Eielsons Flug u. Marsch 1927
Wilkins' u. Eielsons Flug 1928
Amundsen 1925
Byrd 1926
Amundsen-Ellsworth-Nobile 1926
Nobiles 2. Flug 1928
" " 3. " "

DIE 100 BEDEUTENDSTEN ENTDECKER

George Hubert Wilkins (1888–1958)

George Hubert Wilkins

Über der Arktis

Der erste Langstreckenflug über das Eismeer

1928

Ins Deutsche übertragen von
Niels-Arne Münch

Herausgegeben und eingeleitet
von Cornelia Lüdecke

EDITION ERDMANN

Inhalt

Teil III
Erfüllung — 181

Einleitung

von Cornelia Lüdecke

Beschäftigt man sich mit Sir Hubert Wilkins, wird man in den Bann einer faszinierenden Person gezogen, die als autodidaktischer Naturforscher, erfahrener Polarforscher und Pilot großartige Dinge geleistet und Meilensteine gesetzt hat. Bei all seinen Unternehmungen kamen ihm die Eigenschaften und Fähigkeiten eines Photographen, Kameramannes und Reporters, der Leidenschaft für seinen Beruf, gute Intuition, Hartnäckigkeit und persönlichen Ehrgeiz mitbringt, sehr zugute. Wer war dieser Mann, den heutzutage in Deutschland keiner mehr kennt?

George Hubert Wilkins wurde am 31. Oktober 1888 als 13. und letztes Kind eines Schafzüchters auf einer weit abgelegenen Farm in Netfield (Mount Bryan East bei Hallet in South Australia, Australien) geboren. Nach seinen schier rastlos wirkenden Einsätzen und Expeditionen, die ihn auf alle Kontinente und in alle Polarregionen führten, starb er am 30. November 1858 siebzigjährig überraschend in einem Hotel in Farmington (Massachusetts, Vereinigte Staaten von Amerika). Seine Asche wurde von dem Atom-U-Boot *USS Skate* während der ersten Durchquerung der Arktis in einem U-Boot zum Nordpol gebracht und am 17. März 1959 der Polarnacht übergeben. Zwischen den beiden Eckdaten von Geburt und Tod liegt ein bewegtes und erfolgreiches Forscherleben, das im Jahr 1928 durch die Adelung zum »Sir« für seine Verdienste in der Erforschung der Arktis gewürdigt wurde.

Wilkins verbrachte seine Kindheit auf der elterlichen Farm, die in vielen Jahren sehr unter dem Mangel an Niederschlag litt.

Der Junge spielte hauptsächlich mit einheimischen Kindern, den Aborigines, mit denen er praktische Erfahrung im australischen Outback sammelte. So entwickelte er schon früh ein tiefes Verständnis für die ihn umgebende Natur und große Neugier, Unbekanntes zu entdecken und zu erkunden. Als Farmerssohn war er es zudem gewohnt, die Wetterzeichen am Himmel zu deuten: Wo bilden sich Wolken? Wie sehen sie aus? Bringen sie Regen? Zudem waren ihm die örtlichen Bauernregeln sicherlich bekannt. Als während einer verheerenden Dürre im Jahr 1901 fast die Hälfte aller Schafbestände verdurstete, begann sich Wilkins als Dreizehnjähriger intensiv mit der Meteorologie zu beschäftigen, war doch das Wetter, insbesondere der mangelnde Regen, für den Niedergang der väterlichen Farm verantwortlich. Darüber hinaus las Wilkins als Teenager viel und bildete sich auf diese Weise naturkundlich weiter.

Um die Wende ins 20. Jahrhundert gab es noch keine langfristige Wettervorhersage, die nach Wilkins' kindlicher Vorstellung Dürrezeiten schon ein Jahr im Voraus ankündigen würde, um rechtzeitig Vorkehrungen treffen zu können. Seiner Meinung nach müsste es künftig möglich sein, mit Vorwissen und Vorbedacht die Tiere vor dem Verdursten und die Familien vor der Aufgabe ihrer Existenz zu schützen. Innerhalb von 20 Jahren wollte er auf der ganzen Welt das Wetter studieren, um in den anschließenden 20 Jahren einen internationalen Wetterdienst aufzubauen, der die Polarregionen mit einschloss. Diese Idee war seiner Jugend geschuldet und dem Umstand, dass wohl nur wenige auf der Südhemisphäre überhaupt die bereits 1879 gegründete Internationale Meteorologische Organisation (IMO) kannten, welche die Aktivitäten der noch sehr jungen staatlichen Wetterdienste koordinierte. Außerdem wurde bereits 1882/83 das Internationale Polarjahr mit einem Netz von zwölf temporären meteorologischen Stationen rund um den Arktischen Ozean durchgeführt. Zur weiteren Förderung der Wettervorhersage organisierte das Komitee der IMO zudem vom 1. Mai 1896 bis zum 1. Mai 1897 ein Internationales

Wolkenjahr, an dem sich 21 Länder beteiligten und nach einem besonderen Schema Wolkenbeobachtungen durchführten. Aus der Anordnung der Wolken und ihrer Zugrichtung wurde damals auf die Zugbahn von Tiefdruckgebieten geschlossen und daraus eine Wettervorhersage für den folgenden Tag abgeleitet.

1905 gab Wilkins' Vater wegen der immer wiederkehrenden Dürrezeiten frustriert seine Farm auf und die Familie zog in einen Vorort von Adelaide. Der nun siebzehnjährige Hubert schrieb sich in die Südaustralische Bergbau- und Industrieschule (*South Australian School of Mines and Industries*) ein, die er aber ohne Abschluss verließ, um dann schließlich nach Sydney zu gehen, wo er in der aufstrebenden australischen Filmindustrie sein Glück versuchen wollte. 1911 kehrte Wilkins 23-jährig dem heimischen Kontinent den Rücken und ging nach England, wo er seine Karriere als Kameramann und Reporter begann.

Innerhalb der nächsten 45 Jahre sollten ihn mehrere Expeditionen in die Arktis und in die Antarktis führten, wobei er sowohl Flugzeuge als auch ein U-Boot als neue Verkehrsmittel verwendete. Um die Hintergründe seiner Ideen und den Antrieb seiner teilweise sehr gewagten Expeditionen zu verstehen und um seine Leistungen einordnen zu können, muss man die jeweiligen Entwicklungen in anderen Ländern der Nordhemisphäre hinsichtlich der Verwendung von U-Booten und Flugzeugen in Polargebieten und der Einrichtung von polaren Wetterstationen und einem internationalen Wetterdienst betrachten.

Die Verwendung von Luftschiffen und Flugzeugen in der Arktis wurde schon vor dem Ausbruch des ersten Weltkrieges getestet oder für Forschungszwecke konkret in Erwägung gezogen. Nach den vergeblichen Versuchen des Amerikaners Walter Wellman in den Jahren 1906, 1907 und 1909, während der Wellman Chicago Record Herald Polar Expedition von Spitzbergen aus die Arktis mit einem Luftschiff zu erkunden, sollten während der Deutschen Arktischen Zeppelinexpedition im Jahr 1910 die notwendigen Grundlagen für die Verwendung von Luftschiffen im hohen Norden untersucht werden. Es stellte sich jedoch heraus, dass die Zeppeline damals aus technischen Gründen für solche Expeditionen noch nicht geeignet waren. Außerdem musste erst die sogenannte aerologische Navigation (Navigation aufgrund der Kenntnis des Wetters in Flughöhe) entwickelt werden, für die meteorologische Daten aus den hohen Luftschichten der Arktis benötigt wurden. Mithilfe der Wetterinformationen wollte man beispielsweise den während des Fluges auftretenden Stürmen oder Nebelbänken optimal ausweichen können. Folglich wurde 1911 ein ganzjährig besetztes Deutsches Observatorium am Adventfjord auf Spitzbergen eingerichtet, das 1912 nach Ebeltofthamna in der Cross Bay umzog und bis zum Ausbruch des Ersten Weltkrieges im Jahr 1914 kontinuierlich mit jährlich wechselnden Mannschaften in Betrieb war. Die Männer führten sogenannte aerologische Aufstiege mit Drachen und Ballonen durch, an denen Registriergeräte für die Messung von Luftdruck, Temperatur und relativer Luftfeuchtigkeit befestigt waren. Auf diese Weise erhielten sie wichtige Wetterinformationen aus den hohen Luftschichten bis über 1500 Meter. Mit freifliegenden Ballonen, den sogenannten Pilotballonen, wurden zusätzlich die Windrichtung und Windgeschwindigkeit bis in über 5400 Metern Höhe bestimmt.

Bereits 1911 hatte der Westpreuße Herbert Schröder-Stranz begonnen, für seine auf fünf Jahre angelegte Deutsche Arktische Expedition zur Erforschung der Nordostpassage Sponsoren zu suchen. Sein Plan sah vor, 1913 aufzubrechen und die neueste Verkehrstechnik in die Polarforschung einzuführen, indem er mit einem Aeroplan (Flugzeug) die sibirische Küste erkunden wollte. Als jedoch seine Trainingsexpedition nach Spitzbergen Ende 1912 zur größten deutschen Polarkatastrophe führte – acht Teilnehmer, darunter auch der Expeditionsleiter Schröder-Stranz, starben bzw. gingen verschollen – kam die Expedition nicht mehr zur Ausführung.

Wie auch der norwegische Polarforscher Roald Amundsen lernte Wilkins noch vor dem Ersten Weltkrieg begeistert, ein Flugzeug zu fliegen, ohne jedoch einen Pilotenschein zu machen. Von nun an ließ ihn die Faszination, die Erde aus der Luft zu erkunden, nie mehr los. Die zweite Säule, auf die sich neben der Fliegerei Wilkins' künftige Tätigkeiten stützen würden, ergab sich durch die Aufforderung, als Photograph Vilhjálmur Stefánsson während der Canadian Arctic Expedition (1913–1918) auf dem Schiff *Karluk* in die Beaufortsee zu begleiten. Stefánsson hatte mehrjährige Polarerfahrung und war durch das Zusammenleben mit den Inuit zu der Überzeugung gekommen, dass man in der Arktis ohne weiteres ›vom Lande leben‹ könne. Seine neue Expedition stand jedoch unter keinem guten Stern, denn als er die *Karluk* mit fünf Begleitern, darunter auch Wilkins, im September 1913 für einen zehntägigen Jagdausflug verließ, wurde das Schiff in einem Sturm losgerissen, geriet in die Eisdrift und sank im Januar 1914. Von der schiffbrüchigen Mannschaft starben im Lauf der Zeit elf Mann und nur neun überlebten auf der Wrangelinsel. Nach der Trennung von der *Karluk* instruierte Stefánsson seine fünf Begleiter, wie sie im Sturm am besten überleben können. Insbesondere lernten sie beim Marsch über das brüchige Meereis, zu erkennen, wo es zum Queren fest genug und wo es zu dünn war. Wilkins sog Stefánssons Ratschläge begierig auf und machte sich die Überlebenstechniken schnell zu eigen. Dennoch konnte er sich nicht daran gewöhnen, auf dem Eis weite Strecken zu Fuß oder im Hundeschlitten zurückzulegen. Stattdessen träumte er davon, ohne körperliche Schinderei mit Flugzeugen in unbekannten Regionen nach Neuland zu suchen.

Stefánsson wusste nichts über das Schicksal der *Karluk* und machte auch gar keine Anstalten, sich um diesen Teil der Expedition zu kümmern. Durch die neue Situation nach dem Sturm änderte er einfach seinen zuvor festgelegten Expeditionsplan dahingehend, dass er seine Begleiter verließ und bis 1918 die Beaufortsee alleine erkundete. Den gelehrigen Wilkins betrachtete er inzwischen als seinen Stellvertreter und betraute ihn damit, als Verbindungsmann den Kontakt zum Versorgungsschiff und der zuvor an Land abgesetzten Wissenschaftlergruppe aufrechtzuerhalten. Währenddessen mussten die Überlebenden der *Karluk* auf der Wrangelinsel auf Hilfe warten. Schließlich kehrte Wilkins 1916 in die Zivilisation zurück, um bis zum Ende des Ersten Weltkrieges als Kameramann für Wochenschauen auf Kriegsschauplätzen zu filmen.

Nach dem Krieg wurde die Idee, mit Flugzeugen die Nordpolarregion zu erkunden, in Deutschland wieder aufgegriffen und Anfang 1919 in zwei Artikeln in Petermanns Geographischen Mitteilungen näher erläutert. Ziel war die topographische und meteorologische Untersuchung des nördlichen Polarbeckens. Außerdem sollte das Flugzeug seine Verwendbarkeit als selbständiges Forschungsmittel für geographische Untersuchungen in Polargebieten beweisen. Für die Forschungsflüge waren schnelle und leichte Doppeldecker vorgesehen, während schwere Flugzeuge zur Nachschublieferung von Treibstoff und Lebensmitteln den Pendelverkehr zu den vorgeschobenen Etappenlagern aufnehmen sollten. Alle Flugzeuge bekämen für die arktischen Gegebenheiten Schwimmer, deren Unterseiten als Gleitkufen ausgebildet wären. Die Flugbasis sollte an der Westküste Spitzbergens liegen. Im Vorfeld wurden zur Abschätzung der meteorologischen Gegebenheiten die bislang auf Expeditionen gemessenen meteorologischen Daten analysiert, die das Frühjahr als günstigsten Zeitraum für Arktisflüge ergaben. Dieser ambitionierte und überaus kostspielige Plan kam jedoch nie über das Diskussionsstadium hinaus.

Während des Ersten Weltkrieges hatte aus militärischen Gründen eine rasante Entwicklung der Luftschiffe stattgefunden und so ist es nicht erstaunlich, dass Wilkins 1919 zunächst daran dachte, mit einem Luftschiff in die Arktis zu fliegen. Es hatte eine viel größere Reichweite und Tragkraft als jedes Flugzeug, war allerdings viel teurer und längst nicht so schnell und wendig. Außerdem konnte er keinen Sponsor für den Erwerb eines Luftschiffes finden.

Da Wilkins nach seiner Rückkehr aus der Arktis als erfahrener Polarforscher galt, wurde er aufgefordert, an einer neuen

Polarexpedition teilzunehmen. Diesmal sollte es in die entgegengesetzte Richtung, zur Antarktis, gehen. Die überaus großzügig geplante British Imperial Antarctic Expedition (1920–1922) unter der Leitung von John Lachlan Cope war die erste, die in der Antarktis mehrere Flugzeuge ähnlich dem in Deutschland skizzierten System verwenden wollte. Erstes Ziel der rund 50 Teilnehmer umfassenden Expedition war das Rossmeer, um dort in den Gebirgszügen nach nutzbaren Bodenschätzen zu suchen und mit Flugzeugen das eisige Hochplateau zu erforschen. Daran sollte sich auf dem Expeditionsschiff innerhalb von fünf Jahren eine Umrundung des antarktischen Kontinents mit besonderer Erkundung des Enderbylandes anschließen. Unterwegs galt das Interesse auch dem Vorkommen und der Wanderung der Wale. Wilkins war fasziniert von der Idee, während der Expedition eine permanent besetzte Station in der Antarktis einzurichten, um mit den Daten das Wetter in Australien für Monate oder gar Jahre vorhersagen zu können. Ein dahingehendes unveröffentlichtes Manuskript über den ökonomischen Wert der antarktischen Meteorologie für die Landwirte in Australien aus dem Jahr 1920 liegt heute im Byrd Polar Research Center an der Ohio State University in Columbus (Ohio, Vereinigte Staaten von Amerika), wo sich auch der übrige Wilkins-Nachlass befindet.

Da Copes Expeditionsplan jenseits aller finanzierbaren Möglichkeiten lag, konnte stattdessen nur eine kleine Gruppe aus vier Mann zur Antarktischen Halbinsel aufbrechen, die in der Einbuchtung Paradise Harbour, in der heute die chilenische Antarktisstation *Almirante Braun* liegt, ein provisorisches Camp einrichtete. Wilkins, der ursprünglich als wissenschaftlicher Expeditionsleiter vorgesehen war, musste auf die Verwendung von Flugzeugen verzichten und so blieb ihm nichts anderes übrig, als die Umgebung im Boot zu erkunden. Er war sehr unbefriedigt, denn mit einem Flugzeug hätte er viel mehr erreichen können. Cope und Wilkins verließen die Antarktis unverrichteter Dinge, als sie am 3. März 1921 auf einem Walfangschiff die nächste

Mitfahrgelegenheit nach Norden nutzten. Die beiden jungen Wissenschaftler Thomas Wyatt Bagshawe und Maxime Charles Lester hingegen blieben im Süden und überwinterten unter einfachsten Bedingungen, um meteorologische Beobachtungen aufzuzeichnen und geologische und biologische Sammlungen anzulegen. Im folgenden Jahr holte sie verabredungsgemäß ein Walfänger wieder ab.

Kaum war Wilkins wieder aus der Antarktis zurück, bekam er eine Anfrage von Ernest Shackleton, an seiner nächsten Expedition auf der *Quest* als Naturforscher, Kameramann und Pilot eines kleinen Flugzeuges teilzunehmen. Elektrisiert sagte er zu, denn so bekäme er die Gelegenheit, geeignete Orte für seinen geplanten Ring von meteorologischen Stationen um die Antarktis einzurichten. Es kam jedoch anders. Wegen eines starken Sturmes im Atlantik wurde der Zeitverlust so groß, dass Shackleton, statt Kapstadt zur Aufnahme der Überwinterungsausrüstung und des Flugzeuges anzulaufen, direkt nach Rio de Janeiro segelte. Dadurch war Wilkins seiner eigentlichen Aufgabe enthoben, aber Shackleton bot ihm ersatzweise die Möglichkeit, mit einem Walfangschiff nach Südgeorgien vorauszufahren, um dort die Insel zu erkunden. Bekanntlich starb Shackleton am Morgen des 5. Januar 1922 an einem Herzanfall auf der *Quest* im Hafen von Grytviken, nachdem er von seinem ersten Landgang auf Südgeorgien zurückgekehrt war. Auf Wunsch seiner Frau wurde er auf dem Friedhof von Grytviken beerdigt. Nach einer erfolglosen Fortsetzung der Expedition kehrte diese im Juni 1922 nach London zurück. Auf der Rückreise entdeckte Wilkins noch bei einem Aufenthalt auf der südatlantischen Insel Tristan da Cunha eine neue Vogelart, die Wilkins-Ammer (*Nesospiza wilkinsi*).

Wieder zurückgekehrt beschäftigte sich Wilkins weiter mit seinem globalen Netz von Wetterstationen, dessen Entwurf er der Royal Meteorological Society in London einreichte. Dieser sah 32 Stationen in der Arktis und zwölf Stationen rund um die Antarktis vor, die mindestens 15 Jahre in Betrieb sein sollten. Die Gründung eines Internationalen Wetterbüros war sein großes Ziel. Offenbar war ihm nicht bekannt, dass es schon vor dem Ersten Weltkrieg Bestrebungen der IMO gab, meteorologische Stationen am Rande der Arktis einzurichten, um insbesondere aerologische Aufstiege durchzuführen. Aus diesem Grunde wurde damals schon die Kommission für Polarmeteorologie der IMO (kurz: Polarkommission) gegründet.

Nach dem Krieg wollte Roald Amundsen Fridtjof Nansens gescheiterte Expedition zum Nordpol mit Erfolg wiederholden und eine mehrjährige Drift auf seinem neugebauten Polarforschungsschiff *Maud* entlang der sibirischen Küste durchführen, die durch gleichzeitige meteorologische Messungen an Wetterstationen im hohen Norden von Kanada, Großbritannien, Norwegen und Finnland unterstützt werden sollte. Zur selben Zeit plante der Däne Knud Rasmussen, während seiner 5. Thule-Expedition (1921–1924) nördlich der Hudson Bay zu überwintern, was sich ebenfalls zur Zusammenarbeit anbot. Die Polarkommission der IMO nahm jedenfalls Amundsens Plan zum Anlass, das polare Messnetz zu erweitern und sprach eine entsprechende Empfehlung an ihre Mitgliedstaaten aus, bis zum Ende von Amundsens Expedition im Jahr 1925 insbesondere in arktischen Regionen Wetterbeobachtungen durchzuführen.

Die Anfang der 1920er Jahre erfolgte Entwicklung der Polarfronttheorie durch Vilhelm Bjerknes und seine sogenannte Norwegische Schule in Bergen, die die Wettervorhersage revolutionieren sollte, erweckte ein großes Interesse an meteorologischen Daten aus dem hohen Norden. Die völlig neue Betrachtungsweise meteorologischer Vorgänge basiert auf dem Modell einer Front, die auf der Nordhemisphäre von Norden nach Süden vordringende kalte Polarluft gegenüber der von Süden nach Norden einströmenden warmen Tropenluft abgrenzt und die bis zu ihrer Auflösung in östlicher Richtung wandert. Dabei entstehen Tiefdruckgebiete, die das Wettergeschehen maßgeblich beeinflussen, sodass die Pole nachgerade als Wettermacher der gemäßigten Zonen angesehen werden können.

Schon nach der ersten Überwinterung (1921/22) erkannte Amundsen, dass er – wie zuvor auch Nansen – während der Drift nicht weit genug nach Norden vordringen würde, um den Pol erreichen zu können. Nachdem er bereits 1914 einen Pilotenschein gemacht hatte, wollte er nun die Fliegerei in die Polarforschung einführen, die seiner Meinung nach den Hundeschlittengespannen weit überlegen sei. So startete er zusammen mit dem Piloten Oskar Omdal im Sommer 1922 von Wainwright an der Nordwestküste Alaskas aus zu einem Probeflug, der jedoch in einer Bruchlandung endete. Beim zweiten Flugversuch in Wainwright am 10. Juni 1923 wurde bei der Landung das Fahrgestell zerstört und damit auch die Hoffnung, durch die Luft zum Pol zu gelangen bzw. die Vision, über den Arktischen Ozean von Kontinent zu Kontinent zu fliegen.

Amundsens damaliger Sponsor Konsul Hammer hatte eine Hilfsexpedition vorbereitet, um im Falle einer Notlandung Amundsens auf einem Junkers-Flugzeug von Spitzbergen aus auf dem Packeis Lebensmitteldepots einzurichten. Nachdem seine Hilfsexpedition jedoch überflüssig geworden war, änderte Hammer den Expeditionsplan dahingehend, dass nun eine luftphotographische Erkundung von Westspitzbergen unter der Leitung des Schweizer Alpenfliegers und Luftbildphotographen Walter Mittelholzer durchgeführt wurde, an der Kurt Wegener, ehemaliger Meteorologe am Deutschen Observatorium in Ebeltofthamna, als Spitzbergenkenner teilnahm. Nach einem Erkundungsflug führten sie am 7. und 8. Mai 1923 erfolgreich Photoflüge über dem Inland Spitzbergens aus. Damit war der wissenschaftliche Nutzen von Flugzeugen in der Arktis bildlich vor Augen geführt.

Inzwischen bewegte sich Wilkins wieder in wärmeren Gefilden. 1922 hatte er den Auftrag bekommen, in Wort und Film über die Hungersnot in Russland zu berichten. Daran schloss sich von 1923 bis 1925 eine Expedition in das Innere Australiens an, um die Naturkundliche Sammlung des *British*

Museum in London durch Pflanzen, Tiere und Ethnographica von den Aborigines zu ergänzen.

Während Wilkins im australischen Outback sammelte, wurde 1924 unter der Präsidentschaft des Polarforschers Fridtjof Nansen die Internationale Studiengesellschaft zur Erforschung der Arktis mit Luftfahrzeugen (kurz: Aeroarctic) mit Sitz in Berlin gegründet, um zunächst für eine künftige transarktische Flugroute von Europa nach Tokio bzw. San Francisco mit einem Zeppelin einen Forschungsflug in die russische Arktis durchzuführen.

Inzwischen hatte Amundsen, der nie Mitglied der Aeroarctic wurde, glücklicherweise einen Sponsor für seine neue Expedition gefunden. Der Amerikaner Lincoln Ellsworth ermöglichte den Kauf von zwei deutschen Dornier 10-t Wal-Wasserflugzeugen, N 24 und N 25, mit denen sie 1925 von Ny-Ålesund auf Spitzbergen zum Nordpol fliegen wollten. Der norwegische Meteorologe Jacob Bjerknes, der an der Entwicklung der Polarfronttheorie seines Vaters mitgewirkt hatte, übernahm die Wetterberatung in Ny-Ålesund. Von 20 Wetterstationen rund um die Arktis empfing er seit Anfang Mai 1925 die per drahtlose Telegraphie verschickten Berichte über Luftdruck- und Temperaturverhältnisse und zeichnete damit täglich Wetterkarten zur Flugwettervorhersage. Am 21. Mai sagte Bjerknes ab Mittag wolkenlosen Himmel voraus, sodass der Flug zum Nordpol starten konnte. Unterwegs landeten die beiden Flugzeuge wegen einer genauen Ortsbestimmung bei 87°43'N und 10°20'W. Dabei ging Ellsworths N 24 zu Bruch und erst nach langen Mühen und schier endlosen Fehlstarts gelang es ihnen schließlich, am 18. Juni mit Amundsens N 25 nach Spitzbergen zurückzukehren. Von ihrem Landeplatz brachten sie zudem eine Echolotmessung der Ozeantiefe mit, die sich auf 3750 Meter belief und andeutete, dass sich in der Nähe kein Land befinden konnte.

Nach seiner Rückkehr bereitete Amundsen im Frühjahr 1926 mit Ellsworths erneuter finanzieller Unterstützung die

Überquerung des Nordpols mit dem Luftschiff *Norge* vor, das der Italiener Umberto Nobile konstruiert hatte. Die Amundsen-Ellsworth-Nobile Expedition wurde jedoch von dem Amerikaner Richard Evelyn Byrd überrumpelt, der überraschend in Ny-Ålesund auftauchte und drei Tage vor Amundsens Start am 9. Mai 1926 als erster auf einer Fokker zum Nordpol flog. Viele Jahre später stellte sich dieser Flug jedoch als Fake heraus.

Weil Luftschiffe wegen der trägen Bewegung in der Luft sehr verletzlich waren, legte Amundsen besonderen Wert auf eine gute Wetterberatung für seinen Flug, die diesmal von Finn Malmgren durchgeführt wurde, der als einer der erfahrensten Polarmeteorologen galt. Malmgren sammelte auf Spitzbergen ebenfalls telegraphische Wettermeldungen und führte zudem ergänzende aerologische Aufstiege zur Analyse der meteorologischen Bedingungen in hohen Luftschichten durch. Für ihren Start am 11. Mai 1926 nutze Amundsen eine stabile Wetterlage mit einem Hoch über dem Nordpol, an dessen westlicher Grenze Spitzbergen lag. Dennoch trat unterwegs Eisbildung auf der Außenhaut des Luftschiffes auf, der sie jedoch einigermaßen begegnen konnten. Nach 71 Flugstunden landete die *Norge* am 14. Mai in Teller nahe Nome (Alaska) und hatte damit als erstes Luftfahrzeug den Nordpol und den Arktischen Ozean überquert.

Im selben Jahr plante Wilkins mit amerikanischer Finanzierung die Detroit Arctic Expedition, um mit zwei holländischen Fokker-Flugzeugen, der dreimotorigen *Detroiter* und der einmotorigen *Alaskan*, zu erkunden, ob sich nördlich der kanadischen Inselwelt noch unentdecktes Land befindet. Ziel war insbesondere die Gegend um den Pol, die von allen Landmassen am weitesten entfernt lag. Im Gegensatz zu Amundsen verzichtete Wilkins für seinen Flug auf eine spezielle Wetterberatung, da er sich auf seine eigene Erfahrung verließ. Im Lauf der Jahre hatte er ein Verständnis für die Verteilung von Hoch- und Tiefdruckgebieten und die dadurch hervorgerufenen Windrichtungen entwickelt, das ihn anhand der Wolkengebilde erkennen ließ, wo sich Stürme bildeten, die es zu meiden galt. Die Wettervorhersage anhand der Luftdruck- und Wolkenverteilung unter Berücksichtigung der Windrichtung war damals noch allgemeiner Standard der Wettervorhersage, während die Polarfronttheorie in Deutschland erst in der zweiten Hälfte der 1930er Jahre in Wetterkarten berücksichtigt wurde. Dennoch war Wilkins' Weitstreckenflug, der über unbekannte Gebiete der Arktis führen sollte, äußerst gewagt, weil er fast einen Tag unterwegs sein würde und keinerlei Informationen über das Wetter in der Zielregion um Spitzbergen einholte.

Wilkins wollte als Navigator zusammen mit seinem Piloten Carl Ben Eielson zunächst von Fairbanks (Alaska) aus Treibstoff und Ausrüstung nach Barrow fliegen. Noch vor dem ersten Start verunglückte ein Reporter tödlich, der aus Unachtsamkeit von einem Propeller erfasst wurde. Außerdem endeten die Probeflüge beider Flugzeuge in Bruchlandungen. Nach einer mühevollen Reparatur gelang es schließlich, mit der *Alaskan* über das rund 1500 Meter hohe Endicott-Gebirge im Landesinnern nach Barrow an die nördlichste Küste Alaskas zu fliegen und sogar noch 160 Kilometer weiter auf die Beaufortsee hinaus bis auf 74°N. Nach weiteren Versorgungsflügen brach die *Alaskan* zusammen, aber alle vier Expeditionsteilnehmer konnten mit der inzwischen reparierten *Detroiter* nach Barrow fliegen und zufällig beobachten, wie Amundsens *Norge* nach der Überquerung des Nordpols in Richtung Nome nach Süden weiterflog. Sowohl Byrd als auch Amundsen hatten keinerlei neues Land in der Arktis entdeckt. Dies stachelte Wilkins an, seine Flüge im folgenden Jahr fortzusetzen.

So gründete er die Detroit News Wilkins Arctic Expedition mit dem Ziel, zusammen mit seinem erfahrenen Piloten Eielson auf zwei neuen Stinson-Doppeldeckern von Barrow aus die Arktis in nordwestlicher Richtung über eine noch völlig unbekannte Region zu queren. Zunächst wurde bei Barrow eine Basis eingerichtet, von der aus Probeflüge nach Norden starteten. Am 29. März 1927 erreichten sie auf der Suche nach vermuteten Inseln ihren nördlichsten Punkt bei 77°45'N und 175°W, bevor sie dort wegen eines Motorschadens notlanden mussten. An dieser Stelle loteten sie eine Meerestiefe von 5440 Metern. Dieses Ergebnis schloss Landmassen in der Nähe völlig aus. Nachdem sie den Motorschaden nicht beheben konnten, blieb ihnen nichts anderes übrig, als das Flugzeug zu verlassen und zu Fuß 160 Kilometer weit über brüchiges Eis nach Barrow zu gehen. Es war ein Glücksfall, dass Wilkins von Stefánsson die notwendigen Überlebenstechniken in der Arktis gelernt hatte.

Während der Expedition im folgenden Jahr startete Wilkins mit Eielson am 15. April 1928 erneut in Barrow, aber diesmal auf einem Lockheed Vega-Eindecker, der sich besser für den geplanten Langstreckenflug eignete. Sie nahmen Kurs auf Kap Columbia im Grant Land (Ellesmere Island, Nordost-Kanada) und flogen dann weiter nach Spitzbergen, wo sie nach 20 Stunden und 20 Minuten ununterbrochenen Fliegens glücklich landeten.

Ohne seine Fähigkeit, die Wolken zu deuten, wäre der Flug in einem Desaster geendet, denn Spitzbergen lag in einem ausgeprägten Tiefdruckgebiet und war von einer dichten Wolkendecke eingehüllt. Wilkins gab Eielson unterwegs die notwendigen Anweisungen zur Navigation, sodass sie während des fürchterlichen Sturmes einigermaßen sicher zwischen Kings Bay und Green Harbour am Eisfjord landen konnten. Wilkins' navigatorische Leistung war großartig, denn während des Fluges musste er in der Nähe des Magnetpols die Kompassanzeige immer wieder rechnerisch korrigieren. Mit diesem Langstreckenflug setzte er Maßstäbe. Sie hatten rund 3500 Kilometer über bislang unbekanntem Gebiet in der Arktis zurückgelegt und gezeigt, dass die von Peary, Stefánsson und anderen Forschern vermeintlich gesichteten Inseln nur aus Wasser und Eisbergen bestanden. Damit war Wilkins' Ziel erreicht. Für seine Verdienste in der Erforschung der Arktis wurde der Australier in London geadelt und nannte sich nun »Sir Hubert Wilkins«.

Da seine Flugerfahrung für die geplante Luftschiffexpedition der Aeroarctic von größter Bedeutung war, gelang es dem Vorstand der Gesellschaft, die beiden Polarhelden nach ihrer Ankunft in Kopenhagen für einen Besuch nach Berlin einzuladen. So wurden sie von einem Großflugzeug der Reichsregierung und einer Eskorte von Kleinflugzeugen in Kopenhagen abgeholt. Alle, die in Berlin Rang und Namen hatten, warteten am Flughafen Tegel gespannt auf ihre Ankunft. Regierungsvertreter, die amerikanische und britische Botschaft, die Gesellschaft für Erdkunde zu Berlin, sowie verschiedene Luftfahrtclubs ehrten die kühnen Pioniere. Die Aeroarctic ernannte Wilkins und Eielson zu ihren ersten Ehrenmitgliedern, während die Gesellschaft für Erdkunde ihnen anlässlich ihrer 100-Jahr-Feier die Karl Ritter-Medaille verlieh. In Berlin gab es auch erste Gespräche über eine mögliche Zusammenarbeit zwischen der Aeroarctic in der Arktis und Wilkins in der Antarktis, falls beide gleichzeitig ihre erneut geplanten Expeditionen realisieren könnten.

Am 25. Mai 1928, keine sechs Wochen nach Wilkins' legendärem Flug, stürzte Nobile mit seinem Luftschiff *Italia* östlich von Spitzbergen ab und löste die größte Suchaktion aller Zeiten aus, in deren Folge Amundsen auf seinem Rettungsflug nach dem Start in Bergen verschollen ging. Auch der Meteorologe Malmgren, der für die Wetterberatung auf der *Italia* mitgeflogen war, starb nach dem Unglück auf dem Eis.

Im Südsommer 1928/29 führte Wilkins mit finanzieller Unterstützung des Medien-Tycoons William Randolph Hearst die Wilkins-Hearst Antarctic Expedition zur Antarktischen Halbinsel durch. Auch hier wurde er von seinem treuen Piloten Eielson sowie einem zweiten Piloten, einem Mechaniker und einem Funker begleitet. Wilkins' Ziel war Deception Island, eine der Südshetland-Inseln, die aus einem Vulkan besteht und deren zum Meer hin offene Caldera einen geschützten Hafen bildet. Hier richteten sie Ende 1928 einen Stützpunkt ein und planierten eine improvisierte Startbahn am Strand, von der aus sie die Region nach Süden erkunden wollten. Auf einem

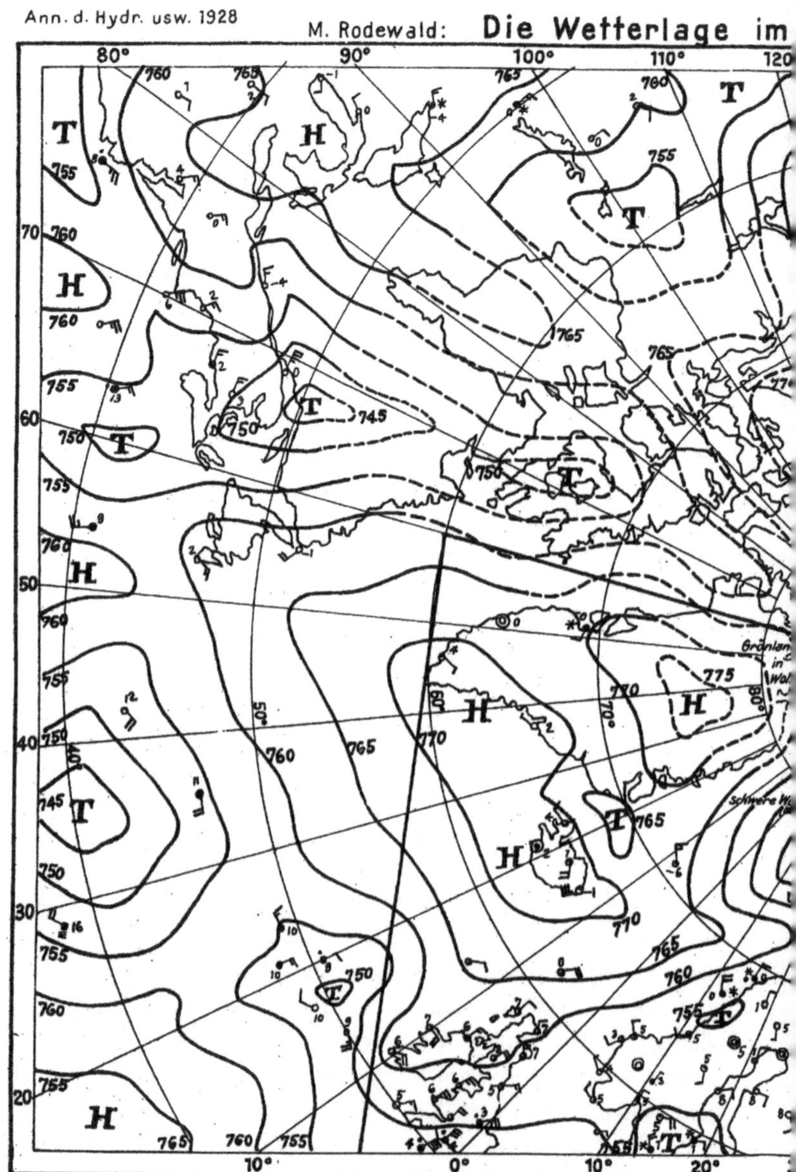

Die zirkumpolare Wetterkarte während Wilkins' Transarktisfluges vom 16. April 1928. Die Karte basiert auf Wetterbeobachtungen vom 16. April 1928, 2 Uhr Mitteleuropäische Zeit, d. h. sie beschreibt das Wetter vier Stunden nach Wilkins' Start. In dem eingesetzten unregelmäßigen Trapez ist das Wetter vom selben Tag um 14 Uhr Mitteleuropäischer Zeit eingetragen, als Wilkins sich gerade über Peary Land (Nord-Grönland) befand. Die Linien

en Polargebiet am 16. April 1928 Tafel 19

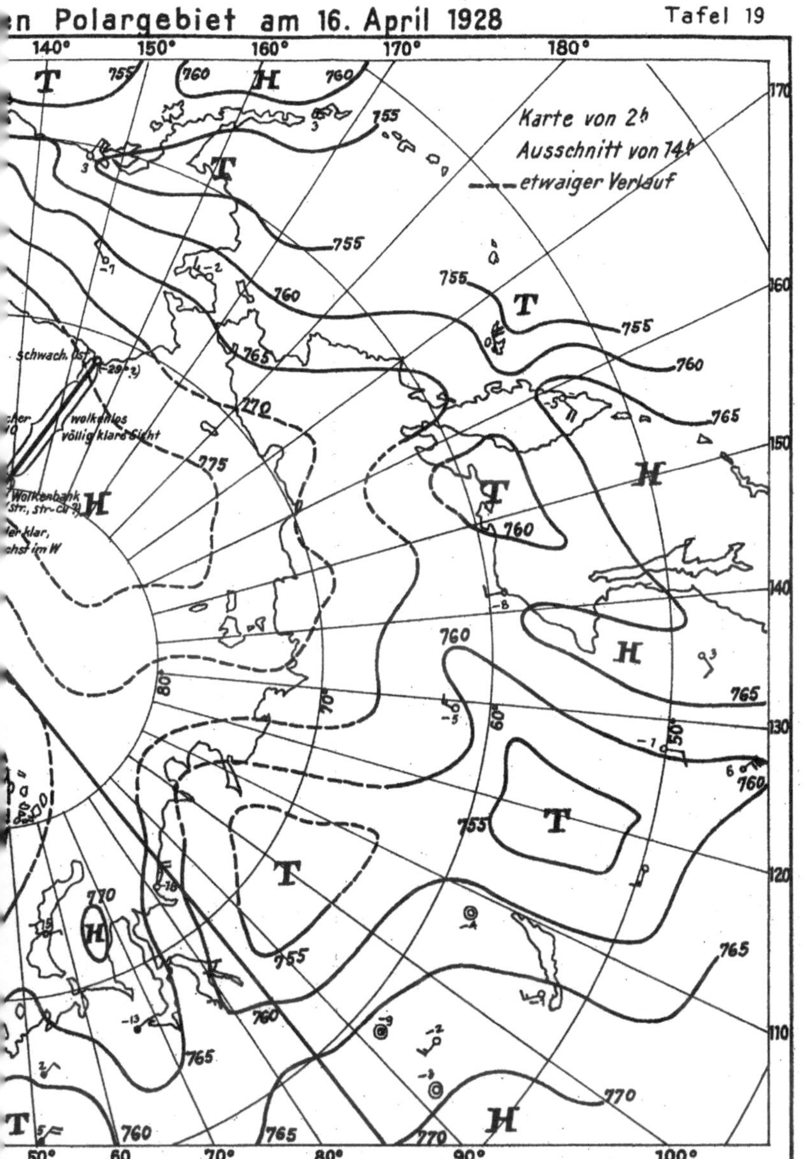

gleichen Luftdrucks wurden im Übergang von der früheren zur späteren Wetterkarte gestrichelt angepasst. Zusätzlich sind Wilkins' Beobachtungen der Windrichtung und der Bewölkung während des Fluges eingetragen. Die Wetterkarte zeigt deutlich, dass das Zentrum des von Wilkins beobachteten Tiefdruckgebietes genau über Spitzbergen lag.

Testflug in die Umgebung, es war der erste Flug in der Antarktis, konnten sie keinen günstigeren Startplatz finden. Während des ersten Langstreckenfluges am 20. Dezember 1928 verfolgten sie die Ostküste des Grahamlandes über die Trinity-Insel und Palmerland hinweg bis auf 71°S, bevor sie auf dem gleichen Weg wieder zurückkehrten. Während des zweiten Fluges am 20. Januar 1929 suchten sie über Grahamland entlang einer Strecke von 250 Kilometern vergeblich nach einem geeigneten Ort für eine vorgeschobene Flugbasis, die mit einem Schiff gut zu erreichen wäre, um von dort aus die Antarktis bis zum Rossmeer zu überqueren. Daraufhin zerlegten sie die beiden Lockheed Vega-Flugzeuge und lagerten sie über den Winter in einem Schuppen für die Nachfolgeexpedition ein. Ende des Monats verließen sie Deception Island.

Seiner größten Entdeckung während der Flüge in der Antarktis gab Wilkins den Namen Hearst Land, das seiner Meinung nach ein Teil des antarktischen Kontinents sei. Erst 1940 stellte sich heraus, dass es sich um eine Insel handelte, die heute Hearst Island heißt. Die von Wilkins entdeckten Kanäle Crane, Casey und Lurabee, die nach seinen Beobachtungen die Halbinsel in ein Archipel auflösten, stellten sich später als Gletscher heraus, während die Stefansson-Straße zum Stefansson-Sund wurde.

Als Wilkins die Antarktische Halbinsel erforschte, richtete der Amerikaner Richard Evelyn Byrd auf der ersten United States Antarctic Expedition (1928–1930) in der Walbucht (Bay of Whales) im Rossmeer die Station *Little America* ein. Von dort aus unternahm er Flüge jenseits des König-Edward-VII-Landes, wo er das Rockefeller-Gebirge und das Mary-Byrd-Land entdeckte. Auch gab Byrd an, am 28. November 1929 bis zum Südpol geflogen zu sein, was aber später angezweifelt wurde.

Als im Mai 1929 auf der Versammlung der Aeroarctic der Forschungsflug mit dem Luftschiff *Graf Zeppelin* in die konkrete Planung ging, schlug der Meteorologe und Grönlandforscher Alfred Wegener, der um zwei Jahre jüngere Bruder von Kurt Wegener, vor, Wilkins nach seiner Rückkehr aus der Antarktis

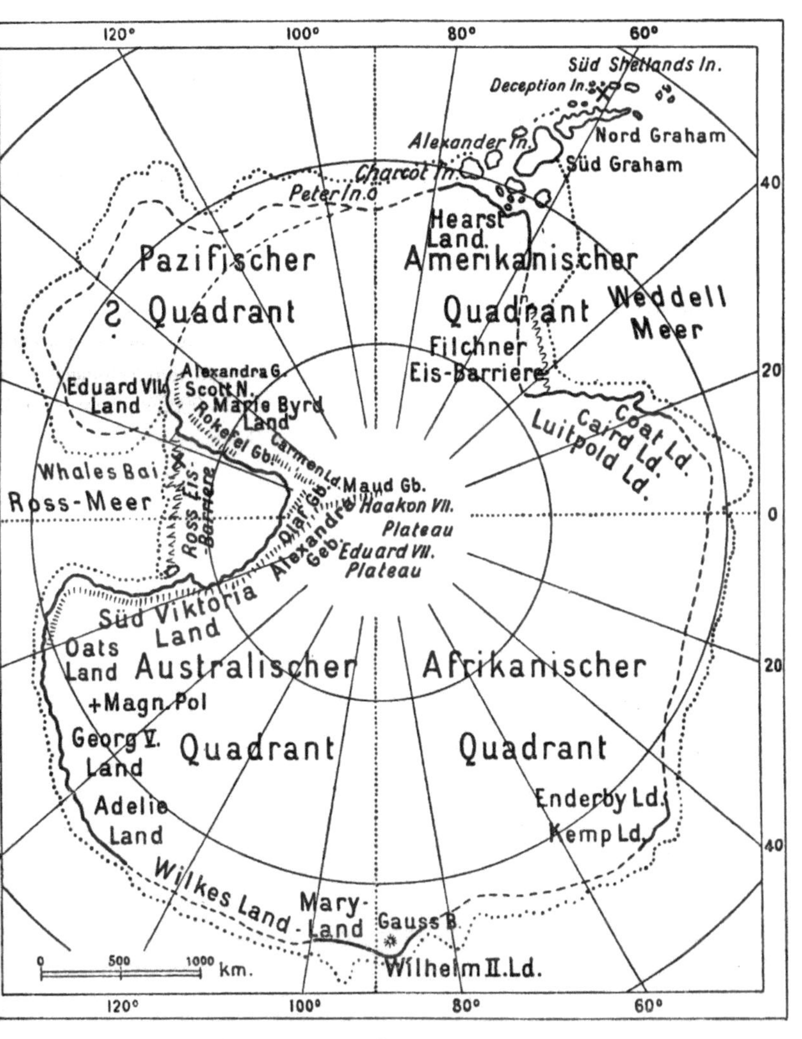

Karte der Antarktis mit den neuesten Entdeckungen
X auf Deception Island: Wilkins' Stützpunkt
X in der Whales Bai: Byrds Stützpunkt

als Vertreter der Hearst-Presse zur Teilnahme an der Expedition einzuladen.

Wilkins nahm stattdessen Hearsts Auftrag an, die Weltreise des Luftschiffs LZ 127 *Graf Zeppelin* als einer von 20 Passagieren zu begleiten und über die technischen und wissenschaftlichen Aspekte des Fluges zu berichten. Am 7. August 1929 begann die Weltreise in Lakehurst bei New York und wurde nach einem fünftägigen Zwischenstopp in Friedrichshafen am Bodensee fortgesetzt. Wilkins war fasziniert, wie der Luftschiffkommandant Dr. Hugo Eckener die per Funk in das Luftschiff übertragenen Wetterberichte verfolgte, um meteorologisch navigieren zu können, d. h. den Gewittern und Nebelbänken auszuweichen und möglichst mit dem Wind zu fliegen. Eckener passte aufgrund der empfangenen Wetterdaten die Flugroute ständig an, wobei die Abweichungen vom direkten Kurs durch die Zeitersparnis wieder aufgehoben wurden. Zusätzlich beobachtete Eckener ständig die Wolken, so wie es Wilkins auf seinen Flügen auch gemacht hatte. Dies war das verbindende Element zwischen beiden Männern. Noch waren Luftschiffe die Könige der Lüfte, aber sie würden bald abgelöst werden durch schnellere Flugzeuge, wenn deren Reichweite und Nutzlast vergrößert sein würden. Neben seiner Filmkamera zur Berichterstattung hatte Wilkins auf dem Zeppelinflug eine Trimetrogonkamera dabei, die für photogrammetrische Zwecke von der überflogenen Region drei Bilder gleichzeitig aufnahm: eines in vertikaler Richtung und zwei in Schrägrichtung nach rechts und links. Mithilfe dieser Bilder konnten später genaue Karten der überflogenen Erdoberfläche gezeichnet werden. Als der Zeppelin am 29. August wieder in Lakehurst ankam, war die Reise nach 22 Tagen beendet. Zwei Tage später heiratete Wilkins die australische Schauspielerin Suzanne Bennett.

Als Wilkins im Südsommer 1929/30 mit der zweiten Wilkins-Hearst Antarctic Expedition zur Deception-Insel zurückkehrte, konnte er auf seinen erneuten Flügen einige Entdeckungen des vorhergehenden Jahres korrigieren und ergänzen. Vor allem stellte er fest, dass Charcotland eine Insel war und dass es auf seinem Flug über das Packeis westlich von Grahamland bis 73°S und 101°W kein Land gab.

Gleichzeitig mit Wilkins und Byrd erforschte die British, Australian and New Zealand Antarctic Research Expedition (1929/30) unter der Leitung des Australiers Sir Douglas Mawson Kempland und Enderbyland und bewies vom Flugzeug aus, dass sie miteinander verbunden waren (siehe Abb. auf S. 27). Außerdem wurde die Küste vom Flugzeug und vom Schiff aus kartiert und als King George Land für die britische Krone in Besitz benommen.

Nach seiner Rückkehr aus der Antarktis lud Hearst Wilkins und seine Frau im Mai 1930 zu einem Flug auf dem *Graf Zeppelin* zwischen Lakehurst und Friedrichshafen ein. Wieder hatte Wilkins die Gelegenheit, sich mit Dr. Eckener auszutauschen. Insbesondere diskutierten sie die Möglichkeit, die Arktis mit dem Zeppelin zu erforschen. Am Bodensee angekommen fuhr das junge Paar weiter in die Schweiz, wo es Ellsworth auf sein Schloss Lenzburg eingeladen hatte. Ellsworth und Wilkins verstanden sich aufgrund ihrer ähnlichen Erfahrungen mit Flügen und Notlandungen in der Arktis sehr gut. Nun hatten sie sechs Wochen Zeit, gemeinsam neue Expeditionspläne zu schmieden. Und schon bald trat Wilkins mit einer neuen sensationellen Idee an die Öffentlichkeit: Er wollte auf seiner nächsten Expedition im Jahr 1931 mit einem U-Boot, das nach einem Umbau zur Frischluftaufnahme unterwegs das Eis durchbrechen konnte, unter dem Packeis bis zum Nordpol tauchen.

Die Idee, mit einem U-Boot in der Arktis zu tauchen, wurde erstmals im Januar 1901 von dem deutschen Erfinder Hermann Anschütz-Kaempfe thematisiert, der in einem Vortrag vor der Geographischen Gesellschaft in Wien die Frage diskutierte, ob man sich mit einem geeigneten Schiff unter dem Eis frei bewegen könne. Er dachte dabei an ein Unterseeboot, das bis in etwa 40 Meter Tiefe tauchen konnte. Unter Zugrundelegung der damals angenommenen Verteilung von Eis- und Wasserflächen, der Lichtverhältnisse unter Wasser und der Sauerstoffversorgung im U-Boot hielt er Tauchgänge im Polarmeer durchaus für möglich. Zur Navigation schlug Anschütz-Kaempfe die Verwendung des von ihm extra für diesen Zweck erfundenen »Gyroskopes« (Kreiselkompasses) vor, der später die Navigation in der Schifffahrt revolutionieren würde. Weil jedoch damals die U-Boottechnik noch nicht weit entwickelt war, wurde dieser futuristisch anmutende Expeditionsplan nicht weiter verfolgt.

30 Jahre später war Wilkins fest dazu entschlossen, als erster mit einem U-Boot den Arktischen Ozean zu durchqueren oder zumindest bis zum Nordpol zu tauchen. Zudem plante er den großen Wurf, indem er Eckener, der nach Nansens Tod Leiter der im Juli 1931 geplanten Arktisfahrt der Aeroarctic auf dem *Graf Zeppelin* geworden war, ein Treffen von Luftschiff und U-Boot am Nordpol vorschlug nach dem Motto ›Oben drüber – unten durch‹. Beide Expeditionen hatten Versuchscharakter, indem sie zeigen sollten, dass sowohl Luftschiffe als auch U-Boote für Forschungen im Innern der Arktis geeignete Messplattformen boten.

Einen Großteil der Finanzierung stellte diesmal Ellsworth, der schon Amundsens Arktisflüge mit den beiden Dornier Wal-Flugzeugen und dem Luftschiff *Norge* ermöglicht hatte, Wilkins zur Verfügung und bekam dadurch auch selbst die Möglichkeit, an der Expedition teilzunehmen. Weitere Gelder für die Wilkins-Ellsworth Trans-Arctic Submarine Expedition kamen von Hearst für die exklusive Berichterstattung und von der Woods Hole Oceanographic Institution für meereskundliche Untersuchungen. Wilkins konnte das alte amerikanische Militär-U-Boot O-12 bekommen, das er *Nautilus* nannte nach Jules Vernes U-Boot im Buch »Zwanzigtausend Meilen unter dem Meer«.

An der *Nautilus*-Expedition nahm neben Ellsworth und dem norwegischen Ozeanographen und Meteorologen Harald Ulrik Sverdrup, der Amundsen als Wissenschaftler während der Nordostpassage auf der *Maud* begleitet hatte, auch der Freiburger

Wilkins' U-Boot Nautilus trifft am 10. August 1931 vor der norwegischen Küste auf die Monte Rosa.

Arzt Bernhard Villinger teil, der Mitglied einer Hilfsexpedition für den verschollenen Schröder-Stranz auf Spitzbergen gewesen war. Der Arzt sollte ursprünglich auf dem Zeppelin in die Arktis fliegen, wo er sich nun von seinem Studienkollegen Ludwig Kohl-Larsen vertreten ließ. Im U-Boot war Villinger zuständig für Schweremessungen zur Feststellung der Erdanziehungskraft und Sverdrups Assistent bei der chemischen Untersuchung des Ozeanwassers in Bezug auf pH, Sauerstoff, Phosphat und Nitrit.

Wilkins' Expedition verließ am 5. August 1931 Bergen an der norwegischen Westküste mit dem Ziel Spitzbergen, wo sie am 18. August mit den geplanten Arbeiten begannen.

Zunächst wollten sie versuchen, unter dem Meereis zu fahren und in Waken (freien Wasserstellen) wieder aufzutauchen. Außerdem sollten während der Fahrt nördlich und nordwestlich Spitzbergens verschiedene wissenschaftliche Messungen

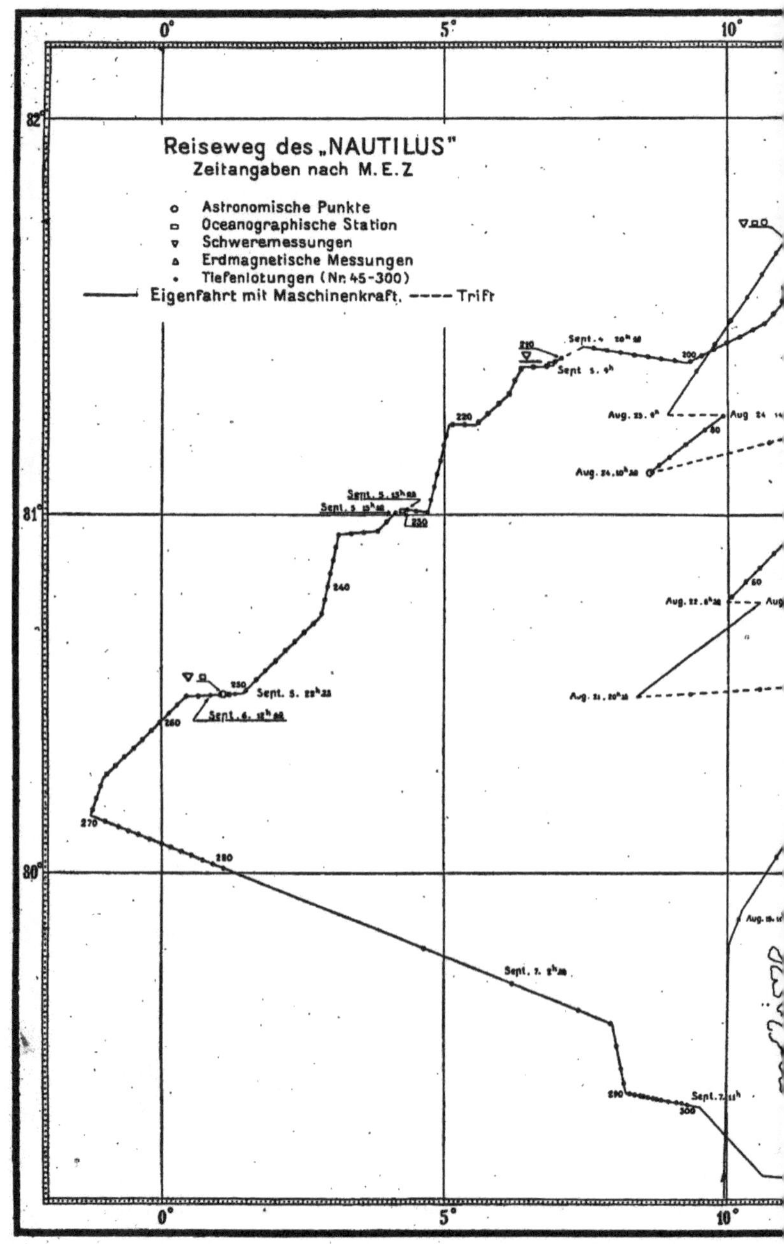

Abb. 4: Reiseweg der Nautilus im Norden Spitzbergens vom 19. August bis zum 7. September 1931

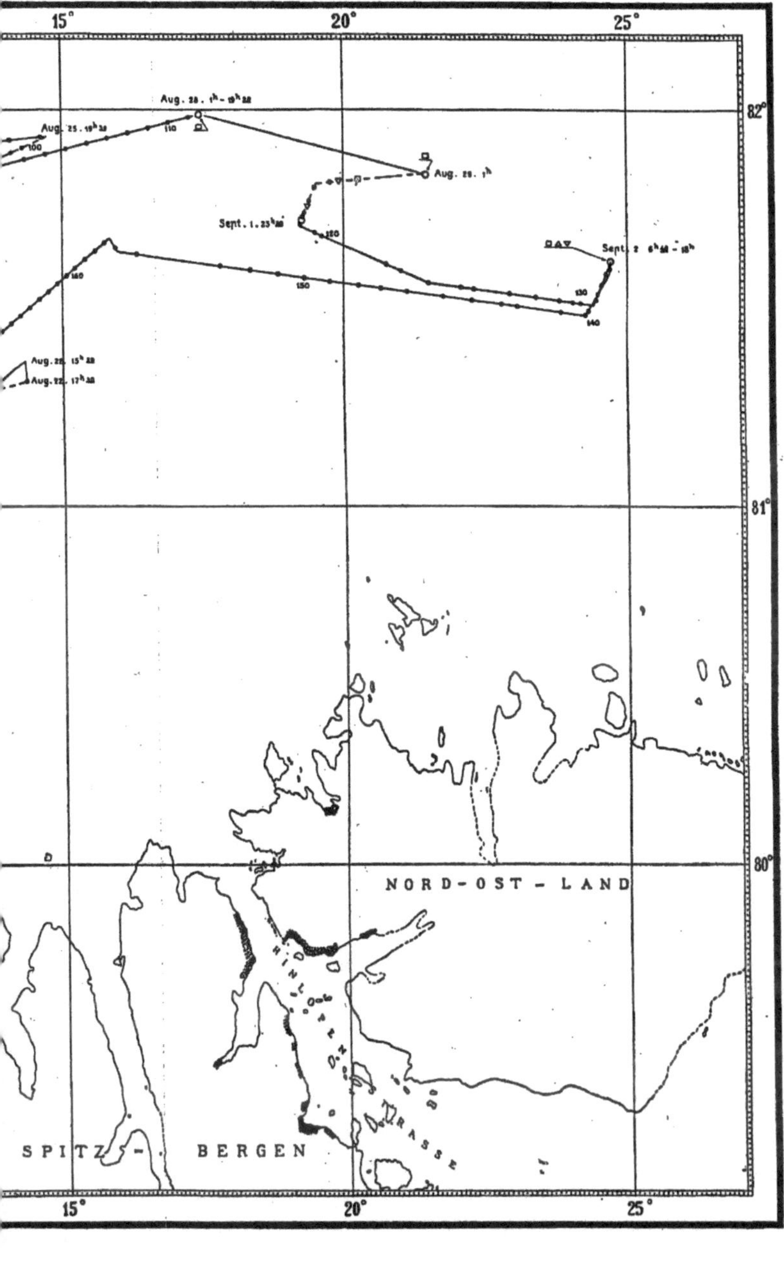

15°
20°
25°
82°
81°
80°
Aug. 25. 19h
100
110
150
160
120
130
140
Sept. 1. 23h
Sept. 2
NORD-OST-LAND
SPITZ - BERGEN
15°
20°
25°

durchgeführt werden, die, weil erstmalig, allgemein von großem Interesse wären. Allerdings verlor die *Nautilus* unterwegs das Höhensteuer, sodass ausgedehnte Tauchversuche unterbleiben mussten. Wilkins blieb nur die Möglichkeit, im halbgetauchten Zustand die Lichtverhältnisse unter dem Eis zu testen. Dabei stellte er fest, dass es dort nicht dunkel war und man Öffnungen im Eis sehr gut von unten erkennen konnte. Während der Fahrt entlang des Packeises (27. August bis 6. September 1931) führten sie alle zwei bis drei Seemeilen (3,7 km bis 5,5 km) Echolotungen zur Messung der Ozeantiefe durch und bestimmten die Wassertemperatur und den Salzgehalt.

Statt einer durchgehenden Tiefe des Ozeanbodens von rund 2500 Metern, wie zunächst angenommen, lag der Meeresboden erstaunlicherweise zwischen 1270 und 3400 Metern. Außerdem nahmen die Forscher unterwegs durch eine Falltür in einer Tauchkammer, deren Luftdruck mit dem umgebenden Wasserdruck ins Gleichgewicht gebracht werden konnte, an neun Stellen Bodenproben von 34 bis 44 Zentimetern Länge und an fünf Stellen auch Planktonproben. Ihr nördlichster Punkt lag bei 81°59'N und 17°30'O, ein neuer Rekord. Die magnetischen Messungen auf sich drehenden Eisschollen erwiesen sich jedoch als sehr schwierig.

Nach der Expedition engagierte sich Sverdrup wieder in der Internationalen Meteorologischen Organisation, die gerade dabei war, das Zweite Internationale Polarjahr (1932/33) zu organisieren, während dessen insgesamt 27 Messstationen in der Arktis tätig waren.

Wilkins hingegen kehrte wieder zur Antarktischen Halbinsel zurück, indem er an mehreren von Ellsworth geleiteten Expeditionen als Stellvertreter, Organisator und Fahrtleiter auf dem Schiff *Wyatt Earp* tätig war. Ellsworth plante, vom Rossmeer aus unbekannte Regionen zu überfliegen.

Noch vor dem Start im Januar 1934 wurde das einzige mitgenommene Flugzeug in der Bucht der Wale durch brechende Eisschollen zerstört. Ein zweiter Versuch im Herbst

Lincoln Ellsworth und Hubert Wilkins

1934 endete ebenfalls noch vor dem Start in der Caldera von Deception Island, sodass Ellsworth nach der Reparatur den nächsten erfolglosen Versuch Anfang 1935 von Snow Island, einer der südwestlichen Shetland-Inseln, wagte. Schließlich hob Ellsworth während der dritten Expedition der *Wyatt Earp* am

22. November 1935 zu einem Flug ab, der innerhalb von 23 Tagen und mit etlichen Zwischenstopps in unbekannten Regionen entlang der Antarktischen Halbinsel bis zu Byrds verlassener Station *Little America* führte. Eine vierte Expedition diente der amerikanischen Besitzergreifung des Prinzessin-Elisabeth-Landes, das im australischen Einflussbereich lag und Wilkins aus patriotischen Gründen bei einem Landgang zum geheimen Hissen der australischen Flagge veranlasste.

Zum krönenden Abschluss seiner Polarkarriere wurde Wilkins Mitte August 1937 von der russischen Regierung gebeten, mit einem Flugzeug nach dem verschollenen Langstreckenbomber zu suchen, mit dem der Pilot Sigismund Lewanewski von Moskau aus über den Nordpol nach Fairbanks in Alaska unterwegs gewesen war. Bis März 1938 flog Wilkins über größtenteils unbekanntes arktisches Gebiet, konnte die verschollene sechsköpfige Besatzung aber nicht entdecken.

Im Südsommer 1938/39 fand die deutsche *Schwabenland*-Expedition statt, die eine systematische Erkundung der Antarktis mit zwei Dornier 10-t Wal-Flugzeugen durchführte. Die luftphotogrammetrischen Aufnahmen des entdeckten Neuschwabenlandes mit seinen hohen Gebirgszügen und den eisfreien Seen zwischen 10° West und 20° Ost dienten der Konstruktion einer Landkarte als Basis einer später geplanten aber nie realisierten deutschen Besitzergreifung.

Schließlich erfüllte sich Wilkins' Vision, als während des Internationalen Geophysikalischen Jahres (1957/58), heute als Drittes Polarjahr gezählt, ein Ring mit meteorologischen Messstationen rund um die Antarktis realisiert wurde, der schon für das Zweite Polarjahr 1932/33 geplant gewesen war, aber damals nach der Weltwirtschaftskrise aus Kostengründen nicht ausgeführt werden konnte.

Wilkins zu Ehren wurde sein Name mehrfach in der Antarktis verewigt. Es gibt das Wilkins-Kap (67°15'S, 59°18'O), die Wilkins-Küste (69°40'S, 63°00'W), das Wilkins-Schelfeis mit dem Wilkins-Sund (70°15'S, 73°00'W), die Wilkins-Berge

Die Fokker der Ellsworth Trans-Antarctic Expedition wird auf Meereisschollen ausgeladen.

(75°32'S, 66°30'W) und den Wilkins-Nunatak (75°39'S, 139°55'W). In Spitzbergen erhielt eine Bucht im Eisfjord seinen Namen (Wilkins-Bukta bei 78°13'N, 13°09'O), während in der kanadischen Arktis die Wilkins-Bay (73°10'N, 124°10'W) sowie die Wilkins-Straße (78°10'N, 111°00'W) nach ihm benannt wurden.

Heute sind Wilkins' großartige Flüge in Deutschland leider vergessen. Das vorliegende Buch will die Erinnerung an Wilkins wieder wachrufen, indem es neben einer neuen Übersetzung von Wilkins' Buch »Flying the Arctic« aus dem Jahr 1928 auch Zeitungsberichte über seine Flüge in der Antarktis veröffentlicht.

Es ist aber der Glaube eine feste Zuversicht auf das, was man hofft, und ein Nichtzweifeln an dem, was man nicht sieht.

Hebräer 11:1

Vorwort

Die Menschen fragen mich oft, was mich in die Polarregion zieht.

Ich bezweifle, dass irgendjemand von uns – ganz gleich mit wie vielen Worten – sagen kann, weshalb wir dieses oder jenes tun. Über die Dinge, die mich in die Arktis oder die Antarktis locken, könnte ich ganze Bände schreiben, doch wer »sie nicht kennt«, wird mich nicht verstehen.

Ich kann jedoch berichten, was dort getan werden muss und was ich dort zu tun beabsichtige.

Aufgrund von über viele Jahre hinweg gesammelten Beobachtungen gelangten Meteorologen zu der Theorie, dass Daten aus den Polarregionen, die man mit den meteorologischen Informationen anderer Breitengrade korreliert, uns ermöglichen würden, die langfristige Wetterentwicklung relativ genau vorherzusagen.

Der Unterhalt meteorologischer Stationen in den Polarregionen belegte in den vergangenen Jahren einen direkten Zusammenhang zwischen der Arktis, der Antarktis und den sich daraus ergebenden Bedingungen in den großen landwirtschaftlichen Produktionsregionen der Welt.

Bevor man jedoch mit dem Beobachten des polaren Wettergeschehens beginnen kann, ist es ratsam, die für das Errichten einer Wetterstation am besten geeigneten Stellen ausfindig zu machen. Sobald diese Stationen aufgebaut sind, können sie auch als Zentren dienen, die viele weitere wissenschaftliche Beobachtungen ermöglichen.

Obwohl die Genauigkeit langfristiger Wetterprognosen heutzutage noch nicht garantiert werden kann, sind die

Wissenschaftler gegenwärtig der Meinung, der Unterhalt einer ausreichenden Anzahl von Polarstationen würde die Zuverlässigkeit der aktuellen zusammenfassenden oder täglichen Wettervorhersagen um mindestens 15 Prozent erhöhen. Selbst dieser Fortschritt wäre ausreichend, um die für den Unterhalt der vielen meteorologischen Polarstationen notwendigen Ausgaben zu rechtfertigen. Die Wissenschaft der Meteorologie ist eng mit der Wissenschaft der Geographie verbunden, und bevor es möglich ist, die für meteorologische Beobachtungen am besten geeigneten Stellen auszuwählen, ist es unabdingbar, die Geographie der Welt zu vervollständigen.

Wer heutzutage auf der Höhe der Zeit bleiben will, muss in weltweiten Dimensionen denken. Das gilt für die Meteorologie ebenso wie für das Transportwesen. Durch das Studium des weltweiten Wettergeschehens hoffen wir, die Primärproduzenten mit extrem wertvollen Informationen versorgen zu können, und so zu helfen, die immer weiter wachsende Weltbevölkerung zu ernähren. Zugleich und auf demselben Weg können wir Luftreisende unterstützen, die bereits in naher Zukunft die gesamte Oberfläche der Welt nutzen werden – auch Breitengrade weit oberhalb des Polarkreises und Höhen weit oberhalb der Gebirge und Ozeane.

Seit Anbeginn ihrer Geschichte sorgte sich die Menschheit um das Wetter und war seinem Einfluss unterworfen, doch erst in unseren Tagen und seit die Entwicklung der modernen Wissenschaft es ermöglichte, über große Distanzen kabellos zu kommunizieren und Waren schnell mit Hilfe von Flugzeugen zu transportieren, dürfen wir hoffen, Beobachtungen anzustellen und zu nutzen, die uns einige Einblicke in das Räderwerk ermöglichen, das die Winde beherrscht.

Versorgt uns das Studium der globalen Meteorologie mit den erwarteten Informationen, wird es möglich sein, dem stillen Leid hunderter Tiere ein Ende zu bereiten, die in jeder Dürre an Hunger und Durst sterben, und zugleich den Ruin tausender tapferer Pioniere zu verhindern, die immer wieder infolge unerwarteter Dürren Heim und Vermögen verlieren. Das Vieh stirbt und die Menschen leiden nicht allein infolge der Grausamkeiten der Natur, sondern auch, weil die Menschheit die grundlegenden Gesetze des Universums noch nicht verstanden hat.

Ist es möglich, das Wettersystem zu verstehen, können wir auf Fernflügen mit dem Flugzeug erwarten, vom Wind zu profitieren, anstatt seinen Launen ausgeliefert zu sein, wie das derzeit noch der Fall ist.

Als wir vor drei Jahren begannen, die Detroit Arctic Expedition zu planen, gab es noch immer zwei unerforschte Regionen, die wir erkunden mussten. Eines dieser Gebiete lag im Arktischen Ozean nördlich von Point Barrow[1]. Das Ziel der Detroit Arctic Expedition galt der Erforschung dieser Region.

Es gab noch eine Menge weiterer interessanter Ziele, die sich zugleich erreichen ließen. Vilhjálmur Stefánsson[2] wies darauf hin, dass wir durch unseren Aufenthalt in der Arktis der Welt die Vorteile und Machbarkeit transarktischer Transportwege zeigen konnten – nämlich indem wir auf unserem Weg über das obere Ende der Welt kürzere Routen fanden als jene, die man derzeit noch auf Reisen um die Welt herum nutzt. Stefánsson meinte damit nicht, dass die transarktischen Routen notwendigerweise über den Pol selbst führen müssten, doch er glaubte, dass Flugzeugpiloten bald die Vorteile der besseren Wetterbedingungen und kürzeren Distanzen nutzen würden, die sich auf Routen jenseits des Polarkreises finden lassen.

Drei Jahre lang rangen wir mit einer Reihe widriger Umstände, mit Apathie, Über-Enthusiasmus, Tragödien, Angst, Aberglauben, Spott und Misstrauen, doch vielleicht waren diese Dinge der Ansporn, den wir brauchten, um unseren Glauben zu festigen.

---

1 Die nördlichste Landspitze des US-Bundesstaates Alaska und damit der nördlichste Punkt der Vereinigten Staaten.

2 Vilhjálmur Stefánsson (1879–1962) war ein in Kanada geborener Polarforscher und Ethnologe.

Wir bettelten um Geld, kauften Maschinen, flogen und zertrümmerten sie bei Bruchlandungen, reparierten sie und zertrümmerten uns selbst. Mein krummer Arm und Eielsons[3] fehlender Finger sind stumme Zeugen bestandener Prüfungen. Doch wir hatten Erfolg. Niemand trieb uns an, doch es gibt keinen härteren Zuchtmeister als den Willen, »es zu schaffen«.

Mit Carl Ben Eielsons Unterstützung und der Hilfe vieler wohlgesonnener und großzügiger Freunde gelang es uns, die Arbeit, die wir uns in der Arktis vorgenommen hatten, zu bewältigen. Das soll nicht heißen, wir hätten alles erledigt, was es in der Arktis zu tun gäbe. Nicht einmal annähernd. Noch immer gibt es in den hohen nördlichen Breitengraden für Entdecker viel Arbeit, doch wir haben jenen Teil erledigt, der für unser meteorologisches Programm besonders wichtig war.

In der Antarktis erstreckt sich noch immer ein weites unerforschtes Gebiet. Wir haben uns vorgenommen, herauszufinden, was entlang der Südküste des Pazifiks liegt und etwas über das Land zu erfahren, das zwischen dem Rossmeer und Grahamland liegt.

Ich bin Eielson außerordentlich dankbar für seine Hilfe im Norden. Ich kenne niemanden, mit dem ich lieber zusammenarbeiten würde.

Auch Vilhjálmur Stefánsson gilt mein Dank für seine Ratschläge und Ermutigung. Schließlich schulde ich Dank all den Menschen, die viel zu zahlreich sind, um hier einzeln genannt zu werden. Erwähnen muss ich jedoch die Hilfe von Lura B. Shreck, die mich mit so mühevoller Sorgfalt beim Schreiben des Manuskripts dieses Buches unterstützte.

George Hubert Wilkins

3 Carl Ben Eielson (1897–1929) war ein US-amerikanischer Luftfahrtpionier. Er gründete die erste Fluggesellschaft Alaskas und verunglückte im November 1929 tödlich.

Teil I

Tragödie

Kapitel I

Mit dem Blick in die Zukunft

Es war 1913, als ich zum ersten Mal vorschlug, über den Arktischen Ozean zu fliegen. Mit den damals verfügbaren Maschinen war ein Überflug von Barrow[4] nach Spitzbergen noch undenkbar. Doch selbst in jenen Tagen wäre es bereits möglich gewesen, mit Flugzeugen in die unbekannten arktischen Regionen vorzustoßen und an einem Tag ein ebenso großes Territorium zu erkunden wie mit einer Hundeschlittenexpedition in einem Jahr.

Das Schicksal ließ mich bei Stefánssons Canadian Arctic Expedition, die aus einer nördlichen und einer südlichen Abteilung bestand, Teil der von ihm direkt geleiteten Gruppe werden. Die südliche Gruppe wurde von Dr. R. M. Anderson geleitet, der plante, entlang der kanadischen Küste zu arbeiten, am Amundsen-Golf und auf den benachbarten Inseln. Stefánssons Gruppe sollte unter seiner persönlichen Aufsicht die Beaufortsee erforschen, die in der großen Bucht nördlich von Kanada und unmittelbar westlich der Parry Islands[5] liegt.

Bereits kurz nach Beginn unserer Mühen und bald nachdem wir Point Barrow passiert hatten, wurde die *Karluk,* das Hauptschiff der Expedition, im Eis eingeschlossen. Sechs von uns, darunter Stefánsson, wurden vom Schiff getrennt, das seinem Untergang entgegen trieb. Ein Teil der Crew wurde gerettet, doch viele starben entweder auf dem Weg zur Wrangelinsel oder nach ihrer Ankunft dort.

Diejenigen von uns, die auf dem Eis zurückgeblieben waren, mussten viele Kilometer mit Hundeschlitten zurücklegen.

4 Die Kleinstadt Barrow liegt etwa 15 Kilometer von Point Barrow entfernt. Sie ist die nördlichste Stadt der USA.

5 Parry Islands ist die bis 1954 gültige historische Bezeichnung der Königin-Elisabeth-Inseln.

Zunächst folgten wir der Küste bis nach Barrow, um dort Hilfe zu suchen, anschließend wandten wir uns nach Osten, wo wir uns zwei weiteren Schiffen der Expedition anschlossen.[6] So lernte ich bereits bei meinen ersten Arktiserfahrungen, was der Ausdruck »sich vom Land ernähren« bedeutet: Ganz einfach, dass man vom Erfolg der Jagd abhängig ist. Von Stefánsson lernte ich auch, wie man unter arktischen Bedingungen auf sich allein gestellt überlebt. Viele Kilometer weit reisten wir die arktische Küste entlang und über das Packeis, überquerten Arme offenen Wassers, beluden Schlitten, rannten vor den Hunden her und lebten so wie unsere Hunde von dem, was unsere Gewehre beschaffen konnten. Es war ein romantisches, hartes aber keineswegs unangenehmes Leben.

Ich wurde in den dünn besiedelten Weiten Australiens geboren, wo die Würde selbst des ärmsten Mannes von ihm verlangt, nicht zu Fuß zu reisen. Als ich mich Stefánssons Expedition anschloss, war ich folglich weder harte Arbeit gewohnt noch ging ich gerne zu Fuß. Mehrere Jahre auf Reisen durch Europa und Amerika hatten mich mit allen modernen Fortbewegungsmöglichkeiten vertraut gemacht: Ballons, Zeppeline und Flugzeuge. In den Jahren 1910 und 1912 hatte ich beim Fliegen mit Freunden recht gut gelernt, wie man ein Flugzeug führen muss, aber keine Pilotenlizenz erworben. Bei der Aussicht auf einen mehrere hundert Kilometer weiten Weg vor mir, wie das während Stefánssons Expedition häufig vorkam, wandten sich meine Gedanken daher wenig überraschend den Möglichkeiten der Luftfahrt über der Arktis zu.

Es bereitete mir kein Vergnügen, den Hunden zu folgen oder vor ihnen her über den weichen, frühlingsfeuchten Schnee zu rennen, genauso wenig gefiel es mir, in der langen Polarnacht mit Eis übersäte Strände entlangzuwandern. Meine Füße waren

6 Es handelte sich um die *Mary Sachs* und die *North Star*. Mit den beiden Schiffen hielt Wilkins die Verbindung zu Andersons Südgruppe am Coronation Gulf aufrecht, während Stefánssons Basislager am Cape Kellet auf Banks Island lag.

Portrait von Hubert Wilkins

die weichen, dünn besohlten Lederschuhe nicht gewohnt, meine Fußknöchel schmerzten und meine Muskeln waren geschwollen. Meine Augen schmerzten vor Überanstrengung und während ich vor den Hunden marschierte und den richtigen Weg suchte – eine Aufgabe, die gewöhnlich mir zufiel – litt ich nicht selten unter den Höllenqualen der Schneeblindheit.

Gerne stellte ich mir vor, hoch oben in der Luft zu sein, in einem Zeppelin dahinzugleiten oder in einem Flugzeug zu fliegen, und die unter mir ausgebreitete Eislandschaft zu betrachten. Wen wundert es da, dass ich oft zu Stefánsson sagte: »Wir sollten diese altmodische Art der Fortbewegung aufgeben, umkehren und uns Flugzeuge beschaffen, mit denen wir in einer Saison all das schaffen könnten, was du dir vorgenommen hast.«

Stefánsson hatte jedoch weniger Vertrauen als ich in die Möglichkeiten, mit Hilfe von Flugzeugen in der Arktis ernsthafte Arbeit bewältigen zu können. Seine Art zu reisen war romantisch und langsam, aber sicher, und ermöglichte ihm, solide und genaue Wissenschaft zu betreiben, wohingegen ein Rundflug mit dem Flugzeug nur einer ersten Erkundung dienen konnte.

Fünf lange Jahre schuftete er weiter, entwickelte neue Arten, zu Fuß durch die Arktis zu reisen, nutzte sie erfolgreich und machte viele bedeutende Entdeckungen. Meine erste Dienstzeit in der Arktis dauerte drei Jahre. In dieser Zeit wanderte ich nicht weniger als 8000 Kilometer über das arktische Eis, vermutlich waren es viel mehr, und sammelte unter Stefánssons erfahrener Leitung einen Schatz arktischer Erfahrungen, der mir seitdem immer wieder zugute kam. 1919 unternahm ich den Versuch, ein Luftschiff zu erwerben, in dem ich die Arktis von Spitzbergen nach Alaska überqueren wollte. Obwohl ausreichend viel Geld für die Finanzierung des Flugs zusammen kam, war nicht einer der Besitzer oder Hersteller von Luftschiffen in England bereit, mir eines zu verkaufen oder mir eines für diesen Zweck zur Verfügung zu stellen. Sie hielten die Idee für ein Hirngespinst. Ich war mir jedoch damals wie heute sicher, dass jedes der Luftschiffe, die es seinerzeit in England gab, den Flug hätte erfolgreich bewältigen können.

Schließlich bot sich mir 1926 erstmals die Gelegenheit, in der Arktis ein Flugzeug einzusetzen. Inzwischen hatten Flugzeuge ihren Nutzen bereits unter ungleich härteren Bedingungen bewiesen, als man sie während eines arktischen Frühlings erlebt. Im Norden Russlands, in Norwegen, Schweden, Kanada und Alaska nutzte man sie das ganze Jahr hindurch. Amundsen und Ellsworth hatten mit ihrem Flug bis auf rund 150 Kilometer an den Pol heran belegt, dass Flugzeuge auch in der Arktis perfekt funktionierten. Sie hatten jedoch Flugboote[7] benutzt und waren auf Schwierigkeiten gestoßen. Mit mehr Erfahrung im arktischen Packeis hätten sie gewusst, dass der Einsatz von Flugbooten zu Problemen führen kann, wenn man landen muss. In der Luft jedoch funktionierten ihre Maschinen einwandfrei. Dies bewies eindeutig, dass man Flugzeuge nutzen konnte.

Amundsen beharrte jedoch darauf, es würde noch viele Jahre dauern, bis Flugzeuge bei der Erforschung der Arktis eingesetzt werden könnten. Byrd[8] war von seinem Stützpunkt bei Etah in Grönland aus im Laufe eines einzigen arktischen Spätsommers mehr als 8000 Kilometer geflogen. Er erkannte, dass Flugzeuge in hohen Breitengraden erfolgreich einsetzbar waren und bewies es später abschließend durch seinen brillanten Flug von Spitzbergen zum Pol und zurück.[9] Im tiefen Winter Alaskas hatte Ben Eielson mit dem Flugzeug Post befördert und kranke und leidende Prospektoren von entfernten Außenposten abgeholt. Ohne die Hilfe von Flugzeugen hätten diese Männer unbeschreibliche Qualen erlitten oder wären gar gestorben. Doch noch immer glaubten viele Menschen, erfolgreiches Fliegen über der Arktis sei unmöglich und die Vorstellung, Flugzeuge ließen sich auch über dem arktischen Meer genau navigieren, habe jeden Bezug zur Realität verloren.

---

7 Ein Flugzeug mit schwimmfähigem Rumpf.

8 Richard Evelyn Byrd (1888–1957), US-amerikanischer Polarforscher.

9 Bereits kurz nach Byrds Rückkehr wurde von verschiedener Seite bezweifelt, dass er den Pol am 9. Mai 1926 erreicht habe, denn die Zeit sei hierfür zu kurz gewesen. Die Zweifel wurden später durch Aussagen seines Kopiloten Floyd Bennett bestätigt.

Nach einem vergeblichen Versuch, Amundsens N25[10] für eine antarktische Erkundung zu erwerben, war es 1925 zu spät geworden, um noch eine weitere Maschine zu bauen und im selben Jahr in der Antarktis einzusetzen. Also wandte ich meine Aufmerksamkeit der Arktis zu. Für die Arbeit, die ich im Süden erledigen wollte, muss man im Januar fliegen und sollte hierfür Neuseeland nicht später als November verlassen. Für die besten Wetterbedingungen in der Arktis hingegen arbeitet man am besten im späten März oder April. Daher hoffte ich, eine kurze Reise in die Arktis unternehmen zu können, von Barrow aus einige Rundflüge in unbekannte Regionen zu unternehmen und rechtzeitig zurückzukehren, um noch im selben Jahr die Arbeit in der Antarktis angehen zu können.

Mit diesem Plan im Kopf entschied ich, Amerika zu besuchen und Vorbereitungen zu treffen. Ich hatte selbst etwas Geld zu Verfügung, großzügige Freunde in England und Australien beschafften noch etwas mehr, bis ich alles in allem über 15 000 Dollar zur Verfügung hatte. Nicht besonders viel, aber genug, um eine Maschine zu kaufen, mit der man nützliche Arbeiten erledigen konnte. Die unerforschte Region begann knapp 80 Kilometer nördlich von Barrow. Selbst eine Maschine mit der begrenzten Reichweite von knapp 1000 Kilometern würde uns ermöglichen, in einer Saison mehr zu erreichen, als Entdecker zu Fuß in mehreren Jahren schaffen konnten.

Eine Maschine mit einer Reichweite von 2000 Kilometern würde mir ermöglichen, die Gegend zu erkunden, die mich besonders interessierte, und festzustellen, ob es nördlich von Barrow irgendwelches Land gab, auf dem wir eine meteorologische Station errichten könnten.

---

10 Roald Amundsen – der am 14. Dezember 1911 als erster Mensch den Südpol erreicht hatte – versuchte am 21. Mai 1925, mit zwei Flugbooten zum Nordpol zu fliegen. Der Versuch scheiterte wegen eines Motorschadens 250 Kilometer vom Pol entfernt. Eines der beiden Flugboote, die N25, konnte nach drei Wochen auf dem Eis den Rückflug antreten.

Ich hoffte, mein Budget durch Verträge mit einem Zeitungsverlag aufbessern zu können und hatte in New York Erfolg. Ich schlug vor, nur eine Maschine mitzunehmen, außerdem ausreichende Vorräte, einen Piloten und einen Mechaniker, und mit minimalen Ausgaben zwei oder drei kurze Flüge ins Unbekannte zu unternehmen, und falls keine neuen Küsten zu entdecken waren, auf dem Eis zu landen und Echolotmessungen vorzunehmen. Frühere Erfahrungen bei großen Expeditionen hatten mich vor den Schwierigkeiten gewarnt, die sich aus der Koordination vieler Spezialisten ergeben konnten, von denen jeder sein eigenes Anliegen oder das seiner Abteilung für das wichtigste hält. Ich dachte, drei oder sogar nur zwei Männer könnten alles erledigen, was zu erledigen möglich war. Letztlich waren es der Navigator und der Pilot, die die Arbeit erledigen mussten. Aber in Amerika werden die Dinge anders gehandhabt.

Für die Verwertungsrechte an den Nachrichten einer Flugzeugexpedition war die North American Newspaper Alliance[11] bereit, 25 000 Dollar zur Verfügung zu stellen, zusätzlich wollten sie die Kosten für das Erstellen und die Übermittlung von Nachrichten übernehmen. Durch ihre Vermittlung bot mir auch die Stadt Detroit weitere Unterstützung an. Aber die größte Zufriedenheit verschaffte mir die Tatsache, dass ich Dr. Isaiah Bowman von der American Geographical Society von der Ernsthaftigkeit meines Projekts überzeugen konnte. Dank seines Einflusses erhielt die Expedition die Bestätigung und Hilfe einer der größten wissenschaftlichen Gesellschaften der Welt. Diese Tatsache trug sicherlich erheblich zu der Unterstützung bei, die wir in Detroit von vielen Seiten erhielten.

Stefánssons Hilfe war unschätzbar. Er kannte mich und kannte ebenso die Bedingungen der Arktis. Seit unseren frühen Diskussionen hatte er von seinem Freund Orville Wright[12]

11 Die North American Newspaper Alliance (NANA) war ein wichtiges Zeitungskonsortium der USA, das bis in die 1980er Jahre existierte.

12 Orville Wright (1871–1948) war ein US-amerikanischer Flugzeugbauer.

viel über Flugzeuge gelernt. Er war zuversichtlich, dass sich mit ihrer Hilfe einige nützliche Arbeiten erledigen ließen und dass sie früher oder später für transarktischen Gütertransport eingesetzt werden würden.

Mit Hilfe von Mr. Loring Pickering, seinerzeit Manager der North American Newspaper Alliance, und Mr. George Miller, damals Herausgeber der *Detroit News*, entwickelten sich die Dinge schnell, wenn auch nicht zu meiner vollen Zufriedenheit. Unsere Unterstützer in Detroit – viele von ihnen Multimillionäre[13] – boten substantielle Unterstützung und bestanden darauf, wir sollten in viel größerem Maßstab planen, als ich dies für nötig hielt. Wir sollten zwei, wenn nicht drei Flugzeuge haben, sowie Mechaniker, Leiter, Photographen, Korrespondenten, Funker und Assistenten, darüber hinaus unterstützende Mitarbeiter, die sich um unsere Vorräte kümmern sollten, Ersatzpiloten und eine Menge andere Dinge, die ich für recht unnötig hielt. Natürlich konnten sich diese Dinge als nützlich erweisen, wenn wir sie uns leisten konnten, aber sie schienen mir unangebrachte Ausgaben mit sich zu bringen.

Es wurde entschieden, als erstes einen Aufsichtsrat einzurichten, der für Planung und Management verantwortlich sein sollte, sodann ein Komitee von Flugzeugingenieuren zur Auswahl der Ausrüstung zu bilden, ein Finanzkomitee zur Verwaltung der Geldmittel, einen Direktor zu beschäftigen, einen Direktionsassistenten, einen Sekretär und einen Schatzmeister. Weiterhin einen Stab, der die Details des Transports abwickeln und die Vorräte überwachen sollte – eine lange Reihe ausgebildeter Mitarbeiter, denen die Notwendigkeiten einer arktischen Flugzeugexpedition vollkommen fremd waren. Das Ergebnis war ein schwerfälliges, schlecht koordiniertes Arrangement. Trotz der entschlossenen Bemühungen H. G. McCarolls, des jungen, vitalen Direktionsassistenten, auf dessen Schultern ein

13 Über die NANA hatte Wilkins Zugang zu vielen Mitgliedern der in der Autoindustrie reich gewordenen Detroiter Oberschicht erhalten.

Großteil der Organisation lastete, waren die geschäftlichen Angelegenheiten der Detroit Arctic Expedition ein hoffnungsloses Durcheinander.

Glücklicherweise begegnete mir recht früh in der Vorbereitung der Expedition Leutnant Carl Ben Eielson, der bereits als Pilot in Alaska geflogen war und an die Möglichkeiten des Einsatzes von Flugzeugen unter arktischen Bedingungen tatsächlich glaubte. Er hatte keine echten Polarerfahrungen und war an der Erforschung der Arktis nicht besonders interessiert, am Fliegen in der Arktis allerdings schon. In Eielson fand ich einen Mann, der verlässlich unseren Zielen zuarbeiten würde und fähig, zuverlässig und gesellig war. Von seinen Fähigkeiten als Pilot war ich überzeugt. Er hatte eine Lizenz als Militärpilot und war viele Stunden in vielen verschiedenen Flugzeugtypen geflogen.

Ich hatte bereits zuvor erfahren, dass es in Barrow einen Vorrat von mindestens knapp 1000 Litern Treibstoff für Flugzeuge gab. Zusammen mit dem, was wir auf einem oder zwei Transportflügen in unserem Flugzeug aus Fairbanks heranschaffen konnten, wären wir für 4000 bis 5000 Flugkilometer über dem arktischen Eis ausreichend versorgt, und damit wäre ich bereits zufrieden gewesen. Mir war damals nicht klar, als welch große Belastung sich die zusätzlichen Maschinen und Menschen erweisen würden. Ich war überzeugt, mit Eielson, vielleicht einem Mechaniker und einer guten, verlässlichen Maschine alles erledigen zu können, was nötig war – was darüber hinaus ging oder wie viel mehr vielleicht noch möglich war, interessierte mich zugegebenermaßen nicht sehr, solange sich nur dieses Maß an Unterstützung einstellte.

Der Aufsichtsrat und meine Freunde wollten unbedingt, dass wir einen Flug quer über den Arktischen Ozean versuchten. Ich war daran nicht besonders interessiert, denn so ein Flug hätte viele Kilometer weit über bereits erforschte Gebiete hinweg geführt. Mein Bestreben war es, mit all meiner Energie und unter Inkaufnahme aller unvermeidlichen Risiken ausschließlich unerforschte Breiten zu erkunden. Es wurde jedoch beschlossen, sobald wir so viel echte Forschung wie möglich unternommen hatten, den Versuch eines Fluges von Barrow nach Spitzbergen zu unternehmen.

Die Frage der Ausrüstung war vordergründig dem Select Committee of Detroit Engineers überlassen worden. Aber schon lange bevor sie zu einer Entscheidung gekommen waren, hatte ich zwei Flugzeuge der Marke Fokker bestellt: eines mit 22 Metern Tragflächenspannweite und drei Wright-Whirlwind-Motoren sowie eines mit 19 Metern Tragflächenspannweite, das mit einem speziellen Motor vom Typ Liberty ausgestattet war.[14] Das größere der beiden Flugzeuge wurde in Holland bestellt, von dort ausgeliefert und traf just an jenem Tag in New York ein, an dem das Komitee in Detroit schließlich beschloss, dass die Maschinen von Fokker für den Zweck am besten geeignet wären. Sie hätten zu Recht gerne amerikanische Flugzeuge verwendet, aber zu jener Zeit waren keine in Amerika hergestellten Flugzeuge verfügbar.

Anthony Fokker, der weltberühmte Konstrukteur, war ein guter Freund und Unterstützer von mir und diese vorbereitenden Arbeiten erfolgten mit seiner Hilfe. Als unsere Pläne erstmals bekannt wurden, traf ich ihn in Detroit zu einer Besprechung. Zuvor hatte ich bereits seine Maschinen und seine Fabrik begutachtet und entschieden, seine Flugzeuge zu nutzen, falls er bereit wäre, sie mir zu verkaufen. Da ich seine dreimotorige Maschine, die zu jener Zeit in amerikanischen Fliegerkreisen viel Aufsehen erregte, noch nie geflogen war, war ich sehr glücklich, am Nachmittag unserer ersten Begegnung den dreimotorigen Eindecker mit Mr. Fokker fliegen zu dürfen. Er beteuerte großes Interesse an meinem Projekt.

In jener Nacht reisten wir zusammen nach New York und bevor wir unser Ziel erreichten vertraute er mir an, er

14 Das einmotorige Flugzeug war eine Fokker F.VIIa, das dreimotorige eine Fokker F.VIIb-3m.

baue in seiner Fabrik in Holland einen neuen Eindecker mit längeren Tragflächen. »Mit der Maschine«, sagte er, »können Sie, denke ich, alles im Arktischen Ozean bewerkstelligen, was Sie wollen, und dann nach Spitzbergen fliegen. Wenn Sie alles vorbereitet haben und soweit sind, werde ich selbst kommen und die Maschine aus Europa nach Amerika fliegen. Wir bringen die Maschine direkt aus Holland und wenn diese Männer aus Detroit Sie nicht unterstützen, werde ich Ihnen meine Maschine zur Verfügung stellen.« Es war ein überaus großzügiges Angebot. Für seine Unterstützung war und bin ich Mr. Fokker überaus dankbar. Seine Maschine wurde beschafft und ich denke, es gab nie zuvor und gibt selbst heute auf der Welt kein zweites Flugzeug dieser Größe, das so gut gebaut und so leistungsstark ist wie der große Eindecker von Fokker.

Kapitel II

Jubel und Spott

Der Finanzausschuss der Detroit Arctic Expedition versprach, 80 000, 90 000 oder falls nötig sogar 100 000 Dollar zu beschaffen. Mit dem, was die North American Newspaper Alliance gab und meinen eigenen 15 000 hatten wir insgesamt 40 000 Dollar. So schien es, als müssten wir uns um Geld keine Sorgen machen. »Wir werden den Job erledigen«, sagten die Detroiter. Sie hielten allerdings die Vorbereitungszeit für zu kurz. Andere Polarexpeditionen hatten Monate mit Vorbereitungen verbracht, manche Jahre.

Mehrere unserer Unterstützer fragte bei den Treffen: »Was macht es für einen Unterschied, ob wir den Job erst nächstes Jahr erledigen? Sie sammeln Erfahrungen, testen die Ausrüstung, und die Arbeit machen wir dann nächstes Jahr oder falls nötig sogar erst im Jahr darauf.« Doch ich hatte bereits mehr als ausreichend Erfahrung in der Arktis, um mich im Notfall orientieren und zu Fuß den Weg nach Hause finden zu können. Die Konstrukteure hatten verlässliche Flugzeuge und Motoren gebaut, und ich vertraute den Fähigkeiten erfahrener Piloten, sie zu fliegen. Mit Ausnahme der Temperaturen ähnelten sich die Bedingungen in den Lüften über allen Breitengraden. Und auf die zu erwartenden Temperaturen achteten wir bei der Ausrüstung der Flugzeuge.

Die Arbeit ging im nächsten und im übernächsten Jahr weiter, jedoch nicht mit der fortgesetzten Unterstützung aller Mitglieder des Finanzausschusses. Wie sich später herausstellte, hatten sie meine Einstellung nie begriffen. Sie waren an einem spektakulären Sprung von Barrow nach Spitzbergen interessiert, einem Sprung über das Kopfende der Welt hinweg, der im Überflug den Pol selbst streifen sollte.

Doch auf unserem gedruckten Briefpapier war unser Expeditionsziel eindeutig festgehalten: »Das Ziel der Detroit Arctic Expedition ist die Erforschung von jenem Teil des polaren Packeises, den noch nie ein Mensch zuvor gesehen hat.«

Das Eintreiben von Spenden schritt schnell auf eine Weise voran, die meinen Vorstellungen völlig zuwiderlief, denn ich hatte in anderen Ländern erlebt, wie solche Methoden scheiterten. Es war beschlossen worden, einen öffentlichen Aufruf an die Bürger von Detroit zu verfassen, und dank der Bemühungen des Finanzausschusses spendeten über 80 000 Menschen für die Expedition. Doch ein Großteil der Spenden kam von Schulkindern, die nicht mehr als jeweils fünf Cent spenden durften. Obwohl jeder Schüler mit diesem Geld das Recht erwarb, mit seinem Namen auf einem Denkmal erwähnt zu werden, das im Fall eines Erfolgs der Expedition errichtet werden sollte, wurden wir von vielen Seiten harsch kritisiert, von arglosen Kindern Geld für persönliche Zwecke einzusammeln.

Obwohl die Liste mit den Namen der Spender sehr lang war, erwies sich der insgesamt gespendete Betrag als viel zu gering, um unsere Ausrüstung zu bezahlen. Einige unserer enthusiastischsten Unterstützer unterschrieben dann großzügig eine Schuldverschreibung und liehen die notwendigen Geldmittel bei einer Bank. Dabei hofften sie, ihre Freunde würden ihnen beistehen und helfen, das Geld aufzubringen, um den Kredit abzulösen. In diesem Punkt wurden sie jedoch enttäuscht.

Es wäre undankbar, die Namen jener herauszuheben, die die Schuldverschreibung unterschrieben oder jener, die die größten Summen gespendet hatten, denn die gesamte Liste aller Spender ist für eine Veröffentlichung zu lang. (Unten findet sich eine Liste der leitenden Angestellten der Expedition, des Aufsichtsrats, und der wichtigsten Mitglieder der Detroit

Aviation Society.[15]) Mein tiefster persönlicher Dank gilt diesen und anderen Männern für ihre Hilfe zu Beginn unseres Unternehmens. Dass sie nicht gefragt wurden, zu den Arbeiten im zweiten und dritten Jahr der Expedition beizutragen, liegt nicht unbedingt daran, dass sie sich geweigert hätten. Ich war für ihre Starthilfe dankbar und wollte sie nicht weiter bedrängen.

Die Freundlichkeit derjenigen, die die Schuldverschreibung unterzeichneten, ermöglichte uns, mit der gesamten Ausrüstung zur geplanten Zeit aufzubrechen. Ich hatte den 13. Februar als spätesten Termin für unseren Start von Seattle aus festgesetzt. Es war sehr wichtig, dass wir den Norden rechtzeitig für unsere Arbeit im April erreichten. Hierfür mussten unsere Vorräte und Ausrüstung im März nach Barrow geschafft werden. Ich denke,

---

15 Leitende Angestellte

Edward S. Evans (General Manager)
Charles T. Bush (Schatzmeister)
H. G. McCarrol (Assistant Manager)
George H. Wilkins (Expeditionsleiter)

Aufsichtsrat

William B. Mayo (Vorsitzender)	Loring Pickering
Isaiah Bowman	Vilhjálmur Stefánsson
Harold H. Emmons	George H. Wilkins
Edward S. Evans	H. G. McCarrol
William A. Mara	

Detroit Aviation Society

Edwin Denby (Ehrenpräsident)	Edsel B. Ford
William B. Mayo (Präsident)	George M. Halloy
Col. Jesse G. Vincent (erster Vizepräsident)	W. H. H. Hutton,
Jr.Howard Coffin (zweiter Vizepräsident)	William E. Metzger
Charles T. Bush (Schatzmeister)	Dr. Angus McLean
Carl B. Fritsche (Sekretär)	E. LeRoy Pelletier
	Mason P. Rumney
	William E. Scripps
Direktoren:	
Herbert W. Alden	William B. Stout
Alex Dow	Paul Strasburg
Harold H. Emmons	Ralph H. Upson
Sidney D. Waldon	

(Fußnote der Originalausgabe)

nur sehr wenigen war zu jener Zeit klar, wie wichtig dies war. Die meisten Leute neigten zu der Einschätzung, gegen Ende des arktischen Winters wären die Temperaturen noch zu rau für den Einsatz von Flugzeugen. Ich wusste jedoch aus Erfahrung, dass es möglich war, bei niedrigen Temperaturen zu fliegen und dass sich unsere Arbeit nur früh im Jahr erledigen ließ, solange die Sicht meist gut war. Später im Jahr steigen von den arktischen Eisflächen Nebel auf, die die Sicht behindern, genaue Navigation unmöglich machen und jede weitere Erkundung verhindern. Es ist möglich, über dem Nebel zu fliegen, doch die Wolken verwehren den Blick hinab auf die unbekannten Landschaften.

Die Maschine aus Holland traf ungefähr zur Jahreswende auf dem Fabrikgelände der Atlantic Aircraft Corporation[16] ein. Dank des tatkräftigen und gründlichen Einsatzes des Generaldirektors, Mr. Noorduyn, waren unsere beiden Maschinen perfekt ausgestattet und zum Transport bereit. Bereits vor dem 1. Februar trafen sie per Zug in Seattle ein. Das einzige Problem war, dass es in der Nähe der Fabrik kein geeignetes Feld für Testflüge gab. Noch zwölf Monate später nahm Commander Byrds Atlantic-Maschine auf einem Feld bei Hasbrouck Heights[17] bei einem Test Schaden.

Doch egal welche Tests wir unter den regengetränkten Bedingungen des Staates New York hätten durchführen können, wir hätten sie in der trockenen, kalten Luft Alaskas sowieso alle wiederholen müssen. Jeder Start von einem kleinen Feld birgt Gefahren. Ich zog es vor, die Risiken auf ein Minimum zu reduzieren.

Die Erfahrungen unserer Piloten beim Fliegen über Schnee waren über jeden Zweifel erhaben. Eielson flog seit Jahren über

16 Die Atlantic Aircraft Corporation war eine Tochtergesellschaft von Fokker, die zunächst den Import europäischer Flugzeuge betrieb und später Modelle von Fokker selbst produzierte.

17 Hasbrouck Heights liegt im US-Bundesstaat New Jersey in der Nähe von Passaic. Auch Byrd nutzte für seine Flüge eine dreimotorige Fokker.

die Schneefelder Alaskas. Major Lanphier, Kommandant des Ersten Jagdgeschwaders von Selfridge Field[18], der von seinen Dienstpflichten freigestellt worden war, um sich uns anzuschließen, war mit seinem Geschwader seit mehreren Jahren jeden Winter nach Nord-Michigan gegangen, um rund eine Woche über Schnee zu fliegen. Er hatte Flugzeuge auf Kufen genutzt und kannte sich mit niedrigen Temperaturen aus. Unmittelbar vor unserem Aufbruch hatte er diese Übungseinheiten für 1926 beendet. Sergeant Wisely hatte ihn begleitet. Jeder der Piloten hatte viele verschiedene große wie kleine Flugzeugtypen geflogen.

Damals gab es erst wenige Fokker-Eindecker und fast genauso wenige Piloten, die bereits mit ihnen geflogen waren. Die mit Fokker-Maschinen erfahrenen Piloten waren entweder verhindert oder für die geplanten Arbeiten ungeeignet. Sergeant Wisely vom Selfridge Field war von Major Lanphier und anderen als der beste und tüchtigste Militärpilot mit Erfahrungen in großen Maschinen empfohlen worden. Als Mechaniker war er Experte für Liberty-Motoren. Wo immer eine Maschine in Schwierigkeiten steckte und hatte notlanden müssen, war es Wisely, den man schickte, um sie nach Hause zu holen. Wisely war insbesondere unter schwierigen und kalten Witterungsbedingungen sehr gut. Auf der Expedition bestanden seine Aufgaben darin, wenn nötig zu fliegen und insbesondere die Liberty-Motoren zu warten.

Mr. Noorduyn versprach freundlicherweise, uns Mr. Howard auszuleihen, der seit vielen Jahren sein Angestellter war. Howard zog es nicht nach Norden und als Pilot für einen Flug hinaus auf das arktische Eis war er ungeeignet, angeblich verfügte er aber über große Erfahrungen mit Fokker-Flugzeugen. Seine Aufgabe bestand darin, uns mit seinem Expertenwissen bei Besprechungen und Testflügen beiseitezustehen. Andrew Hufford,

18 Die Selfridge Air National Guard Base ist ein seit 1917 bestehender Militärflugplatz im US-Bundesstaat Michigan (nahe Mount Clemens).

ein Mann aus dem Stab der Wright Aeronautical Company, der über viele Jahre Erfahrung mit Wright-Whirlwind-Motoren verfügte, konnte sich dank der Großzügigkeit der Wright Company der Expedition anschließen und die Whirlwind-Motoren versorgen. Es schien, als herrsche in unserem Team absolut kein Mangel an Fachwissen. Jeder hatte eine spezifische Aufgabe, für die er allein verantwortlich war und jeder galt auf seinem Feld als Experte. In der Erwartung, dass bei voller Selbstverantwortung jeder sein Bestes gäbe, ließ ich jedem Experten freie Hand. Wer die Distanzflüge machen würde, war nicht öffentlich bekannt gegeben worden, doch ich hatte frühzeitig entschieden, dass der hierfür am besten qualifizierte Mann Eielson war. Solange er und ich in Barrow eine gute Maschine und Vorräte hatten, war ich zuversichtlich, unsere Pläne in die Tat umsetzen zu können.

Eielson schickten wir zwei Wochen vor den anderen nach Fairbanks voraus, um alles für unsere Ankunft vorzubereiten. Die Zeit vor unserem Aufbruch reichte nicht, um einander näher persönlich kennenzulernen, doch unter den gegebenen Umständen schien dies auch nicht notwendig. Dies war nicht meine Expedition, dies war die Detroit Arctic Expedition und daher wurde selbstverständlich erwartet, dass jeder loyal zu den Interessen Detroits stand, und nicht zu dem jeweiligen Vorgesetzten vor Ort. Major Lanphier und ich waren die letzten, die Detroit verließen, die anderen reisten bereits vor uns nach Seattle.

Unser Aufbruch geschah mit Trompetenschall, nach einer offiziellen Verabschiedung durch den Bürgermeister in der Stadthalle zogen wir begleitet von ihm und einer großen Blaskapelle bis zum Bahnhof. Tausende säumten die Straßen, einige jubelten, andere verspotteten uns. Zwei Sonderkorrespondenten sollten uns begleiten und jede unserer Bewegungen dokumentieren. Die letzten drei Wochen vor unserem Aufbruch hatten aus einem Tornado aus Spendenaufrufen, einer Reihe öffentlicher Mittag- und Festessen, Banketts und Reden bestanden – eine Orgie an Werbung, die einen aufsteigenden Filmstar übersättigt hätte.

Zuvor hätte ich mir nicht vorstellen können, die Demütigung zu überstehen, eine Gala zu meinen Ehren zu akzeptieren und genau dort um Geld zu bitten. Die größte Ungemach, die ich je erlitt, und die größte Tortur, der ich mich je stellen musste, war, ab und zu vor einer Zuhörerschaft gehetzter Geschäftsleute sprechen zu müssen, die sich für mein Thema nicht im Geringsten interessierten und davon auch nichts verstanden. Anschließend stand ich dann da, während ein heiserer Geschäftsmann unter Hochdruck Photos oder Unterschriften von mir für 100, 50, 20, fünf Dollar oder auch 50 Cent und so weiter verkaufte. Noch heute schaudert es mir bei der Erinnerung. Niemanden außer mich selbst schien es zu stören und selbst die, denen für ein Photo mit meiner Signatur 100 Dollar aus der Tasche geschwindelt wurden, lachten darüber.

Unseren Werbefachleuten jedoch reichte das in Detroit entfachte Spektakel nicht. Wir mussten ein Dutzend Städte in ebenso vielen Tagen besuchen, Einladungen zu Galas, Festessen, endlos vielen Banketten annehmen und über die Dinge sprechen, die wir zu tun hofften. In speziellen Wagen und Abteilen reisten wir von Stadt zu Stadt, immer treu gefolgt von unseren Werbeleuten und lokalen Schreibern.

Ich war durchaus sehr interessiert, amerikanische Städte kennenzulernen und fühlte mich geehrt, so viele bemerkenswerte und herausragende Persönlichkeiten kennenzulernen, aber all dieser vorbereitende Quatsch hatte recht bald angefangen, mir auf die Nerven zu gehen.

All dies geschah, um der Expedition zu helfen. Ich bin mir sicher, dass nicht einer unserer Partner hilfreicher, freundlicher, ernsthafter oder großzügiger hätte sein können. Nicht der Geist der Hilfsbereitschaft blieb mir fremd, sondern die Art und Weise, in der die Hilfe organisiert wurde.

Als wir schließlich in Seattle eintrafen, waren auch unsere Flugzeuge bereits wohlbehalten angekommen. Dank der geschickten Beladung durch die Atlantic Aircraft Company und der Vorsicht der Eisenbahngesellschaft hatten sie den Kontinent in Rekordzeit überquert und ihr Ziel unbeschadet erreicht. Der Dampfer aus Alaska legte extra am Eisenbahnkai an, um das Beladen zu ermöglichen, worauf die ausladenden Tragflächen und breiten Flugzeugrümpfe sicher an Bord gebracht und festgezurrt wurden und sodann bereit waren, den arktischen Schnee zu begrüßen.

Jeder war sehr entgegenkommend und hilfsbereit. Niemand hatte den Eindruck, wir würden zu viele Mühen oder Ausgaben erwarten. Alles war zu unserem Wohlbehagen, Nutzen und unserer Unterhaltung arrangiert, als wären wir bedeutende Helden, die gerade von einer neuen Eroberung zurückkehrten, und nicht Männer, die voller Sorgen und Ernst in unserem Anliegen auf die Gelegenheit warteten, etwas zu tun, das wir für wichtig hielten.

Als wir an Bord des Dampfers gingen, waren bis auf Eielson erstmals alle Expeditionsteilnehmer an einem Ort versammelt, und ich hatte Gelegenheit, sie fern von ihrem Zuhause etwas näher kennenzulernen. Das Schiff brauchte bis zum ersten Hafen unserer Route drei Tage, und bis dahin hatte ich festgestellt, dass drei, wenn nicht vier der Männer für unsere Zwecke völlig ungeeignet waren. Mir ging durch den Kopf, sie sofort zurückzuschicken, doch die Männer waren wegen ihres speziellen Fachwissens ausgewählt worden und unmöglich sofort zu ersetzen. Ließen wir sie zurück und etwas ginge schief, wäre es unmöglich gewesen, meine Handlung zu rechtfertigen, denn ich hatte nur meine Meinung, dass ihre Dienste unzureichend sein würden, aber keine Beweise.

Es war weder das erste, noch sollte es das letzte Mal gewesen sein, dass ich die Unbeholfenheit unserer Abläufe bedauerte.

Kapitel III

Desaster

Nach einer ruhigen Überfahrt durch die Inside Passage[19] nach Seward in Alaska sahen wir uns mit dem Problem konfrontiert, die großen Eindecker abzuladen. Von den hohen Bergen wehte ein steifer Wind herab und wirbelte um die Eisenbahnbarracken am Kai. Um die Tragflächen vom Deck an Land zu bekommen, mussten einige Wanten des Schiffs entfernt werden. Die Mitarbeiter der Alaska Steamship Company waren wie von Anfang an überaus hilfsbereit, vorsichtig und tüchtig. Trotz des böigen Windes wurden die Maschinen mit nur geringen Schäden vom Schiff auf die Eisenbahnwaggons verladen. Eine der Tragflächen wurde von einem Windstoß erfasst und schwang gegen das Ende des Dampfkrans, doch der Schaden war sehr gering. Unsere beiden Mechaniker, Hufford und Wisely, wurden angewiesen, den Güterzug nach Fairbanks zu begleiten, wo nötig zu helfen und das Vertäuen der Ladung im Auge zu behalten. Sowohl der Passagier- als auch der Güterzug erreichten zwei Tage später Fairbanks und bereits kurz nach unserer Ankunft standen uns die Maschinen zur Verfügung. Eielson hatte provisorische Vorbereitungen zur Nutzung des Hangars und Flugfelds der Fairbanks Airplane Corporation getroffen und am Morgen nach unserer Ankunft waren wir mit dem Abladen der Maschinen beschäftigt.

Die Sonne schien hell und klar. Diejenigen von uns, die Erfahrungen in der Arktis hatten, wussten, dass es kalt war, aber bis wir zum Mittagessen in die Stadt zurückkehrten, dachte niemand

19 Oft genutzter Seeweg vor Alaska und Kanada, der direkt an der Küste entlangführt und seewärtig durch über 1000 vorgelagerte Inseln geschützt ist.

Wilkins auf seinem Expeditionsgepäck in Alaska

von uns daran, einen Blick auf das Thermometer zu werfen. Erst dann entdeckten wir, dass es bei minus 47 Grad Celsius stand. Den ganzen Morgen hatten wir ohne Beschwerden und bei nur wenigen Unannehmlichkeiten gearbeitet, denn in Fairbanks wie auch an anderen Orten im Norden treten niedrige Temperaturen selten zusammen mit Wind auf und bei ruhiger Luft fühlt man sich in der Kälte nicht unbehaglich. Als die Männer sahen, wie niedrig die angezeigte Temperatur war, beschwerten sich diejenigen, die dies nicht gewohnt waren: Es sei nicht richtig, von irgendjemandem zu verlangen, unter solch eisigen Bedingungen zu arbeiten. Ohne Thermometer hätten sie gar nicht gewusst, wie kalt es war. Doch sie arbeiteten alle gut und nach zwei Tagen hatten wir unsere komplette Ausrüstung im Hangar.

Die Maschinen zusammenzusetzen, dauerte nicht lange, Fokker hatte hervorragende Arbeit geleistet. Sie hatten alles sorgfältig vorbereitet und zu unserer Bequemlichkeit eingerichtet. Obwohl der Experte der Firma Fokker nur selten im Hangar zu sehen war – seine Interessen galten weder der Beaufsichtigung von noch der Teilnahme an körperlicher Arbeit – hatten wir keine Probleme, die Flugzeuge startklar zu machen.

Es kam der Zeitpunkt, an dem beide Maschinen nahezu bereit waren, sich in die Luft zu erheben, und Palmer Hutchinson, unser Zeitungsmitarbeiter, wollte sie unbedingt taufen lassen, um es in die Nachrichten zu schaffen. Er arrangierte die Teilnahme eines katholischen Priesters, eines presbyterianischen und eines episkopalen Pfarrers sowie eines Laienpredigers. Für das zeremonielle Malen von Flaggen auf die Nasen der beiden Maschinen und das Zerschlagen einer Flasche mit Benzin über den Propellern engagierte er die Dienste der Frau des Bürgermeisters und eines hübschen jungen Mädchens aus Fairbanks. Fast jeder Einwohner von Fairbanks – Männer, Frauen und Kinder – kamen zum Flugfeld, um der Zeremonie beizuwohnen.

Nach Gebeten und Reden sowie dem Malen der Flaggen, dem Zerschlagen der Flasche und nachdem die elf Sonder-Photographen mit ihren Photographien zurück zum Depot geeilt waren, schlug ich vor, die dreimotorige Maschine bereit zu machen und zu fliegen. Doch auf dem Flugfeld war an jenem Nachmittag eine solche Menschenmenge, dass ich fürchtete, bei einem Startversuch könne jemand verletzt werden.

Ich verkündete, wir würden vorläufig nicht fliegen, eventuell erst am folgenden Tag. Darüber hinaus deutete ich an, da die Zeremonie vorbei war, könnten nun alle nach Hause gehen und so aus der Kälte kommen. Die meisten, wenn nicht sogar alle, folgten dem Ratschlag.

Seit damals habe ich oft bedauert, nicht bei meiner ersten Entscheidung geblieben zu sein. Etwa eine Stunde später aber war das Feld frei, das Flugzeug bei laufenden Motoren startbereit, Öl und Benzin standen bereit. Ich hatte den Eindruck, wir könnten vielleicht doch noch am gleichen Nachmittag einen ersten Testflug unternehmen.

Unser Zeitungsmann war in der Stadt und schrieb fleißig an seinem Bericht. Ich wollte nicht abheben, ohne ihn vorher informiert zu haben, also verbrachte ich einige Zeit mit der Suche nach ihm und sagte ihm, er solle unauffällig zum Flugfeld kommen. Er würde einen Exklusivbericht für seine Zeitung bekommen. Die anderen Korrespondenten waren noch mit dem Schreiben ihrer Berichte beschäftig und erwarteten nicht, dass wir einen ersten Flug unternahmen. Palmer Hutchinson haute einige Zeilen raus, denen zufolge wir noch am selben Tag fliegen wollten, überreichte sie dem Telegraphisten und kam zum Feld.

Er war ein überaus angenehmer und netter Kamerad, geschickt in seiner Arbeit, aber zu begierig, jedem zu helfen. Immer wieder hatten wir ihm gesagt, seine Aufgabe sei es, zu beobachten und zu berichten, was andere taten, aber nicht die Dinge selbst zu erledigen. Mehrfach hatte ich ihn von den Maschinen wegbeordert, da ich befürchtete, er könne sich wegen seiner Unerfahrenheit mit Flugzeugen verletzen. Doch er bestand immer darauf, seinen Teil an Arbeiten zu erledigen, und jener Tag bildete keine Ausnahme.

Der dreimotorige Eindecker, der kurz zuvor auf den Namen *Detroiter* getauft worden war, wurde aus dem Hangar gerollt. Die Kontrollen des Flugzeugs existierten nur in einfacher Ausführung. Major Lanphier saß an den Kontrollen und ich neben ihm im Cockpit. Die Mechaniker riefen »Alles klar!« und wir machten uns auf den Weg zur Startbahn. Nach ungefähr 90 Metern blieben wir mit den Rädern in einer weichen Schneewehe stecken. Bei niedriger Geschwindigkeit war die Maschine schwer zu manövrieren. Die Mechaniker und einige herumstehende Männer rannten zur Hilfe. Um uns wieder in Bewegung setzen zu können, mussten wir den Schnee vor den Rädern feststampfen. Die Außenbordpropeller befanden sich direkt vor den Rädern und vor ihnen den Schnee zu glätten, war eine gefährliche Arbeit.

Hutchinson war einer der ersten, die uns erreichten, und versuchte, den Schnee passierbar zu machen, indem er ihn vorsichtig fest trampelte. Das Zeichen »Alles klar!« kam, und Lanphier gab Vollgas. Gerade, als die Maschine begann, sich zu bewegen, hörten wir einen dumpfen, Übelkeit erregenden Schlag. Lanphier ahnte Schlimmes, bremste die Maschinen ab und schaltete sie aus. Ich schaute über die Seite und sah Hutchinson unter dem Propeller liegen. Als die Maschine anrollte, hatte er in der Aufregung des Moments einen Schritt direkt in den Propeller hinein gemacht, anstatt von ihm weg. Er war sofort tot.

Jedes Mitglied der Expedition und, ich glaube, jeder Einwohner von Fairbanks war wegen des tödlichen Unfalls tief getroffen. Palmer Hutchinson war überaus beliebt gewesen. Er hatte uns immer unterstützt, war von ausgelassener Fröhlichkeit, witzig, immer lachend, den ganzen Tag neckte er uns oder half und beruhigte jemanden. Seine Karriere als Journalist war vielversprechend, er war der Öffentlichkeit bereits als hervorragender Autor lebhafter Sportreportagen bekannt.

Bis zu jenem Moment war die Expedition glänzend verlaufen. Wir waren im Zeitplan, unsere Maschinen schienen perfekt, unsere Vorräte standen alle bereit und wir freuten uns auf ein erfolgreiches Unternehmen. Hutchinsons Tod schien einen Gifthauch über alles zu werfen. Ein Teil der Männer war entmutigt, doch einige von uns verstanden, dass unsere Anstrengungen nun erst recht unermüdlich sein und letztlich zum Erfolg führen mussten. Unser Unternehmen hatte einem aus unseren Reihen den Tod gebracht. Wir mussten sühnen, indem wir aus unserem Erfolg ein Denkmal zu seinen Ehren errichteten.

Wegen der Schwierigkeiten, die wir mit dem weichen Schnee um den Hangar erlebt hatten, beschlossen wir, ihn rund um das Gebäude und auf dem Flugfeld zu räumen. Im Inneren Alaskas ist der Schnee trocken und körnig, ohne größere Mühen lässt er sich weder rollen noch pressen. Mit Rädern ausgestattet konnten unsere Maschinen hindurchrollen, waren aber nur schwer zu manövrieren. Sobald wir in Barrow waren, würden wir keine weiteren Probleme haben, gegen Ende des Winters war der Schnee dort hart und windgepresst. Bei nur leichter Ladung würden die Räder nicht einsinken.

Für die Starts der Langstreckenflüge von Barrow aus schlug ich vor, lediglich Furchen in den Schnee zu graben, die breit genug für Räder und Sporn waren, und auf diese Weise für unsere Zwecke ausreichend lange Pfade auf dem ebenen, harten Eis anzulegen. Da wir in Fairbanks wesentlich mehr Starts und Landungen haben würden, hielt ich es für notwendig, über die gesamte Länge des Flugfelds eine Landebahn von gut 35 Metern Breite vom Schnee frei zu räumen. Wir stellten Arbeiter und Schlepper an, Schneepflüge und Schneeschieber und nutzten ohne Rücksicht auf die Kosten alle uns zur Verfügung stehenden Mittel aus, um die Landebahn so schnell wie möglich schneefrei zu bekommen.

Major Lanphiers Hilfe bei diesen Problemen war hervorragend, wie bei allen anderen mit der Expedition in Zusammenhang stehenden Dingen auch. Immer war er gemeinsam mit mir der erste, der kam, und der letzte, der das Flugfeld verließ.

Er malochte wie ein Seemann, gab gute Ratschläge und feuerte die Männer an. Lanphier hat Fähigkeiten und eine Ausbildung, die ihn zum Experten im Umgang mit Menschen machten, und ohne ihn wäre ich in großen Schwierigkeiten gewesen.

Ich neige nicht dazu, meine Männer direkt zu überwachen und herumzukommandieren, insbesondere nicht bei einer kleinen Expedition, bei der jeder Mitarbeiter ein Spezialist mit eigenem Aufgabenbereich ist und zum Vorteil der Expedition arbeitet anstatt für sich selbst.

Nach nicht einmal einer Woche war das Flugfeld bereit. Angesichts unseres Unglücks mit der dreimotorigen Maschine entschieden wir, zunächst das einmotorige Flugzeug zu testen. Es war auf den Namen *Alaskan* getauft worden und hatte Kontrollen in doppelter Ausführung.

Mit Eielson als Pilot und mir selbst an seiner Seite rollten wir hinaus auf die Startbahn. Einige Sekunden später hoben wir ab. Der Motor schnurrte ruhig und wir stiegen immer höher. Alles funktionierte hervorragend. Nachdem wir eine Höhe von 600 Metern erreicht hatten und Eielson alle Kontrollen sorgfältig getestet hatte, drehte er sich zu mir und sagte, »Eine verdammt feine Maschine«. Ich konnte das auch sehen und übernahm für einige Minuten die Kontrollen, um ein Gefühl für das Flugzeug zu entwickeln.

Meine Erfahrungen als Pilot waren begrenzt, und ich hatte noch nie eine so feinfühlig reagierende Maschine geflogen. Die ruhige Kontrolle und die Kraft des Motors ließen sie jedes Mal, wenn man bei geradem Flug Vollgas gab, einen Satz machen wie ein übermotorisiertes Automobil, und vermittelten das Gefühl, in einem Kampfflugzeug zu sitzen. Doch in Kurven und beim Gleitflug war sie ruhig, ausgeglichen und stabil. Auf jenem ersten Flug verlor ich mein Herz an die *Alaskan*.

Eielson übernahm wieder die Kontrollen. Es war mein erster Flug mit ihm und ich war froh zu sehen, dass er ein vorsichtiger, ruhiger und überlegter Pilot war – genau die Sorte, die ich für die vor uns liegenden Aufgaben brauchte. Ich bin schon mit vielen Piloten geflogen, und obwohl ich selbst nicht einmal ein drittklassiger Pilot bin, reicht meine Erfahrung zumindest, die gestellten Anforderungen zu verstehen.

Meinem Eindruck nach fallen Piloten grob gesagt in zwei verschiedene Gruppen. Natürlich gibt es Ausnahmen, und es gibt außerordentliche Persönlichkeiten, die beim Fliegen ihren ganz individuellen Stil haben. Doch als Faustregel sind Piloten entweder Hallodris – brillante Draufgänger, denen das Glück auf wundersame Weise immer wieder zur Seite stand – oder ruhige penible, kühle Charaktere, die mit Ruhe fliegen und auf jedes Ereignis gelassen, doch entschieden reagieren. Eielson war ein solcher gelassener, entschiedener und überlegter Pilot.

Als wir ungefähr 40 Minuten in der Luft waren – ausreichend lange, um ein Gefühl für die Maschine zu bekommen – bat ich Eielson zu landen. Wir hatten über die Notwendigkeit gesprochen, die Luft und das Fliegen über das Feld bei niedriger Höhe zu testen, für den Fall, dass man in einen seltsamen Aufwind gerät; genauso hatten wir mehrfach über den Unterschied zwischen bodennahen Luftschichten über Schneefeldern und jenen über sonnenverbranntem Boden gesprochen. Alle Piloten, die schon einmal über Schnee geflogen und auf Schnee gelandet sind, wissen, dass es kaum oder gar keinen Bodenaufwind gibt – das heißt, über schneebedecktem Boden fehlt die geringe zusätzliche Luftdichte, oder der Aufwind, den man über sonnenerwärmter Erde hat.

Über diese Dinge dachte ich nach, als wir unsere Schleifen flogen und uns dem Flugfeld näherten, doch ich sah keinen Grund, Eielson darauf anzusprechen. Er würde diese Tatsachen genauso kennen wie ich oder sogar viel genauer. Es war ein ruhiger Anflug: Wir kamen aus der verlängerten Linie der Landebahn und näherten uns mit minimaler Motorenleistung. Gut einen Kilometer vor dem Flugfeld fühlte ich, wie wir den Punkt des Strömungsabrisses fast erreicht hatten, und war zufrieden, da mir dies zeigte, dass Eielson das Gefühl für Motor und Kontrollen bekam und praktisch eine Probelandung in der Luft durchführte.

Er gab Schub, wir nahmen Geschwindigkeit auf und näherten uns mehr und mehr dem Ende der Landebahn. Ich erwartete natürlich, dass er nahe am Boden an ihr entlang fliegen wollte, wir dann eine Schleife fliegen und ein zweites Mal anfliegen würden, bevor wir tatsächlich landeten. Ich war fassungslos, als Eielson unmittelbar vor dem Ende der Landebahn den Gashebel nahezu schloss und wir einen sofortigen Strömungsabriss hatten.

Unsere Höhe betrug nicht einmal 60 Meter – zu wenig, um die Nase nach unten zu drücken und Schwung aufzunehmen. Als Eielson den Strömungsabriss fühlte, tat er das einzig Mögliche und riss den Gashebel auf, doch die Maschine hatte nicht ausreichend Zeit, um wieder Schwung aufzunehmen, bevor wir ungefähr 15 Meter vor dem Ende der gut 600 Meter langen Landebahn eine Bruchlandung hinlegten. Jenes Ende der Landebahn war von einem Zaun begrenzt. Als wir den Boden berührten, knickte das Fahrgestell unter uns ein und die Maschine schoss auf einem Kiel durch den Schnee, der für den Fall montiert worden war, dass wir im Wasser landen und das Flugzeug von dort auf das Eis ziehen mussten. Wir pflügten und schlitterten ungefähr 20 Meter weit direkt durch den Zaun. Eielson war so schockiert wie ich: »Ich habe Vollgas gegeben, aber sie hatte zu wenig Zeit zum Beschleunigen.«

Da es nun einmal geschehen war und keiner von uns im Geringsten verletzt oder auch nur aus dem Sitz geschleudert worden war, konnte ich wenig dazu sagen. Eielson war ein guter Pilot. Ich wusste das aufgrund seiner großen Erfahrung und der Art, wie er die Maschine beim Start und in der Luft behandelt hatte. Jeder macht Fehler, und es war ohnehin nichts mehr daran zu ändern.

Während der Reparatur dieser Maschine würden wir immer noch die andere Maschine zu unserer Verfügung haben, also kletterten wir aus dem Cockpit und inspizierten das Ausmaß des Schadens – er war vergleichsweise gering, aber von einer Art, die wir nicht erwartet hatten. Das Fahrgestell war glatt abgerissen, stark verbogen und gebrochen. Auch der Propeller war völlig verbogen, beide Enden hatten die Form eines Widderhorns angenommen. Wir hatten alle denkbaren Ersatzteile, Vorräte und Reparaturwerkzeuge mitgebracht und sahen, dass wir mit ausreichend Zeit alle gebrochenen Teile wieder zusammensetzen und die Maschine auf ihr Fahrgestell setzen konnten, aber es würde längere Arbeit erfordern. An jenem Abend war es zu spät, um noch irgendetwas zu unternehmen, also gingen wir zurück in die Stadt.

Früh am nächsten Morgen hoben wir die Maschine an, passten einen Transportwagen an, und rollten sie zurück in den Hangar. Wir hatten Glück im Unglück gehabt, dass der Unfall auf der Landebahn passiert war und nicht im tiefen Schnee oder an einer Stelle, an der sich die Maschine nur schwer bergen ließ. Die Kommentare der übrigen Piloten und Anwohner an jenem Tag waren voller Andeutungen. »Nun, ihr habt noch eine andere Maschine und zwei gute Piloten«, sagten alle, »mit denen könnt ihr weitermachen«.

Das Wetter war gut und die *Detroiter* einsatzbereit. Mit der Instandsetzung des zerstörten Fahrgestells waren ortsansässige Ingenieure beauftragt worden, also hielt ich es für am besten, mit der Arbeit fortzufahren und umgehend mit der *Detroiter* zu starten.

Wen sollte ich als Piloten wählen? Ich zog Bilanz und entschied mich für Major Lanphier. Eielson, der Held Alaskas, hatte seine Chance gehabt. Hätten ich für niemanden sonst Verantwortung getragen, und wäre allein von meinen eigenen Ressourcen abhängig gewesen, hätte ich Eielson auch die *Detroiter* fliegen lassen. Auf meinem kurzen Flug mit ihm hatte ich gelernt, dass er wie alle Menschen Fehler machte, aber kaum denselben Fehler zweimal. Doch hätte ich ihn auf den zweiten Flugversuch mitgenommen und es wäre zu einem Zwischenfall gekommen, hätte ich meine Entscheidung gegenüber den Menschen in Detroit unmöglich rechtfertigen können, die den wagemutigen, brillanten Kommandanten des Ersten Jagdgeschwaders der United States Air Force empfohlen hatten – einen Mann, der seine Position und den höchsten Respekt all seiner Untergebenen hatte, weil er in der Luft jeden seines Geschwaders ausmanövrieren konnte.

Da war noch Wisely, sein Sergeant, der Erfahrung im Fliegen schwerer Flugzeuge hatte, aber solange Lanphier einsatzbereit war, konnte ich kaum Wisely für diesen exponierten Auftrag wählen. Die *Detroiter* wurde aufs Feld gerollt, die drei Wright-Motoren liefen an und wärmten sich auf. Als Gewichte und zur besseren Balance packten wir einige Kanister Öl ins Heck der Maschine und ich kletterte auf meinen Platz neben den Major.

Das Flugzeug hatte nur Kontrollen in einfacher Ausführung, folglich konnte ich lediglich Passagier sein. Das Zeichen »Alles klar« kam und wir gaben Gas. Wir gewannen zügig an Geschwindigkeit, doch zu meinem Schock drehten wir scharf auf den hohen Schneewall zur Linken der Startbahn zu. Unerfahren im Umgang mit drei Schubkontrollen gleichzeitig hatte Lanphier mehr als alle Hände voll zu tun. Die Maschine allein mit dem Ruder zu manövrieren war unmöglich. Ich stellte mich auf einen fürchterlichen Aufprall ein – falls wir den Schneewall trafen, würden wir uns sicher überschlagen. Lanphier tat das unter diesen Umständen einzig Mögliche: Er brachte das Heck auf Linie und gab Vollgas. Direkt vor dem Schneewall zog er das Flugzeug in die Höhe.

Wir streiften die Oberkante des Walls und die drei kraftvollen Maschinen zogen uns in die Lüfte. Höher und höher stiegen wir. Wir brauchten beide einige Sekunden, um wieder zu Atem zu kommen. In der Luft benahm das Flugzeug sich sehr unbeholfen, einer der Motoren vibrierte so stark, dass er nicht mit normaler Geschwindigkeit laufen konnte und folglich alle drei Motoren mit unterschiedlichen Geschwindigkeiten drehten. Ich fürchtete um die Sicherheit der Landung und wünschte mich von ganzem Herzen aus der Maschine. Es gab aber keine Alternative, als ruhig zu bleiben und die Situation zu besprechen. Wir stiegen auf eine ausreichende Höhe und Lanphier testete die Maschine, drehte ein, flog Schleifen, testete mehrfach die Abrissgeschwindigkeit und machte einige Landungen in der Luft. Er gewann schnell einen Eindruck von der Maschine, doch wir konnten den vibrierenden Motor nicht so lange laufen lassen, dass er herausfinden konnte, wie das Flugzeug leicht zu manövrieren wäre.

Ich bat ihn, zur Sicherheit einige Male über das Feld zu fliegen, um die Luft über dem Boden zu fühlen. Er stimmte zu, das sei eine gute Idee. Wir drehten zum Flugfeld ein und näherten uns mit gedrosselten Motoren. Es gab kaum Wind und wir verloren immer weiter an Höhe. Als wir uns dem Ende des präparierten Feldes näherten, waren wir exakt über der Landebahn. Dann schaltete Lanphier zu meinem Entsetzen direkt über der Stelle, von der wir einige Stunden zuvor die beschädigte *Alaskan* fortgeschleppt hatten, die beiden äußeren Motoren aus in der Erwartung, dass das Flugzeug allein durch die Kraft des zentralen Motors gleiten könne. Aber auf einmal fielen wir senkrecht zu Boden. Es war ein schlimmer Strömungsabriss aus beinahe 30 Metern: exakt derselbe Fehler, den zuvor Eielson gemacht hatte.

Wir hatten das Fokker-Fahrgestell für etwas schwach gehalten angesichts der maximalen Ausrüstung, die wir zu tragen gehofft hatten. Für alle gewöhnlichen Belastungen war es hinreichend stabil, doch kein Fahrgestell, egal welcher Bauart, hätte dem Aufprall unserer drei Tonnen schweren Maschine auf gefrorenen Boden widerstanden.

Erst knickte die eine Seite des Fahrgestells ein, dann gab die andere auch nach. Wir schlitterten einige Meter über den Schnee, schleuderten in den Schneewall und begannen, uns auf die Seite zu legen. Eingezwängt zwischen rund 3000 Litern Treibstoff und einem gut 270 Kilogramm schweren Motor[20] hatte ich furchtbare Angst. Wir konnten sehen, wie das Motorgehäuse aufbrach und

20 Wilkins benutzt im Original durchgehend amerikanische und heute teilweise veraltete Einheiten, was mitunter zu Problemen bei der Umrechnung führt, wenn zur besseren Lesbarkeit gerundet werden muss: In diesem Fall etwa sind es 800 Gallons (3028,33 Liter) Treibstoff und 600 Pounds (272,16 Kilogramm).

sich auf uns zurückbog, ein unheimliches Gefühl. Das Heck der Maschine stieg schnell immer weiter in die Höhe, doch uns schien es langsam, wir konnten jede Bewegung fühlen und sehen. Höher und höher stieg es hinauf, bis die Maschine beinahe senkrecht stand. Teile des Motorgehäuses bohrten sich durch die Brandschutzwand in unser Cockpit. In wenigen Augenblicken musste die Maschine auf den Rücken fallen und wir würden vermutlich so platt wie Pfannkuchen sein. Doch nein! Einen Moment lang zitterte das Heck im Gleichgewicht, dann sackte es langsam zurück und kam noch immer über uns zur Ruhe. Weder Lanphier noch ich trugen irgendwelche Verletzungen davon. Es war meine zweite Bruchlandung innerhalb von 24 Stunden.

Der Major schaute mich an und sagte, es täte ihm leid. Nichts hätte ehrlicher sein können als sein Bedauern.

»Ich wollte auf jeden Fall noch eine Schleife fliegen«, erklärte er, »aber als wir so weit gekommen waren, hatten wir eine so gute Position für einen Landeanflug, dass ich beschloss besser zu landen.«

Beide Männer hatte vermutlich irritiert, dass die Landebahn nur gut 35 Meter breit und auf beiden Seiten von Schneewällen umgeben war. Die Gefahr lag in der Wahrnehmung, nicht in den objektiven Bedingungen, denn bei keiner der späteren Landungen auf einer breiteren Landebahn kamen sie nach dem Aufsetzen ins Schlingern. Immer hielten sie sich problemlos innerhalb eines Streifens von kaum mehr als 15 Metern.

Nun ja. Wir kletterten aus dem Cockpit und begutachteten den Schaden. Das Fahrwerk war nahezu ein Totalschaden, ebenso die Aufhängung des zentralen Motors. Die *Alaskan* konnten wir mit den Ersatzteilen reparieren, die wir mitgebracht hatten, doch das notwendige Material für die *Detroiter* herbeizuschaffen und sie zu reparieren, würde Wochen in Anspruch nehmen. Vermutlich begriff niemand auf der Welt außer mir selbst, was diese beiden Bruchlandungen für die Pläne der Expedition und für mich persönlich bedeuteten – obwohl die Welt zu jener Zeit den Gang der Dinge genau verfolgte, denn Außenseitern schien

Die dreimotorige Fokker Detroiter nach der Landung

es, als ginge es um ein Rennen zwischen Amundsen, Byrd und mir zum Pol.

Unser Misserfolg war offensichtlich. Als mehr oder weniger Fremder in Detroit, aber mit der Unterstützung von Detroitern, die vielleicht meinen Freunden – Bowman von der American Geographical Society und dem Entdecker Vilhjálmur Stefánsson – mehr vertrauten als mir, hatte ich die Unterstützung von über 80 000 Menschen angenommen, und diese Leute erwarteten von mir, erfolgreich zu sein und ihr Vertrauen zu rechtfertigen. Man konnte mir kaum die Schuld für die Bruchlandungen geben, dennoch musste ich die Verantwortung übernehmen. Stefánsson und Bowman würden sich die Kritik anhören müssen, einen Mann wie mich empfohlen zu haben.

Mit zwei Flugzeugwracks, die wochenlange Reparaturen benötigten, war es völlig unmöglich, unsere Pläne für das Jahr umzusetzen oder auch nur ernsthaft damit zu beginnen. Wenn die erste der beiden Maschinen wieder flugbereit wäre, würde die Saison für Arbeit über dem arktischen Meer vorbei sein.

Doch bevor wir überhaupt an die Arbeit gehen konnten, mussten wir unseren Treibstoff nach Barrow bringen. Ich hatte angenommen, mit zwei bis drei Transportflügen beider Flugzeuge ausreichend Treibstoff herbeischaffen zu können, um die Erkundungsflüge dann mit der dreimotorigen Maschine unternehmen zu können. Und während diese Maschine von Barrow aus nach Osten und Westen flog, sollte die andere aus Fairbanks genug Treibstoff einfliegen, um uns den Flug nach Spitzbergen zu ermöglichen. Dies war nun alles nicht mehr möglich. In drei Wochen würden wir eine der beiden Maschinen – die kleinere, die noch dazu durch die Bruchlandung und eilige Flickwerkarbeiten geschwächt war – bereit haben, um Treibstoff zu unserem Basislager zu fliegen.

Die andere Maschine würde für die nächsten knapp sechs Wochen nicht einsatzbereit sein. Danach war es für jede sinnvolle Verwendung zu spät, selbst wenn die Reparaturen in Fairbanks zufriedenstellend waren. Es blieb uns keine Wahl, außer weiterzumachen, die Hoffnung nicht zu verlieren und der Welt ein Lächeln zu schenken, während unsere Herzen trauerten.

Aus allen Richtungen kamen Botschaften, die uns Mut zusprachen und ihr Mitleid ausdrückten, insbesondere von einigen guten Freunden in Detroit und in der American Geographical Society. Sie seien bereit, mich bis zum Letzten zu unterstützen, sagten sie, beschworen mich jedoch zugleich, mir neue Piloten zu suchen. Dies war das Zeichen für mich, die Dinge selbst in die Hand zu nehmen. Ich plante keine Änderungen bei der Auswahl meiner Mitarbeiter und dachte, diesen sei das bewusst. Also lächelte ich, als ich ihnen das Telegramm vorlas, in dem ihre Entlassung gefordert wurde, gab aber keinen weiteren Kommentar ab.

Wir begannen mit der Reparatur der Maschinen. Nach einigen Tagen bemerkte ich eine merkwürdige Stimmung und fehlende Motivation bei der Arbeit. Ich verstand nicht, was los war, bis mich eines Tages einer der Männer fragte, wann die neuen Piloten einträfen. Das traf mich, denke ich, härter als der Schock der beiden Bruchlandungen. Wie konnten sie glauben, dass ich sie wegen eines Fehlers, den sie kaum ein zweites Mal begehen würden, entlassen und – ohne dies offen zu sagen – hinter ihrem Rücken neue Piloten ordern würde, die kommen sollten, nachdem der alte Stab die notwendigen Reparaturen vorgenommen hatte? Ich musste jedem von ihnen einzeln und allen als Gruppe erklären, dass ich, da ich eingewilligt hatte, ihre Hilfe anzunehmen, ihren vollen Einsatz mit ganzem Herzen erwartete, so wie ich meinerseits bereit war, mit ganzem Herzen für sie zu arbeiten. Wir hatten uns eine Aufgabe vorgenommen, von der wir behaupteten, sie sei zu lösen, und nun mussten wir diese Aufgabe bewältigen. Voller Energie machten sie sich wieder an die Arbeit, doch unglücklicherweise war diese Energie nicht von Dauer.

Als die Zeit verging, wurde das Wetter zum Fliegen immer schlechter. Erst nun wurde allen die Notwendigkeit deutlich, das klare Wetter im Spätwinter und zu Beginn des Frühlings auszunutzen. Nun schien die Aufgabe aussichtslos, und das war sie auch, doch wir konnten es uns nicht leisten, herumzusitzen und uns selbst zu bemitleiden.

Nach drei Wochen war die *Alaskan* einsatzbereit. Wir wollten weder vermeidbare Risiken eingehen, noch hatten wir Zeit für die Probeläufe und Testflüge übrig, die wir eigentlich vorgesehen hatten. Wir planten, die *Alaskan* zu beladen, mit Eielson als Piloten nach Barrow zu fliegen und zu versuchen, einige Arbeiten zu erledigen, bevor ein weiterer Unfall passieren konnte. Wir hatten keine Wetterberichte aus Barrow. Die Motor- und Hundeschlitten-Sektion der Expedition hatte uns versichert, lange bevor wir startbereit wären, in Barrow eine kabellose Station einzurichten.[21] Obwohl wir drei Wochen

21 Zur Expedition gehörte eine Sektion, die später als »Motorschlitten-Sektion« bezeichnet wurde. Um Motorschlitten bekannter zu machen, hatte ich mich für die Möglichkeit interessiert, zwei oder drei von ihnen über Land nach Point Barrow reisen zu lassen. Sie sollten für uns

später als geplant aufbrachen, waren sie noch nicht einmal auf halbem Weg durch die Berge.

Ich kannte die arktische Küste Alaskas jedoch in- und auswendig und glaubte, falls wir in schlechtes Wetter gerieten und das Dorf Barrow nicht fänden, einfach landen und auf besseres Wetter warten zu können.

einen kabellosen Telegraphen und so viele Vorräte wie möglich dorthin bringen, doch es lag in der Natur der Sache, dass wir die Flugzeug-Sektion als unabhängig betrachteten. Als ich erfuhr, dass die Ausgaben im Zusammenhang mit den Motorschlitten vom Budget der Expedition getragen werden sollten, versuchte ich, ihren Einsatz durch mein Veto zu verhindern, wurde jedoch überstimmt. Zuvor hatten wir angenommen, dass die Snow Motor Company alle Kosten bis auf die Bezahlung eines mit Reisen durch den Schnee Alaskas erfahrenen Führers übernehmen würde. Die Männer der Motorschlitten-Sektion erreichten schließlich Point Barrow, allerdings ohne ihre Motorschlitten und ohne den kabellosen Telegraphen. Über ihre Aktivitäten gibt es wenig zu berichten. In diesem Buch werde ich mich vor allem mit den Ereignissen rund um die Flugzeug-Sektion beschäftigen. (Fußnote der Originalausgabe)

Kapitel IV

Auf Schwingen aus Holz

Wir konnten uns keine weiteren Verzögerungen erlauben und am 31. März stieg Eielson in die mit knapp eineinhalb Tonnen beladene Maschine und übernahm die Kontrollen. Ich setzte mich neben ihn und wir hoben ab. Die *Alaskan* flog beinahe so gut wie zuvor, aber nicht ganz. Nie zuvor hatte eine Maschine dieser Größe mit einem Liberty-Motor eine derart schwere Ladung getragen. Nach der Bruchlandung hatten wir einen neuen Motor eingebaut, der nicht so gut eingestellt war wie der vorige – obwohl es sich um eine wunderbare Arbeit handelte, die extra in der Fabrik der Firma Ford ausgesucht und uns von Henry Ford persönlich übergeben worden war. Der Originalmotor war von der Firma Johnson in New York hergestellt worden und eine Spezialkonstruktion für Rennen. Johnson selbst hatte mir versichert, in den gesamten USA gebe es keinen besseren Liberty-Motor. Ich denke, er hatte recht.

Auch der neue Propeller war weniger leistungsstark. Zuvor hatten wir einen perfekten Curtis-Reed-Twisted-Metal-Propeller genutzt, doch nach der Bruchlandung mussten wir mit einem alten Club-Propeller vorlieb nehmen, der erst im letzten Moment unseren Ersatzteilen hinzugefügt worden war. Ein neuer Holzpropeller, den wir bei der Firma Hamilton bestellt hatten, war nicht rechtzeitig eingetroffen. Doch die *Alaskan* war noch immer gut zu manövrieren. Da wir erwarteten, um die erste Bergkette sicher überfliegen zu können, eine Flughöhe von 1500 Metern erreichen zu müssen, stiegen wir kontinuierlich höher und höher. Wir dachten, eine Höhe von 1800 Metern wäre ausreichend, denn die Gipfel der Endicottkette, die auf unserem Kurs lagen, waren auf den aktuellsten erhältlichen Karten mit einer Höhe von 1500 Metern verzeichnet. Wir hatten diese Karten mit Hilfe der United States Geological Society beschafft. Unser Plan war, ungefähr dem Lauf des John Rivers zu folgen und über den Anaktuvuk-Pass zu fliegen.

80 Kilometer nach unserem Start in Fairbanks begann sich unter uns Bodennebel auszubreiten, der über rund 250 Kilometer das Tal des Yukon bedeckte. Es war unmöglich, unsere Geschwindigkeit über Grund oder unsere Drift zu kalkulieren. Durch ein Wolkenloch erhaschten wir einen Blick auf den Yukon. Da wir noch nicht einmal eine Stunde unterwegs waren, mussten wir mit deutlich mehr als 160 Kilometern pro Stunde über Grund unterwegs sein.

Als wir uns der Endicottkette näherten, löste sich der Nebel auf und wir hatten klare Sicht auf den Boden unter uns. Vor uns drohten hohe Gipfel, doch sofern unsere Karten korrekt waren, sollten wir laut unserem Höhenmesser sicher über die Berggipfel hinweg fliegen. Folglich stieg Eielson nicht noch höher.

Wir betrachteten das interessante Panorama aus Hügeln, Tälern und den zahlreichen Flussläufen mit ihren Nebenarmen. Ich glaube, nirgendwo sonst sind die Flüsse stärker gewunden als im nördlichen Alaska, mit Ausnahme vielleicht des Jordan in Palästina.

Bald mussten wir erkennen, dass die Berggipfel vor uns höher waren als wir. Unsere Sicht war schlecht, denn dass Glyzerin vom kochenden Kühler wehte auf unsere Windschutzscheibe und beschmutzte sie. Die Seiten des Cockpits waren offen. Wir schauten uns um und sahen, dass wir geradewegs mit hoher Geschwindigkeit auf die über uns aufragenden Berge zuflogen. Eine Messung der Geschwindigkeit über Grund ergab über 220 Kilometer pro Stunde. Da musste irgendein Fehler vorliegen! Die Fluggeschwindigkeit zeigte 150 bis 160 an, das schien realistischer. Ich dachte, meine Berechnungen müssten falsch sein, aber eine weitere Prüfung ergab die gleichen Ergebnisse. Wie zur Hölle erreichten wir eine derartige Geschwindigkeit?

Der Wind kam direkt von hinten. Ich hoffte, dass dies nur bis zu den Bergen anhielte, denn ein Südwind wie dieser würde im arktischen Vorland nördlich der Berge Nebel und Schnee bedeuten.

Die reparierte Alaskan vor dem Start mit dem Ziel Barrow

Eielson zog die Maschine nach oben. Sie stieg problemlos, doch bei 2700 Metern schien sie ihre bei der geladenen Fracht maximale Höhe erreicht zu haben. Zuerst überraschte uns die Höhe der Berge – 1500 Meter hoch auf der Karte, und doch flogen wir hier auf 2700 Metern und die Gipfel überragten uns noch immer.[22] Wir fragten uns, ob es möglicherweise ein Problem mit unserem Höhenmesser oder unserem Kompass gab: Waren wir vom Kurs abgekommen und nach Kanada geflogen, wo die Berge möglicherweise höher waren? Aber nein, die Position der Sonne zeigte, dass wir mehr oder weniger auf Kurs sein mussten und unser Kompass, von modernster englischer aperiodischer Bauart,[23] war fast sicher richtig. Wir konnten nur dem mit dem Kompass berechneten Kurs folgen

22 Der höchste Gipfel der Endicott-Berge ist der Mount Kiev mit 2370 Metern. Wilkins' Angaben scheinen davon abzuweichen.

23 Ein Kompass ohne Einschwingperiode: Nach einer Ablenkung schwingt die Magnetnadel oder Scheibe direkt in einer Bewegung zurück und zeigt sofort den neuen Kurs an.

und das Beste hoffen. Weil wir die Berge in so kurzer Zeit erreicht hatten, hielten wir die angegebene Distanz zwischen ihnen und Fairbanks für falsch. Alle meine Messungen der Drift zeigten Geschwindigkeiten von 210 bis 230 Kilometern pro Stunde über Grund an, vorausgesetzt unsere Höhe stimmte. Doch unser Höhenmesser zeigte Werte, denen zufolge die Berge deutlich höher waren als auf der Karte angegeben, daher war es gut möglich, dass meine Messungen der Geschwindigkeit über Boden sehr fehlerbehaftet waren.

Obwohl wir nicht über den Bergspitzen waren, konnten wir zwischen ihnen hindurchschauen und nachdem wir uns vorsichtig zwischen ihnen hindurchgeschlängelt hatten, erreichten wir auf der anderen Seite eine weite, weiße Ebene. Von dieser Stelle ab war unsere Karte blank. Zwischen den Bergen und der Küste war schlicht nichts. Das wäre alles kein Problem gewesen, wäre ausreichend Zeit vergangen, um die Berge zu überwinden. Doch die Zeitspanne seit unserem Start in Fairbanks war so kurz, dass ich mir sicher war, dass irgendetwas nicht stimmte. Die trübe, graue einheitliche Masse vor uns musste eine Wolkenwand sein, die hoch in den Himmel reichte und den Rest der Berge verbarg.

Wir rasten weiter. Einige Minuten später sahen wir, dass die graue Trostlosigkeit voraus tatsächlich Wolken waren: eine weiche, treibende Masse mit neblig-verwischten Oberkanten ohne klar erkennbaren Horizont. Die hellgrauen, sonnendurchfluteten oberen Wolken verschmolzen nahtlos mit dem Himmel. Unter uns war das Land verborgen. Es war ein bizarrer und unheimlicher Anblick. Wir schienen das einzige Fleckchen in einer grenzenlosen Welt zu sein. Es gab keinerlei Kontraste und nichts, womit sich Raum oder Entfernungen bestimmen ließen, nichts vor unseren Augen außer der spitz zulaufenden Haube unseres Motors, nichts unter uns außer den monotonen grauen, grauen Schwaden. Ich bin mir sicher, auf einer Reise durch den Weltraum zum Mond ließen sich keine bizarreren Situationen erleben. Die Monotonie und Ungewissheit würde früher oder später jeden in den Wahnsinn treiben.

Unser einziger Trost war die Sonne, die ungefähr in Höhe der Tragflächen leuchtete. Unheimliche Schatten zogen über unsere Windschutzscheibe und ermöglichten uns, darauf zu achten, genau dem vom Kompass vorgegebenen Kurs zu folgen. Auf der von der Sonne abgewandten Seite erschienen bald zwei komplette Regenbogen und in ihrem Zentrum der geisterhafte Schatten unseres Flugzeugs. Er schien uns zu verspotten, während wir dahinflogen. Schon allein die Form des Schattens gab ihm ein unheilverkündendes Erscheinungsbild. Trotz vielfältiger Erfahrungen war ich selten von einem Anblick so überwältigt.

Wir hätten umkehren können und sogar den Anblick der scharfkantigen Berge begrüßt, aber etwas trieb uns immer weiter und weiter und weiter. Es fühlte sich an, als umgäbe uns eine riesige Leere und wir seien verflucht, bis in alle Ewigkeit durch einen endlosen grauen Nebel zu fliegen, als Strafe für das Wagnis, auf Schwingen aus zerbrechlichem Holz hinaus in den Himmel über der arktischen Wüste geflogen zu sein.

Laut unseren Uhren erreichten wir nach nicht einmal zwei Stunden – für unsere Sinne hätten es auch zwei Wochen oder zwei Jahre sein können – abrupt das Ende der Wolkendecke. Zu unserer Rechten entdeckte ich einen unverkennbaren Wasserhimmel, einen Himmel, den man, wie ich aus Erfahrung wusste, nur über offenem Wasser sah. Ich schaute hinab. Wir flogen in einer Höhe von 1200 Metern und unter uns lag etwas, das wie flaches Eis schien, gesprenkelt mit kleineren Blöcken aus Eistrümmern und Schneewehen. Ich hatte das arktische Packeis noch nie aus großer Höhe gesehen, wusste aber, dass das gewöhnliche raue Packeis ein gänzlich anderes Erscheinungsbild bieten würde.

Ehrlich gesagt war ich mir nicht sicher, wo wir waren. Ich sah, wie Eielson hinabblickte, dann wandte er sich in der Hoffnung auf einige Informationen an mich. Ich nickte weise und wies den Kurs. »Flieg weiter«, sagte ich. »Bis Barrow sollte es noch mindestens fünf Stunden dauern und wir sind erst gut vier Stunden in der Luft. Wir können noch nicht da sein.«

Im Laufe der nächsten Minuten wurde das Eis unter uns rauer und rauer. Es war das Eis der arktischen See. Ich konnte das an der Art erkennen, wie sich das Eis in hohen Kämmen auftürmte, die Bahnen aus frisch gemähtem Heu ähnelten. Mir wurde klar, dass der Wasserhimmel, den ich einige Kilometer zuvor gesehen hatte, nur der Himmel über dem Wasser nahe Barrow sein konnte. Über das ganze Jahr hinweg halten Winde, Gezeiten und Strömungen direkt vor Barrow eine Rinne offenen Wassers auf, deren Breite vom Spiel der Naturkräfte abhängt. Wir mussten unseren Kurs gehalten und die Tundra und Küstenseen überflogen haben, ohne sie zu sehen. Aber unsere Flugzeit war unglaublich. In der Ferne zeichnete sich noch mehr Wasserhimmel ab. Ich war froh, vorgeben zu können, jener Wasserhimmel sei exakt der Himmel, den ich bei Barrow erwartete, und sagte dies Eielson so, denn ich spürte, dass er anfing, nervös zu werden.

»Wir müssen über Eis sein«, sagte er, »unter uns ist bestimmt Eis«.

»Das ist von hier oben schwer zu sagen«, antwortete ich, »es gibt viele flache Ebenen, bei denen es sich um Küstenseen in der Tundra handeln könnte.«

In jedem Fall, so dachte ich, würden die flachen Stellen gute Landeflächen abgeben, falls wir Probleme mit dem Motor bekommen sollten. Eine weitere Stunde flogen wir immer weiter. Als die Zeit verging, erkannte ich die bekannten Eigenheiten des arktischen Packeises. Seit wir das Eis zum ersten Mal gesehen hatten, war über eine Stunde vergangen und wir mussten rund 150 Kilometer jenseits der Küste sein. So weit ich wusste, war noch nie zuvor ein Mensch in diese Richtung so weit gekommen. Ich jubilierte: Unsere Erkundung hatte tatsächlich begonnen! Unwissentlich zwar, aber nun, da wir endlich unterwegs waren, hatten wir die Chance, ein wenig voranzukommen.

Ich lehnte mich hinüber zu Eielson und schlug vor: »Wenn du nach vorne blickst, kannst du um die 150 Kilometer weiter nach Norden schauen als je ein Mensch zuvor. Wir sind etwa

150 Kilometer weit draußen über der arktischen See. Was hältst du davon, noch eine halbe Stunde weiter zu fliegen – damit es sich wirklich lohnt?«

Ich konnte sehen, dass er nicht gerne weiterfliegen wollte und auch nicht überzeugt war, dass ich wusste, wo wir waren. Und damit hatte er recht, ich wusste es nicht genau. Ich war mir aber sicher, über unerforschtem Gebiet zu sein, und die Freude, die mir dies bereitete, musste Eielson angesteckt haben.

»Was immer du für richtig hältst«, willigte er ein.

Also flogen wir noch eine halbe Stunde weiter. Wir verbrauchten wertvollen Treibstoff, den ich für einen längeren Flug eingeplant hatte, doch ich war froh über diese Chance, zumindest irgendetwas zu erreichen, bevor wir eine Landung versuchten. Selbst wenn Barrow tatsächlich – wie es den Anschein hatte – unter Wolken verborgen lag und nicht zu finden war, konnten wir auf dem Rückweg irgendwo an der Wolkengrenze landen und auf besseres Wetter warten.

Weil mir das Eis genaue Messungen unserer Geschwindigkeit über Boden ermöglichte, konnte ich mir nun ein genaueres Bild der Geschwindigkeit machen, mit der wir unterwegs waren. Ich stellte fest, dass unsere Reisegeschwindigkeit und unsere Geschwindigkeit über Boden in jenem Areal gleich waren und bei rund 160 Kilometern pro Stunde lagen. Da wir mindestens 240 Kilometer von der Küste entfernt waren, wies ich Eielson an, umzukehren und auf unserem Kurs zurückzufliegen. Da es offenbar windstill war, sollten wir die Kante der Wolkendecke genau dort erreichen, wo wir sie verlassen hatten. Wir tuckerten konstant zurück; um Treibstoff zu sparen und Probleme zu vermeiden, war der Motor nun ein wenig gedrosselt.

Weiter und weiter flogen wir. Wir brauchten zwei Stunden, bis wir die Wolken erreichten, und bereits zuvor bemerkten wir, wie sich Schleier über das Eis legten. Wir mussten erneut die windige Zone erreicht haben, Flugschnee fegte unter uns über das Eis. Ich wies Eielson an, tiefer zu gehen – wir sackten von 1200 Metern auf 600 Meter. Dann sah ich die Ursache des Ärgers: Ein Schneesturm tobte über dem Land. In einem solchen Sturm hatten wir vermutlich keine Chance, Barrow zu finden, doch wir mussten es zumindest versuchen.

Um die Wolken unter uns zu lassen, stiegen wir erneut auf 1200 Meter Höhe. Jetzt galt es, zu schätzen und unsere Position zu koppeln[24]. Wir hatten jedes Gefühl verloren, wo wir waren. Nichts half uns, unsere Position festzulegen. Das Land war von Wind und Flugschnee verdeckt, draußen auf dem Meer war es klar und windstill. Wir mussten uns zunächst nach Osten wenden und sicherstellen, dass wir noch immer östlich von Point Barrow und über dem Festland waren. Nachdem wir uns diesbezüglich rückversichert hatten, entschieden wir, rund 80 Kilometer ins Landesinnere zu fliegen, uns dann direkt nach Westen zu wenden und so niedrig zu fliegen, wie die Wolken es zuließen. Wenn wir die verschwommene Sonnenscheibe im sichtbaren Bereich hielten, konnten wir mit ihrer Hilfe unsere Richtung kontrollieren. Indem wir so niedrig wie möglich flogen, hofften wir, die südwestlich von Barrow gelegene Steilküste zu entdecken.

Nach etwa einer halben Stunde drehten wir nach Westen ab und einige Minuten später rief Eielson, »Was ist das da drüben zur Linken? Sieht aus wie Häuser.«

Ich hielt Ausschau und sah etwas, das wie Häuser oder irgendwelche schneebedeckte Gebäude aussah. Dann blickte ich sorgfältig durch das Fernglas in die Richtung, in die Eielson wies. Ich konnte nichts erkennen, wo er glaubte Häuser zu sehen, und umgekehrt sah er nicht, was ich für Häuser hielt. Wir waren zunehmend überspannt und unser Verstand begann, uns alle möglichen Dinge vorzugaukeln, wie dies oft geschieht, wenn man müde ist und umherirrt.

Bald entdeckte ich praktisch überall Häuser und Dörfer. Wäre ich jeder Neigung des Moments und jedem Impuls

24 Die kontinuierliche ungefähre Ortsbestimmung eines bewegten Objekts bezeichnet man als »Koppelnavigation« oder »Koppeln«.

gefolgt, wären wir bald im Kreis geflogen. Wie ich als Kind gelernt hatte, ist das Einzige, was man in einer solchen Situation machen kann, sich auf eine bestimmte Aufgabe zu konzentrieren. Mache eins nach dem anderen und mache dies gründlich.

Der aperiodische Kompass war unser sicherer Rückhalt. Wir mussten uns an unserem Kompass orientieren und unsere Position koppeln, egal wie weit uns dies von unserem Kurs bringen würde. Jede Kursänderung oder Kurve hatte ich auf unserer Karte genau festgehalten, und diesen Aufzeichnungen nach mussten wir in der Nähe von Barrow sein, bestenfalls 25 Kilometer entfernt, doch den Ort tatsächlich zu finden schien hoffnungslos. Es war gut möglich, dass sich die Wolken nach Westen hin weit über den Ozean hinaus ausdehnten und wir auf geradem Weg nach Sibirien wären, bevor wir klare Sicht bekämen.

Ich war kurz davor, nach Norden abzudrehen und auf der ersten glatten Eisfläche zu landen, die sich finden ließ, als ich direkt unter uns einen Blick auf niedrige Klippen erhaschte. Es war nur ein flüchtiger Eindruck, aber ich zog an Eielsons Arm, wies nach unten und ließ ihn im rechten Winkel zu unserem Kurs in Sinkflug gehen. Bevor das Manöver abgeschlossen war, waren wir einige Kilometer weit auf das Meer hinausgeflogen und als wir uns zurück durch den Sturm kämpften, begann ich zu fürchten, mir wieder etwas eingebildet zu haben. Aber ich hatte recht. Endlich zeichneten sich die undeutlichen Umrisse einer nach Norden verlaufenden Steilküste vor uns ab. Hurra! Nun mussten wir nur noch der Küste folgen und würden bald Barrow erreichen. Eielson war weniger zuversichtlich. Er sah die arktische Küste zum ersten Mal und ihr Anblick war an jenem Tag alles andere als einladend.

Er ließ das Flugzeug durchsacken, bis wir in Bodennähe waren und flog genau die Küstenlinie entlang. Nahe am Boden war die Luft turbulent. Wir sahen, wie der Schnee über die Kante der Klippen trieb und wie Zucker über den Rand eines Zuckerfässchens rieselte. Es war ein alter, gewohnter Anblick für mich, aber aus der Höhe eines fliegenden Flugzeugs neu. Bis dahin war ich immer zu Fuß durch den treibenden Schnee gestapft. Ich hatte unter dem Gefühl gezittert, das klirrend kalter Schnee zurücklässt, wenn er beim Kontakt mit der Gesichtshaut zunächst taut, dann wieder gefriert und drastische Erfrierungen verursacht. Im Vergleich zu solchen Erfahrungen war unsere Position im Flugzeug komfortabel.

Bald erreichten wir eine kleine Lagune, die ich wiedererkannte und die nicht weit entfernt von Point Barrow lag. Ich rief: »Nur noch 25 Kilometer!« Eielson hielt den Kurs, doch ich war mir sicher, dass er Zweifel hatte. Der Wind war stark und unser Kurs verlief quer zu ihm. Wir krochen die Küste entlang, unsere Nase praktisch direkt über dem Ufer. Es schien mir wie eine Ewigkeit. Würden wir das Dorf nie erreichen? Hatte ich einen Fehler gemacht? Nein, das konnte nicht sein. Für alle, die mit jenem Abschnitt der arktischen Küste vertraut sind, ist die Steilküste ein klares Zeichen. Nach einigen Minuten war die Anspannung vorbei. Undeutlich zeichnete sich im Schnee erst ein niedriges Eskimohaus ab, dann ein Turm samt Kirche und ein zweistöckiges Gebäude.

Kaum hatten wir die Umrisse als das erkannt, was sie waren, waren wir auch schon über sie hinweggeflogen. Zügig flogen wir über eine etwa 800 Meter breite Lagune, dann folgten einige weitere Häuser. Ich erkannte die Cape Smythe Whaling and Trading Station[25], wo Charlie Brower uns so gastfreundlich versorgt hatte, als im Jahr 1913 Stefánssons Fünf – ich einer von ihnen – ohne Nahrungsmittel und mit wenig Kleidung vor seiner Tür standen. Wir mussten keine Rauchbombe zum Bestimmen der Windrichtung zünden. Aus niedriger Höhe sah es aus, als winde sich der Flugschnee wie riesige Schlangen über die Lagune. Ich zeichnete eilig eine Skizze, die Eielson zeigte, wo er landen sollte, dann ging ich ins hintere Ende der Kabine

25 Das Gebäude steht noch heute und ist das älteste feste Bauwerk an Alaskas arktischer Küste (Baujahr 1893).

und stapelte alle lose Ladung im Heck der Maschine. Wir waren über Barrow und wir würden ein Experiment wagen, von dem viele behauptet hatten, es müsse in einer Katastrophe enden.

»Es ist unmöglich, mit einem Flugzeug auf Rädern im arktischen Schnee zu landen«, hatten sie uns prophezeit, »selbst wenn die Schneekruste hart ist. Sie wird brechen, wie eine Blockade wirken und die Maschine sich überschlagen.«

Ich war mir einigermaßen sicher, dass sich die Maschine nicht überschlagen würde, aber zusätzliches Gewicht im Heck könnte sich als hilfreich erweisen. Wir sausten tief über das Eis, nur knapp über die Sandgrube hinweg, tippten so sanft auf dem Schnee auf, als wäre er eine Wolke, und kamen schnell, aber problemlos zum Stehen. Anschließend rollten wir zum Fuß einer Böschung nahe den Eskimohäusern, die die Handelsniederlassung umgeben.

Erst beim Öffnen der Tür wurde mit klar, was für ein Tag es war. Es herrschte ein Wetter, in dem kein Mensch auf die Idee käme, zu Fuß zu reisen, wenn er nicht dazu gezwungen war. Es herrschte starker Wind, Schneetreiben, und die Temperatur lag bei minus 40 Grad Celsius. Als ich aus der Maschine stieg, waren nur wenige Menschen zu sehen. Einige Jungs kamen Hals über Kopf angerannt, doch die meisten älteren Einwohner waren geschützt vor dem Sturm in ihren Häusern. Recht schnell bildete sich jedoch eine Menschentraube und in ihr erkannte ich auch alte Freunde. Ein Eskimo namens Pauyurak, ein fetter, fauler, aber netter alter Kerl, der uns auf meiner ersten Schlittenexpedition in die Arktis begleitet hatte, war beinahe der erste, der mich begrüßte.

Es gab noch einige weitere Eskimos, die ich bei meinem Besuch in Point Barrow 13 Jahre zuvor getroffen hatte. Dann erschienen Charlie Brower und Fred Hopson, beide keuchten und schnauften vor Aufregung. Ihre Freude, uns zu sehen, war ihnen anzumerken, und sie hatten keine Vorstellung, wie ungeheuer froh wir waren, sie zu sehen. Aber direkt bei der Maschine war keine Zeit zum Plaudern. Wangen und Nasen erstarrten im beißenden Wind, auch in die Finger kniff die Kälte. Mehr und mehr Leute erschienen. Als letzte kamen zwei hübsche junge Frauen und ein beleibter kleiner Mann, bei dem es sich, wie sich bei seiner Vorstellung herausstellte, um Dr. Newhall handelte, den Arzt, der die Verantwortung für die Presbyterianer-Mission innehatte.

Wir deckten die Maschine mit Segeltuch ab. Die Kabine war glücklicherweise schneesicher, sodass wir unsere Fracht unbesorgt an Bord lassen konnten. Wir griffen uns einige Sachen und kämpften uns die Böschung hinauf zur Handelsniederlassung. Als wir endlich im Innern waren, war Zeit, uns umzuschauen und den unbekannten Gesichtern vorgestellt zu werden. Die beiden jungen Damen waren Miss Bannon, leitende Krankenschwester des Krankenhauses, und Miss Edna Claire Wallace, eine Autorin von Abenteuererzählungen, die sich in Barrow aufhielt, um Eindrücke für ein Buch über das Leben in der Arktis zu sammeln.

Fred Hopson vergeudete keine Zeit und servierte uns eine Tasse heißen Kaffee. Wir genossen ihn und lauschten den Neuigkeiten der Arktisküste.

Kapitel V

Die Gastfreundschaft des Nordens

Im November des Vorjahres hatte ich nach Barrow telegraphiert, dass ich ungefähr Mitte März dort mit dem Flugzeug eintreffen würde. Nun war es beinahe der 1. April geworden und die Einwohner hatten das Warten schon fast aufgegeben. Ihre Aufmerksamkeit war jedoch aufrechterhalten worden, weil Mr. Earl Hammond aus Nome mit meinem alten Reisegefährten Aarnout Castel abgesprochen hatte, per Hundeschlitten einiges an Ausrüstung von Nome nach Barrow zu bringen. Hammond war am 15. März nach einer problemlosen Reise eingetroffen und hatte mit der Zuversicht des Uninformierten versichert, ich würde bald kommen. Als wir schließlich eintrafen, waren sie kurz davor, seine Worte öffentlich anzuzweifeln.

Der Tag unserer Ankunft war einer der schlimmsten der Saison. Niemand hatte auch nur im Traum daran gedacht, wir könnten bei diesem Wetter fliegen. Auch wir hätten ohne Frage bevorzugt, die Bedingungen unseres Fluges nur geträumt und nicht tatsächlich erlebt zu haben, doch als wir schließlich sicher im Innern der Handelsniederlassung angekommen waren, wo gute Laune und große Gastfreundlichkeit herrschten, vergaßen wir die Anspannung schnell. Fred Hopsons konstante Neckereien und die beinahe unverschämte Schlagfertigkeit von Miss Wallace amüsierten uns prächtig. Wir waren froh, unseren ersten echten Arktisflug hinter uns zu haben. Aus dem Dorf eilten trotz des Sturmes Einheimische heran, um uns zu sehen.

Einer von ihnen hatte ein geisterhaftes Etwas gesehen, das vom Himmel herabgekommen und dann über dem arktischen Meer verschwunden war. Er war sich nicht sicher gewesen, ob es sich um etwas Reales oder eine Vision gehandelt hatte. Später auf dem üblichen Rundgang zu seinen Fallen hatte er sich immer noch gewundert, und siehe da, das mysteriöse Ding tauchte wieder auf, stieß durch die Wolkendecke über ihm und verschwand in Richtung Süden. Er hatte das Tuckern eines Motors gehört, es aber nicht erkannt, weil das Ding sich so schnell bewegte. War es möglich, dass die große fliegende Maschine eingetroffen war, von der er bei der Handelsstation gehört hatte? Er war losgerannt, um nachzuschauen, und hatte uns tatsächlich am Rand der Lagune gefunden. Daraufhin war er zur Handelsstation gelaufen und hatte seine Geschichte erzählt.

Er hatte zwar geglaubt, dass wir es gewesen sein mussten, die er gesehen hatte, doch als er die Maschine am Boden sah, waren ihm Zweifel gekommen: Wie konnte ein so großes und schweres Ding durch die Luft fliegen? Natürlich konnte es vom Himmel herabfallen, doch wie sollte es Menschen einladen und vom Boden emporheben können? Wir waren aber da, das konnte er sehen, und vermutlich war es das Schicksal des weißen Mannes, nun auf diese Weise zu reisen. In seiner Jugend seien nur die *Angatkoks* (die alten Medizinmänner) fähig gewesen, durch die Luft zu fliegen. In jedem Fall – so meinte er und schüttelte dabei seinen Kopf – würde das Ding, nachdem es nun einmal da sei und auf der Lagune stünde, für immer bleiben, denn kein Ding dieser Größe könne sich je wie ein Vogel in die Luft schwingen, da sei er sicher.

Die Erzählung des Mannes lieferte mir die genau die Information, die ich brauchte. Die Tatsache, dass er gesehen hatte, wie wir hinaus auf das Eis geflogen und drei oder vier Stunden später zurückgekehrt waren – er war sich der Zeitspanne nicht ganz sicher – gaben uns die exakten Positionen, wo wir auf die Küste getroffen und wo wir zurückgekommen waren. Offensichtlich hatten wir Point Barrow im Schneetreiben und den dahinfliegenden Wolken nur um rund elf Kilometer verpasst – und das nach einem Flug von fast 900 Kilometern, der größtenteils über wolkenverhangenen Grund geführt hatte.

Unser Rückflug über das Eis war korrekt berechnet gewesen: Nach einer Schleife, die uns mindestens 240 Kilometer weit hinaus aufs Meer geführt hatte, waren wir innerhalb von drei Kilometern zu unserem Ausgangspunkt wieder auf die Küste getroffen. Da wir Point Barrow nicht gesehen hatten, waren wir ins Landesinnere geflogen und hatten erst durch eine Kurve nach Westen, einen Tiefflug in den Wolken und das Folgen der Küstenlinie unser Ziel erreichen können.

Diese Belege stellten mich sehr zufrieden, denn die Umstände auf diesem Flug hatten uns gezwungen, allein mit Kompass und Koppelung zu navigieren. Dass uns dies gelungen war, bewies, dass wir uns zumindest in der Umgebung von Point Barrow auf unseren Kompass verlassen konnten.

An jenem Abend befestigten wir die Handkurbel am Generator des Funkgeräts, das Malcolm Hanson aus Washington D. C. gebaut hatte, und versandten die Nachricht von unserer sicheren Ankunft. Die folgenden fünf Tage hielt uns der Schneesturm in Barrow fest. Bis zu jenem Tag war das Wetter gut gewesen. Den gesamten März hindurch hatte die Schneehöhe auf der Lagune, die uns als Landefläche diente, kaum 20 Zentimeter betragen.

Später im Jahr erwartete ich Stürme und tiefen Schnee und plante, das Problem zu lösen, indem ich zwei Rinnen von der Breite der Räder graben ließ. Eine dritte Rinne sollte für den Hecksporn gegraben werden. Nötigenfalls sollte es machbar sein, den Schnee auf einer sechs bis neun Meter breiten Bahn vollständig zu entfernen, doch das würde nicht nur sehr viel Arbeit erfordern, sondern auch die Schneewälle rechts und links der Landebahn anschwellen lassen. Geriete die Maschine nur ein wenig aus der Bahn, könnten diese Schneewälle Katastrophen auslösen. Außerdem würden sie hohe Schneewehen bilden, die die Landebahn begraben würden, sodass die Arbeit vor jedem Start von vorne losginge. Lediglich Rinnen für Räder und Hecksporn zu graben, konnte bei ausreichend tiefem Schnee die Gefahr reduzieren, dass die Maschine beim Start ins Drehen oder Schleudern geriet.

Ich war jedoch neugierig, herauszufinden, ob die Flugzeuge auch aus dem unpräparierten arktischen Schnee heraus starten konnten. Wir hatten den Kühler des Liberty-Motors mit einem Gemisch aus 80 Prozent Wasser, 15 Prozent Alkohol und fünf Prozent Glyzerin gefüllt, selbst bei niedrigsten Temperaturen hatten wir also keinen Grund, den Kühler vor einem Start zu leeren. Wir stellten jedoch fest, dass wir nach jedem Flug das Öl aus dem Tank lassen und es vor dem nächsten Start erwärmen mussten.

Es gab ein spezielles Segeltuch zum Abdecken der Maschine, doch in Barrow errichteten wir über dem Flugzeug ein Zelt, dessen Wände bis hinab auf den Schnee reichten. Im Innern des Zeltes stellten wir einen gewöhnlichen Küchenofen auf. Um die Temperatur im Motor über den Gefrierpunkt zu halten, wurde ein Eskimo zum Wächter ernannt und beauftragt, im Ofen ein wenig Glut zu unterhalten. Ich bezweifle, dass diese Vorsichtsmaßnahme nötig war, denn der Motor war in Fairbanks erheblich niedrigeren Temperaturen ausgesetzt gewesen, als wir in Barrow erleben würden. Die niedrigste Temperatur, die wir erlebten, war minus 47 Grad Celsius. Der Motor hatte dies schadlos überstanden und startete problemlos, sobald er etwas mit heißem Öl erwärmt war. Bei Point Barrow wollte ich jedoch jederzeit startbereit sein und die Motortemperatur daher über den Gefrierpunkt halten.

Nach fünf Tagen Verzögerung klarte das Wetter auf, und wir waren bereit für unseren Rückflug nach Fairbanks. Der Motor war mit einer Handkurbel für den Start geliefert worden, doch diese hatte in Fairbanks ihre Verzahnung verloren. Wir mussten den Propeller also direkt drehen. Der Motor sprang sofort an und wir versuchten, durch den lockeren Schnee zu rollen. Bei hoher Geschwindigkeit wäre die Maschine gut durch den Schnee gekommen, bei unserem langsamen Tempo benötigten wir jedoch die Hilfe mehrerer Männer, die das Fahrgestell anschoben.

Zunächst sah es so aus, als könnten wir ohne Probleme starten, doch in der Mitte der Lagune war der Schnee aufgeweicht, die Räder versanken und wir brauchten eine ziemlich lange Strecke, bevor die Maschine begann, sich zu heben. Dann gruben sich die Räder in die Kämme der Schneewehen, was uns bremste und zurück auf den Boden zwang. Mit einer fast leeren Maschine wäre der Start geglückt, doch wir mussten ausreichend Treibstoff für einen Flug von 1100 Kilometern durch windstille Luft mitführen. Unser Kurs war beinahe 1000 Kilometer lang und wir brauchten einige Reserven für den Fall, dass wir in Gegenwind gerieten, oder ähnliche Widrigkeiten. Auf jenem ersten Flug hatten wir auch jede Menge Kleinkram sowie Briefe der Einwohner von Point Barrow an Freunde in Fairbanks geladen. Beim dritten Versuch gelang der Start schließlich knapp und wir schlugen den Kurs Richtung Fairbanks ein.

Die Küste und auf den ersten rund 300 Kilometern auch das Landesinnere waren von einer gut 1200 Meter hohen Wolkendecke verhangen, aber nach rund 150 Kilometern Flugstrecke sahen wir vor uns noch einmal so weit oder noch weiter entfernt die Gipfel der Endicottkette. Die 300 Kilometer bis zu den Bergen gaben uns ausreichend Zeit, eine sichere Höhe zu erreichen und in 3300 Metern Höhe flogen wir über die höchsten Gipfel.[26] Auf den ersten 150 Kilometern nach dem Erreichen der Berge kontrollierte ich sorgfältig die Abdrift sowie unsere Geschwindigkeit über Boden und skizzierte viele geographische Eigenheiten, die auf den aktuellsten Karten der Regierung fehlten. Als wir auf der Yukon-Seite der Endicott-Berge im Sinkflug waren, überprüfte ich abermals die Abdrift und bestimmte den Kurs nach Fairbanks. Ich dachte, dass die Windrichtung jenseits der Berge stabil wäre und Eielson, der seit fünf Jahren in Alaska umherflog, die Landschaft sowieso wiedererkennen und direkt nach Fairbanks fliegen würde. Also ging ich ins Heck der Maschine, um unsere Sachen zu ordnen.

Als wir den Yukon überflogen, sah ich voraus schwere Wolken. Anhand von auf der Karte verzeichneten geographischen

26 Siehe Fußnote 22.

Merkmalen überprüfte ich unsere Position, dann machte ich es mir gemütlich und war mir sicher, dass der Pilot seinen Weg finden würde. Rund eine Stunde später merkte ich, wie Eielson die Maschine immer wieder von der einen auf die andere Seite legte, als wolle er das Land unter sich erkennen. Doch die Bedingungen hatten sich seit unserem Hinflug komplett gewandelt. Ein Großteil des Schnees war verschwunden, Hügel und Bergketten boten einen völlig anderen Anblick. Die kleinen Bäche und Flüsse führten nun Wasser und die Landschaft, die wir im Kopf hatten, erkannten wir nicht wieder.

Ich fragte Eielson, ob er wisse, wo er sei oder in welcher Richtung Fairbanks liege. Er wusste es nicht. Er hatte gedacht, ich hätte unseren Flug aufmerksam verfolgt und hatte selbst daher nicht auf die Landschaft geachtet. Wir sollten aber in der Nähe von Fairbanks sein und begannen daher, Schleifen zu fliegen, stiegen höher und höher und erwarteten jeden Moment, die Stadt zu sehen. Ich nahm eine Messung der Abdrift und Geschwindigkeit über Boden vor, und stellte fest, dass wir schnell nach Nordosten trieben. Seit meiner letzten Messung war eine Stunde vergangen und nun ließ sich unmöglich feststellen, wo wir waren.

In der Ferne konnten wir den Yukon sehen und ich entschied zurückzufliegen, eine genaue Positionsbestimmung vorzunehmen und dann den Anflug auf Fairbanks erneut zu versuchen. Allein meine Nachlässigkeit hatte uns in diese missliche Lage gebracht.

Um den Fluss auf kürzester Strecke zu erreichen, flogen wir nach Nordosten und der erste Ort, den wir erkennen konnten, war das Städtchen Circle[27]. Eielson erkannten die Siedlung anhand der hohen Funkmasten wieder, die dort errichtet worden waren. Von Circle nach Fairbanks führte ein Pfad, dem er

27 Circle ist eine Ende des 19. Jahrhunderts gegründete Goldgräbersiedlung am Südufer des Yukon. Sie liegt rund 260 Kilometer nordöstlich von Fairbanks.

glaubte folgen zu können, doch wir konnten nun sehen, dass über Fairbanks ein Sturm tobte und mussten gegen den Wind fliegen. Wir wollten so schnell wie möglich zurück und unsere Freunde wissen lassen, dass alles in Ordnung war. Als wir die Nase des Flugzeugs nach unten drückten, um über dem Pfad zu fliegen, fiel der Öldruck ab und der Motor begann zu stottern. Uns wurde klar, dass wir bei Circle landen und Treibstoff nachfüllen mussten. Wir beschlossen, direkt vor der Stadt auf dem Fluss zu landen, etwas Treibstoff und Öl zu erstehen sowie einen Wetterbericht aus Fairbanks einzuholen und anschließend, falls dies ratsam wäre, am Abend zurückzufliegen. Auf der Suche nach einem geeigneten Landeplatz flogen wir ein- oder zweimal den Fluss entlang. An einigen Stellen war das Eis nicht sicher, an anderen mit Wasser bedeckt. Rund eineinhalb Kilometer entfernt lag vor der Stadt eine schneebedeckte Insel im Fluss, und obwohl wir den Schnee für tief hielten, schien sie uns der beste Platz für eine Landung zu sein. Eielson landete die Maschine perfekt und kam problemlos auf dem Schnee zum Stehen.

Die Einwohner der Stadt kamen über das Eis zu uns gerannt. Unter ihnen waren Männer, Frauen und Indianer, die nie zuvor ein Flugzeug gesehen hatten. Natürlich waren sie neugierig und ein Ereignis dieses Tages veranschaulicht das großartige Gemüt der Menschen in den Ländern des hohen Nordens.

Eine junge verheiratete weiße Frau, die noch nie zuvor ein Flugzeug gesehen hatte, war schon 800 Meter über das Eis gerannt, um sich die Kuriosität anzuschauen, als ihr einfiel, dass wer auch immer in der Maschine saß, hungrig sein würde. Sie schob ihre eigene Neugier auf das Flugzeug beiseite, rannte die 800 Meter zurück zu ihrem Haus, nahm das Essen, das sie gerade für ihren Ehemann und sich kochte, vom Herd, packte es in einen Topf und stellte den Topf in einen anderen Topf voll heißem Wasser. Dann rannte sie zurück zum Flugzeug und bot uns ihre heiße Mahlzeit an, bevor sie ihre Neugier befriedigte. Ich habe das Glück, in vielen Ländern von Fremden freundlich empfangen worden zu sein, glaube aber, die Umsicht und Energie dieser Dame aus Circle überstrahlt alle anderen Demonstrationen von Gastfreundlichkeit, die ich je erlebt habe.

Nach einer Stunde hatten wir eine Mahlzeit erhalten, etwas Treibstoff und Öl in die Maschine gefüllt und waren wieder startbereit, doch da erreichte uns die Nachricht, das Wetter in Fairbanks sei extrem schlecht und es sei nicht ratsam, noch am selben Abend zurückzukehren. Also deckten wir die Maschine ab, borgten uns zwei Ölöfen, um sie warm zu halten, kletterten in die Kabine und gingen schlafen. Früh am nächsten Morgen gruben wir Spurrinnen für die Räder in den Schnee, wie wir es in Point Barrow geplant hatten. Nach nicht einmal zwei Stunden hatten wir eine ausreichend lange Startbahn, starteten den Motor glücklicherweise ohne Schwierigkeiten, rollten die von uns gegrabenen Spurrinnen entlang, drehten die Maschine und flogen ohne Probleme los. Eineinhalb Stunden später waren wir in Fairbanks.

Unsere Freunde hatten unsere kabellos versandten Signale aus Barrow erhalten und wussten, dass wir sicher dort angekommen waren. Diese Signale waren, soweit ich weiß, die ersten kabellosen Nachrichten, die je von Point Barrow aus versandt und empfangen worden waren. Viele Funker auf Schiffen hatten versucht, Botschaften in die Welt hinaus zu senden, während sie bei Barrow vor Anker lagen, aber niemand hatte Erfolg gehabt. Es hieß, Barrow läge in einem Funkloch. Ich hatte meine Zweifel, ob solche Funklöcher irgendwo tatsächlich existierten, und unsere Nachrichten bewiesen, dass es bei Point Barrow nichts Derartiges gab. Es gab jedoch einige Schwierigkeiten, und die veröffentlichte Beschreibung unserer knappen Nachricht belegt die Fähigkeit unserer Zeitungsleute, gute Geschichten zu schreiben:

Nach unsere Landung in Barrow hatten wir die Kurbel unseres Generators zur kabellosen Übertragung per Hand betätigen müssen, ein Mechanismus mit überaus viel Hebelwirkung. Trotz des Hebeleffekts konnte niemand die Kurbel länger als einige

Sekunden am Stück drehen, also stellte ich Eielson und drei Eskimos in eine Reihe hintereinander und ließ einen nach dem anderen die Kurbel bedienen. Indem sie sich so abwechselten, konnte ich jeweils einige Buchstaben in Punkt- und-Strichcode übertragen, aber natürlich keine zusammenhängende Nachricht verfassen. Der Reporter der Zeitung schrieb dagegen, dass unser kabelloser Telegraph perfekt gearbeitet, wir jedoch den Code nicht gelernt hätten, folglich hätten wir alle paar Minuten die Buchstaben nachschlagen müssen. Der Mann wusste natürlich um die Schwierigkeiten beim Kurbeln des Generators, aber die andere Variante bot die bei weitem bessere Geschichte.

Kapitel VI

Kerben in die Berggipfel fliegen

Bei unserer Rückkehr nach Fairbanks erhielten wir einen großen Empfang. Trotz widriger Umstände hatten wir erfolgreich den bisher längsten Nonstop-Flug über der Arktis hinter uns gebracht. Dabei hatten wir eine Entfernung von beinahe 1600 Kilometern zurückgelegt und ein unerforschtes Gebiet in Augenschein genommen, das gut 160 Kilometer weiter nördlich von Point Barrow lag, als irgendjemand vor uns gekommen war.

Die Reparaturen an der *Detroiter* wurden so schnell wie möglich durchgeführt, doch es würde einige Zeit dauern, bis sie wieder startbereit wäre. Wir mussten eine ganze Reihe von Transportflügen erledigen, und wenn diese mit der einmotorigen Maschine über die hohe Endicottkette erfolgen sollten, durften wir keine Zeit verlieren. Es gab einen Tag Verzögerung wegen schlechten Wetters, doch am darauffolgenden Tag flogen wir ein zweites Mal nach Barrow. Wie zuvor folgten wir den Kurs über Livengood nach Wiseman, drehten dann westwärts, überflogen Koyukuk, folgten dem John River zum Anaktuvuk-Pass und überflogen von dort den 320 Kilometer breiten Streifen Tundra nach Barrow.

Wie zuvor konnten wir nach dem Überfliegen der Endicott-Berge den Grund unter uns nicht sehen, bis wir Barrow beinahe erreicht hatten. Dies bewies, dass das von Wolken verhangene Wetter im gesamten Spätwinter und zu Beginn des Frühlings vorherrschte. Die Endicottkette war frei, aber die Tundra lag unter 1200 Meter dickem Nebel, nur die exponierte Halbinsel bei Point Barrow und das Eismeer lagen ebenfalls frei. Auf unserem zweiten Flug vertrauten wir unserem Kompass, erreichten nur wenige Kilometer von Point Barrow entfernt die Küste und landeten bald darauf in der Lagune.

Die Eskimos waren von diesem zweiten Flug beeindruckter als vom ersten. Einige von ihnen sagten: »Beim ersten Mal hielten wir eure Ankunft in einer fliegenden Maschine für wundersam. Es war etwas, das vielleicht die Medizinmänner in alter Zeit getan haben mochten. Doch als ihr fort wart, begannen wir uns zu fragen, ob wir nicht nur geträumt hatten. Nun seid ihr wieder hier und wir wissen, dass es Flugzeuge tatsächlich gibt.«

Bei unserer zweiten Landung hatten wir genug Treibstoff für den Rückflug dabei und rund 750 Liter zusätzlich. Noch ein weiterer Transportflug, dann sollten wir ausreichende Vorräte für einen weiten Rundflug über den Arktischen Ozean haben. Weniger als zehn Stunden nach unserer Landung in Barrow machten wir uns zum Rückflug nach Fairbanks bereit. Einen Teil der Zeit hatten wir damit verbracht, Furchen in den Schnee zu graben, denn ich hatte entschieden, dass es sicherer und schneller war, Startbahnen anzulegen, als mit unserer Maschine über die unregelmäßigen Schneewehen zu holpern.

Wir waren bereits auf die Startbahn gerollt und beinahe startbereit, als mein Handschuh in den Speichen des Rades hängenblieb und mein rechter Arm zwischen das Rad und dessen senkrechte Aufhängung gezogen wurde. Ich spürte einen stechenden Schmerz und hörte ein Knacken in meinem Handgelenk. Zunächst dachte ich aber, es sei nur verstaucht, stieg in die Maschine und gab Eielson das Zeichen zum Aufbruch. Los ging es. Ich war gewohnt, bei den Startvorbereitungen keine zu warme Kleidung zu tragen und mich dann nach dem Start im Flugzeug umzuziehen. Aber an jenem Tag war das unmöglich, denn bereits wenige Minuten nach dem Abheben stellte ich fest, dass ich meinen rechten Arm nicht mehr benutzen konnte. Das war eine sehr gefährliche Einschränkung. Ginge mit dem Flug alles gut und landeten wir in Fairbanks, wäre alles in Ordnung und ich könnte meinen Arm dort versorgen lassen. Im Fall einer Notlandung wären wir jedoch praktisch hilflos. Eielson war kein erfahrener Jäger, und ich konnte mich weder umziehen noch ein Gewehr halten. Wir hatten kaum Nahrungsmittel an

Bord. Ohne meinen Arm konnte ich den Abdrift-Messer nicht halten, also beobachtete ich unsere Bewegung über Grund so genau wie möglich und folgte dem vom Kompass vorgegebenen Kurs.

Wegen des dröhnenden Motors konnte Eielson nicht verstehen, was ich sagte, und im unruhigen Flugzeug war es recht schwer, mit der linken Hand Notizen für ihn auf ein loses Blatt Papier zu schreiben. Meine Notizen waren natürlich kurz und unleserlich und Eielson hatte Schwierigkeiten, sie zu entziffern. Mit Sicherheit wunderte er sich, was los war, doch ich berichtete ihm nicht von meinem Arm.

Wir hatten geplant, so weit wie möglich den Flusstälern zu folgen, denn falls wir landen müssten, könnte uns dann einfacher geholfen werden. Der Wind drängte uns ein wenig nach Westen, sodass wir nach dem Überfliegen der Endicott-Berge einem Fluss folgten, der in der Karte als der Alatna markiert war. Doch als wir dessen Zusammenfluss mit dem Koyukuk erreichten, sah ich, dass das auf der Karte markierte Dorf nicht da war. Rund eineinhalb Kilometer entfernt sahen wir jedoch ein Dorf am gegenüberliegenden südlichen Ufer des Koyukuk. Ich signalisierte Eielson, den Fluss hinauf zu fliegen und zu überprüfen, ob sich das Dorf auf der Karte identifizieren ließ.

Wir flogen den Fluss entlang und überquerten Konturen, die klar belegten, dass wir, sofern die Flüsse korrekt kartographiert waren, dort waren, wo wir es auch erwartet hatten. Es gab nur einige Häuser an einer Stelle, an der die Karte kein Dorf verzeichnete. Da ich wusste, dass der Treibstoff für die Rückkehr nach Fairbanks knapp war, wagte ich nicht, die Siedlung, die wir sahen, zu verlassen, bevor ich ihre genaue Position bestimmt hatte.

Wir hätten auf dem nahen Fluss landen können, doch ich wollte keine Verzögerungen und Probleme riskieren. Stattdessen sagte ich Eielson, er solle dicht über den Häusern fliegen, ich würde eine Notiz für die Einwohner hinabwerfen, in der ich sie bat, den Namen ihres Dorfs in den Schnee zu schreiben. Ich schrieb meine Frage hastig mit der Linken auf ein Stück Papier und warf es den Leuten im Überflug vor die Füße. Sie verstanden bemerkenswert schnell und begannen, mit ihren Füßen Buchstaben in den Schnee zu trampeln – doch die Buchstaben ergaben einen Namen, der auf meinen Karten nicht verzeichnet war. Das machte die Sache noch verwirrender.

Ich hätte schwören können, dass meine Interpretation der Karte richtig war und wir dort waren, wo ich glaubte, dass wir waren, doch ich wollte Fairbanks unbedingt unfallfrei erreichen, und wagte nicht, weiterzufliegen, ohne zuvor unsere Position definitiv bestimmt zu haben. Wir flogen eine weitere Schleife und ich warf eine zweite Notiz ab, in der ich die Leute bat, einen Pfeil in den Schnee zu trampeln, der in Richtung Fairbanks wies. Die Einwohner stellten sich sofort und ohne sich die Mühe zu machen, den Schnee niederzutrampeln, in Form eines Pfeils auf, dessen Ausrichtung meine Überzeugung bestätigte, dass wir uns am Zusammenfluss des Alatna und des Koyukuk befanden.

Mit diesen Informationen konnten wir weiterfliegen und erreichten eine Stunde später den Flugplatz von Fairbanks. Sobald wir in Sichtweite der Stadt waren, schaltete Eielson die Maschine aus und wir schwebten im Segelflug hinab auf das Feld. Als wir am Hangar hielten, hatten wir keine fünf Liter Treibstoff mehr im Tank. Es war sehr knapp gewesen.

Eine Menge Menschen war auf das Feld gelaufen, um uns wie gewohnt zu begrüßen. Es war nicht einfach, den vielen ausgestreckten Händen auszuweichen und dabei zu erzählen, ich hätte mir ein wenig mein Handgelenk gestaucht. Ich verließ den Landeplatz so schnell wie möglich. Erst in meinem Zimmer im Hotel hatte ich endlich Gelegenheit zu untersuchen, wie schwer mein Arm verletzt war. Es schien, als sei die Speiche meines rechten Unterarms an zwei Stellen gebrochen. Doch da ich nicht zulassen durfte, dass dies zu weiteren Verzögerungen führte, erwähnte ich es gegenüber niemanden, bandagierte den Arm so gut wie möglich, und arbeitete weiter.

Schlechtes Wetter hielt uns die nächsten zwei Tage in Fairbanks fest, dann ging es ein weiteres Mal nach Barrow. Auf unserem ersten Flug hatten wir Fracht mit einem Gesamtgewicht von über 1500 Kilogramm transportiert – in einer Maschine, die ausgelegt war, bis zu einer Tonne zu tragen. Auf dem zweiten Flug hatten wir 1800 Kilogramm geladen, und da wir mit dieser Ladung erfolgreich die niedrigen Pässe überflogen hatten, wollten wir auf dem dritten Flug knapp 2200 Kilogramm laden. Das brachte die Maschine an die Grenzen ihrer Belastbarkeit und es dauerte nicht lange, bis uns klar wurde, dass wir beim Überfliegen der Endicottkette Probleme bekommen würden. Hohe Wolken verbargen die Gipfel der Berge, doch da wir mit der schweren Ladung weder umkehren wollten noch landen und erneut starten, entschieden wir, den Weiterflug durch die Wolken und über die Berge zu riskieren.

Auf jenen Flügen lernte ich Eielsons robuste Courage und besondere Fähigkeiten schätzen. Er war stets bereit, ein vernünftiges Risiko einzugehen, erkannte Gefahren immer und vermied sie mit größter Sorgfalt so weit unter schwierigen Umständen irgend möglich. Er war kein Wagehals, der sich in alles hineinstürzte. Er resümierte jede Situation, betrachtete sie aus allen Blickwinkeln und nutzte dann jede sich bietende Gelegenheit.

Am Tag unseres dritten Flugs waren die Bedingungen beim Anflug auf die Berge schlecht. Dichter Nebel füllte die Täler und hohe Wolken verbargen die Gipfel der Kette. Mit unserer schwer beladenen Maschine konnten wir auf keinen Fall bis in Luftschichten oberhalb der Wolken aufsteigen und einen sicheren Luftkorridor zwischen den Bergen zu finden, war nicht leicht. Wir flogen weiter und hofften, mit Glück im Innern des Gebirges etwas dünnere Wolken anzutreffen. Etwas später kreuzten wir zwischen schweren Wolken auf allen Seiten hin und her. Es sah so aus, als müssten wir, um Höhe zu gewinnen, einen Teil unseres geladenen Treibstoffs abwerfen, aber als ich Eielson eine diesbezügliche Notiz reichte, antwortete er, »Wir sollten es noch fünf Minuten versuchen und schauen, ob wir nicht doch hindurchkommen.«

Auf dem Boden der Kabine waren viele Kanister mit Flugbenzin verteilt, und um der Maschine jede noch so kleine Möglichkeit zu geben, an Höhe zu gewinnen, stapelte ich all diese Kanister nahe dem Cockpit auf. Während ich damit beschäftigt war, kamen wir in eine Zone voller Turbulenzen. Das Flugzeug wurde hin- und hergeschleudert, sodass ich das Gleichgewicht verlor und gegen die Kabinenwand fiel, wobei ich mir erneut den Arm brach, der gerade erst zu heilen begonnen hatte.

Genau in diesem Moment bemerkte ich zu unserer Linken einen schafkantigen Berggipfel. Es schien, als müssten wir mit ihm kollidieren. Ich signalisierte Eielson aufgeregt, sich rechts zu halten, doch er zeigte an, dort sei ebenfalls ein Gipfel. Zum Wenden war es zu spät, das einzige, was blieb, war weiter geradeaus zu fliegen und zu hoffen, dass wir über die Felstürme hinweg oder zwischen ihnen hindurchpassten.

Selbst mit ausreichender Höhe hätte es eines ruhigen, nervenstarken Piloten bedurft, die Maschine durch die enge Öffnung zwischen den Gipfeln zu fliegen. Eielson flog stetig voran. Er zog die Maschine so hoch wie nur irgend möglich und flog uns mit vielleicht einem halben Meter Abstand zwischen unseren Tragflächenspitzen und den Felswänden durch die Lücke. Als wir über den Sattel hinwegflogen, blickte ich nach unten und sah, wie sich die Räder so schnell drehten, als seien wir gerade erst abgehoben. Ich konnte nicht erkennen, wo wir den Schnee berührt hatten, aber ich bin mir sicher, dass wir unsere Räder durch den Schneekamm gezogen hatten, als wir uns zwischen den beiden Gipfeln hindurchzwängten.

Es war knapp, viel zu knapp für unsere Gemüter, und wir begrüßten die klare Luft, die uns auf der anderen Seite der Bergkette empfing. Wir folgten dem Tal, in das wir hineingeflogen waren, und erreichten die Tundra nördlich der Berge.

Die Wolken über der Tundra erreichten eine Höhe von gut 1200 Metern. Wir flogen knapp über sie hinweg, orientierten uns an der Sonne und erreichten die Küste ungefähr 30 Kilometer östlich von Barrow. Ich erkannte die Küstenlinie und bald darauf landeten wir auf der Lagune in der Nähe des Dorfes. Wir hatten einen großen Teil unseres Treibstoffs beim Flug durch die Wolken und über die Berge verbraucht, dennoch hatten wir nun, falls es uns gelingen sollte, nach Fairbanks zurückzukehren und die andere Maschine herzubringen, ausreichende Vorräte für zumindest einen Langstreckenflug.

Wegen schlechten Wetters saßen wir einige Tage in Barrow fest. In gewisser Weise war ich dankbar über diese Verzögerung, denn sie gab Charlie Brower Gelegenheit, meinen Arm zu schienen.

Als wir erneut startbereit für den Rückflug nach Fairbanks waren und versuchten, die Maschine zu starten, sprang der Motor nicht an. Mit einem Arm in der Schlinge war es nicht einfach, den Propeller zu drehen, und wir mussten die Maschine erneut anwärmen.

Während dies geschah, gingen wir zurück in die Küche, um eine Tasse Kaffee zu trinken. Auf einmal kam ein Eskimo angerannt und schrie: »Euer Flugzeug brennt!« Wir rannten Hals über Kopf zur Tür, hasteten über die Schneewehen und sahen in der Ferne eine Wolke aus Rauch und Flammen. Uns rutschte das Herz in die tiefsten Falten unserer Hosen. Der Menge an Rauch nach zu urteilen, konnte vom Flugzeug kaum mehr als das Gerippe übrig sein. Als wir den Kamm des letzten Schneewalls erreichten, schöpften wir etwas Hoffnung, denn das Flugzeug war noch intakt und offenbar unbeschädigt. Lediglich das Segeltuch, das die Maschine abgedeckt hatte, war komplett in Flammen aufgegangen.

Es erwies sich, dass der Eskimo-Wächter im Eindruck der Wichtigkeit, die Maschine aufzuwärmen, zu viel Robbenfett in den Ofen gekippt hatte und einige Funken aus dem Abzug auf das paraffinierte Abdecktuch gefallen waren. Dieses hatte sich sofort entzündet und war in wenigen Sekunden in Flammen aufgegangen. Allein die Tatsache, dass das leichte Tuch, noch bevor das Flugzeug hatte Feuer fangen können, schnell restlos verbrannt war, bewahrte uns vor größerem Schaden. In den wenigen Augenblicken, die der Vorfall gedauert hatte, war die Hitze immens gewesen. Farbe und Lack des Propellers waren von der extremen Hitze versengt worden und hatten Blasen geworfen, doch nach einer genaueren Untersuchung schien er ansonsten wenig Schaden genommen zu haben. Wir erwarteten keine weiteren Probleme infolge des Unfalls, doch hier irrten wir uns.

Die Maschine war nun warm und ließ sich leicht starten. Das Wetter im Süden sah bedrohlich aus und wir konnten schon bald erkennen, dass uns Ärger bevorstand. Die Tundra war bis in 1200 Meter Höhe von Nebel bedeckt, und oberhalb dieser Schicht flogen wir. Über uns war eine weitere Wolkenschicht, deren Unterkante bei rund 3300 Metern Höhe lag. Zwischen diesen Wolkenbändern stiegen Wolkensäulen aus der unteren in die obere Schicht. Es war die eigenartigste Wolkenformation, die ich je gesehen habe. Diese Wolkensäulen waren so zahlreich, dass wir gezwungen waren, uns zwischen ihnen hindurchzuschlängeln. Es gab starke Turbulenzen und das gewöhnlich sehr stabile Flugzeug wurde hin- und hergewirbelt wie ein Blatt Papier in einem Sturm.

Wir flogen ungefähr 240 Kilometer weit in die Wolken hinein und wieder heraus. Es war unmöglich zu sagen, wie dick sie sein mochten, vermutlich reichten sie höher hinauf als wir steigen konnten, und wegen der Berge vor uns hielt ich es für besser, nach Barrow zurückzukehren und auf bessere Bedingungen zu warten. Wir wendeten und mussten feststellen, dass sich die Wolken hinter uns geschlossen hatten. Wir versuchten, über sie hinaus aufzusteigen und kamen der Oberkante nahe genug, um die Sonne zu erkennen und unseren Kurs zur Küste zu bestimmen.

Wir konnten keinen Boden unter uns erkennen, also bestimmten wir per Kompass einen Kurs, der uns weit östlich von Point Barrow auf das Meer treffen lassen sollte. Wenn wir sicher wussten, dass wir uns östlich von Barrow befanden, konnten wir, sobald wir über dem Eismeer waren, im Tiefstflug über den Boden nach Barrow fliegen.

Weiter und weiter flogen wir, hielten die Maschine unmittelbar in der Oberkante der Wolken und folgten ohne große Probleme dem Kompass. Als genug Zeit vergangen war, um die Küste zu erreichen, waren wir noch immer über der Wolkendecke. Wir orientierten uns weiter nordwärts, bis wir schließlich durch ein Loch in den Wolken unter uns etwas Packeis erkannten. Die Wolkenlücke war zu klein, um uns zu erlauben, langsam in Spiralen zu sinken, doch Eielson brachte die Maschine geschickt durch die Wolken hindurch hinab bis auf 15 Meter über Boden.

Vermutlich betrug die Sichtweite weniger als 100 Meter, aber das raue Eis gab uns so etwas wie einen Horizont. Dies ermöglichte Eielson, das Flugzeug auszurichten und in einer geraden Linie zu fliegen. Die Richtung der Schneewehen vermittelte mir eine Vorstellung von der Richtung, in der wir uns bewegten, und wir hielten so genau wie möglich auf Point Barrow zu. Sobald wir das raue Eis des gefrorenen Meeres hinter uns gelassen hatten, verloren wir unseren Horizont und es wurde beinahe unmöglich, eine gerade Linie zu halten. Indem wir dicht über dem Boden flogen, zunächst hinaus auf das Packeis und dann zurück zur Küste, gelang es uns schließlich, die Lagune nahe Barrow zu erreichen. Eine problemlose Landung folgte, doch wir waren enttäuscht, Treibstoff für vier Stunden sinnlos verbraucht zu haben.

Dachte man noch einmal darüber nach, konnte der Flug aber kaum als sinnlos bezeichnet werden. Wir hatten herausgefunden, dass wir selbst in dichtem Nebel falls notwendig durch das Fliegen dicht über dem rauen arktischen Packeis einen Horizont finden konnten. Es war möglich, in Höhen unterhalb von 30 Metern zu fliegen, denn wir wussten, dass es nirgendwo auf dem arktischen Eis ein höheres Hindernis gab.

Das Wetter hielt uns zwei weitere Tage fest, dann versuchten wir es erneut.

Kapitel VII

Der aufregendste Moment

Ob es an der Hitze gelegen hatte, an der extrem trockenen Atmosphäre oder an beidem, weiß niemand, aber aus irgendeinem Grund war der Propeller ausgetrocknet und verbogen. Wir waren auf unserem zweiten Versuch eines Rückflugs erst wenige Kilometer weit gekommen, als er begann, auseinanderzufallen. Der Motor stotterte, rasselte und der Propeller klapperte. Die Maschine rüttelte so stark, dass wir fürchteten, sie könne auseinanderreißen. Wir wussten nicht genau, wo das Problem lag. Eielson schaltete den Motor sofort aus, woraufhin wir sanft durch die Luft segelten. Dadurch wussten wir, dass der Propeller das Problem war und Eielson ließ die Maschine im steilen Sinkflug auf einer Lagune in der Nähe des Dorfes landen.

Ich kletterte aus der Maschine und stellte fest, dass beide Hinterkanten der Propellerflügel lose waren. Der Leim, der die Schichten zusammenhielt, war so ausgetrocknet, dass der Propeller in seine Bestandteile zerfiel. Wir konnten froh sein, ohne weitere Schäden wieder heruntergekommen zu sein.

Zunächst schien es, als sei der Propeller nicht zu retten, daher schleppten wir das Flugzeug zurück an seinen Platz bei der Handelsstation. Wir schickten ein kabelloses Telegramm zu Lanphier, er solle sich mit den Reparaturen an der dreimotorigen Maschine beeilen und uns einen neuen Propeller mitbringen.

Zwei Tage später erhielten wir von Lanphier eine höchst beunruhigende Nachricht. Er hatte die Maschine getestet und hielt sie für unsere Zwecke für ungeeignet: Seinem Bericht zufolge hatte die Maschine eine Maximalgeschwindigkeit von knapp 150 Kilometern pro Stunde und einen Treibstoffverbrauch von 200 Litern in der Stunde, womit sie nicht ausreichend Flugbenzin für einen Flug nach Barrow und zurück laden könne. Lanphier berichtete, der zentrale Motor sei nicht ausgerichtet, die Kontrolle über die Maschine heikel und unsicher. Selbst bei vollem Einsatz aller drei Motoren könne die Maschine kaum eine Höhe von 1500 Metern erreichen.

Ich konnte diese Aussagen kaum glauben, denn es schien unwahrscheinlich, dass Anthony Fokker eine Maschine mit so schlechten Werten gebaut haben sollte. Laut Lanphier funktionierten die Whirlwind-Motoren nicht gut unter den kalten Bedingungen, doch wir hatten sie über Fairbanks bereits bei sehr niedrigen Temperaturen getestet. Ich glaubte, das Problem lag nicht bei den Motoren selbst.

Die einmotorige Fokker-Maschine mit 400 Pferdestärken erreichte eine Höhe von 2700 Metern – und dies mit einer Menge an Treibstoff, die für Hin- und Rückflug nach Barrow ausreichte und weitere knapp 400 Liter übrig ließ, die wir in Barrow zurücklassen konnten. Es schien unwahrscheinlich, dass die neue Maschine mit 600 Pferdestärken so schlechte Werte aufweisen sollte. Doch Lanphier, der Experte von Fokker, der Ersatzpilot Wisely und Andy Hufford, der Mechaniker der Firma Wright, hatten die Tests durchgeführt und wir mussten ihren Bericht akzeptieren. Uns blieb nur, unseren Propeller zu reparieren und zu versuchen, nach Fairbanks zurückzufliegen.

Die Jahreszeit würde für unsere Arbeit bald zu weit fortgeschritten sein, also beeilten wir uns mit den Reparaturen, so gut es ging. Eingeschränkt, wie ich mit meinem Arm in der Schlinge war, war es keine rasche Arbeit. Wir schliffen die rauen, gesplitterten Kanten des Propellers und beschlugen sie eng mit Streifen aus Messingblech.

Am nächsten Tag kam die Nachricht, sie hätten es erneut mit der *Detroiter* versucht, seien aber wegen Gegenwind umgekehrt und überzeugt, dass sich die Maschine nicht nach Barrow fliegen ließ.

Am nächsten Morgen starteten wir unseren Motor und hoben Richtung Fairbanks ab, doch wir waren kaum in der

Luft, als klar wurde, dass wir nicht weiterfliegen konnten. Der von uns reparierte Propeller war so unausgewogen und die Maschine rüttelte und vibrierte so stark, dass wir nicht einmal unsere Augen offenhalten konnten. Eielson stoppte den Motor und wir glitten einmal mehr hinab auf die Lagune. Bei jedem Versuch verbrauchten wir weiteren kostbaren Treibstoff.

Wir bauten den Propeller wieder ab, beschlugen beide Seiten mit Messingblechen und balancierten sie vorsichtig aus. Die Aufgabe kostete uns drei Tage, dann unternahmen wir einen weiteren Startversuch. Diesmal lief der Propeller reibungslos und wir erreichten Fairbanks ohne Zwischenfall.

Dort erhielten wir viele Berichte über das Flugverhalten der *Detroiter*. Einige Leute meinten, das Flugzeug sei für die Aufgabe ungeeignet, doch die meisten sagten, es hätte keinen ernsthaften Versuch gegeben, über die Berge zu kommen. Da jedoch für die einmotorige Maschine ein neuer Propeller eingetroffen war, wurde er installiert und bevor wir mit weiteren Tests Zeit verloren, hielt ich es für besser, mit dem einmotorigen Flugzeug weiterzumachen und nach Barrow zurückzukehren.

Sobald der Motor lief, konnte ich hören, dass irgendetwas falsch war. Er drehte viel höher als er sollte. Wir rollten das Flugzeug dennoch beladen wie es war auf die Startbahn, aber der neue Propeller hatte keine Kraft und die Maschine bewegte sich keinen Millimeter. Wir luden alles aus in der Absicht, die Maschine im leeren Zustand zu testen und zu schauen, ob der neu gelieferte Propeller zumindest in der Luft seinen Dienst tat. Wir unternahmen zwei Startversuche, doch beide Male gerieten wir über das Ende der Startbahn hinaus und holperten über den unebenen Grund dahinter. Viele hilfreiche Hände halfen uns, die Maschine zurück auf das Feld zu ziehen.

Wir entschieden uns, den alten, mit Messingblechen verstärkten Propeller wieder einzusetzen und es damit zu versuchen. Wir beluden die Maschine wieder und rollten los über die Startbahn. Als wir unsere Startgeschwindigkeit fast erreicht hatten, gab es beim Überqueren einer kleinen Bodenwelle einen

Stoß und ein Krachen. Die rechte Tragfläche des Flugzeugs löste sich und wir sackten auf den Boden zurück! Die Maschine schlitterte auf ihrem Rumpf über den Boden und als sie schließlich stehen blieb, wies ihr Heck senkrecht in die Luft.

Ich hatte in der Tür zum Cockpit gestanden, Eielson an den Kontrollen gesessen. 30 lose Kanister mit Flugbenzin, die in der Kabine gestanden hatten, hatten sich bei der Bruchlandung über mir aufgetürmt und mich zu Boden gepresst. Der Treibstoff aus dem Tragflächentank lief auf den heißen Auspuff des Motors. »Beeil dich«, schrie Eielson, »raus mit dir, sie wird sicher Feuer fangen!« Aber zu Boden gedrückt, wie ich unter den Benzinkanistern war, konnte ich mich nicht bewegen und Eielson konnte nicht hinaus, weil ich den Weg blockierte.

Zum Glück brach kein Feuer aus und nachdem die Treibstoffkanister weggeräumt waren, krochen wir aus der Maschine und betrachteten den Schaden. Es sah so aus, als habe die abgebrochene Tragfläche bereits seit längerer Zeit Risse gehabt. Mit Sicherheit war sie erneut belastet worden, als wir mit dem schlechten Propeller über die Landebahn hinausschossen. Die Hauptholme der Tragfläche waren direkt am Rumpf abgerissen und der Schaden war auf keinen Fall reparierbar. Nun blieb uns nur noch eine Möglichkeit: Wir mussten mit der *Detroiter* nach Barrow fliegen.

Nicht einmal eine Stunde später hatten wir das Wrack der *Alaskan* vom Feld gezerrt, die *Detroiter* aus dem Hangar gerollt und startklar gemacht. Ich schlug zunächst vor, mit Wisely als Piloten und Hufford, dem Mechaniker, nach Point Barrow zu fliegen. Doch ich wollte Lanphier gerne die Gelegenheit geben, das Land nördlich der Endicottkette zu sehen, und als Wisely signalisierte, nur ungern ohne Lanphier fliegen zu wollen, ließen wir Hufford zurück und Lanphier übernahm seinen Platz.

Inzwischen war es endgültig Frühling geworden. In Fairbanks lag kein Schnee mehr und die Berge waren ununterbrochen hinter Wolken und Stürmen verborgen. Ob wir im Laufe des Frühjahrs über der Endicottkette überhaupt noch einmal klares Wetter bekommen würden, war mehr als zweifelhaft. Wir rollten die mit über 2700 Litern Treibstoff, 170 Litern Öl und all unserer Ausrüstung beladene Maschine zum Anfang der Startbahn, hoben nach einer nur kurzen Beschleunigungsphase ab und schlugen einen Kurs Richtung Berge ein.

Bald erreichten wir Wolken und hielten links und rechts Ausschau nach einer Lücke, durch die wir fliegen konnten. Dabei gerieten wir schließlich ins Zentrum der Wolken, von wo wir nur schwer entkommen konnten. Weiterfliegen war genauso gefährlich wie ein Versuch, umzudrehen und nach Fairbanks zurückzufinden. Also flogen wir weiter und weiter in diese oder jene Richtung, stiegen so hoch wie möglich und arbeiteten uns immer weiter nach Norden voran, bis wir schließlich in einer Höhe von 3300 Metern die Berge überquerten, die Wolken verließen und uns über einem tiefhängenden Nebelteppich wiederfanden, der die Tundra bedeckte.

Bis dahin hatte es keinerlei Probleme mit der Maschine gegeben. Tatsächlich war dieses Flugzeug mit einer maximalen Höhe von über 3300 Metern trotz schwerer Ladung sogar sicherer als die einmotorige Maschine. Ich war mir sicher, dass das Wetter bei Point Barrow klar sein würde und wir lediglich dem Kompass folgen mussten, um dorthin zu gelangen.

Ich gab den Piloten den Kompasskurs und da nichts Dringendes anzustehen schien, machte ich es mir in der Kabine bequem und aß etwas zu Mittag. Auf einmal tauchte die Nase der Maschine ohne Vorwarnung ab, steiler und steiler. Ich konnte hören, wie der Wind durch die Streben der Motorenaufhängung pfiff. Wir mussten eine Geschwindigkeit von über 300 Stundenkilometern erreicht haben, als Wisely die Maschine mit einem Ruck aus dem Sturzflug holte und nur wenige Meter über der Tundra wieder in Horizontalflug überging. Er hatte entschieden, unter den Nebel zu sinken und einem Flusstal zu folgen, das er unter uns gesehen hatte. Ich wusste aufgrund unserer Erfahrung, dass wir bei Barrow ziemlich sicher gutes Wetter haben würden, also schrieb ich hastig eine Notiz an den

Piloten, über die Wolken aufzusteigen und dem Kompass zu folgen. Nach einigen Minuten wurde die Maschine gedreht und zurück zum Rand des Nebels geflogen, wo wir erneut auf 1500 Meter aufstiegen und uns grob Richtung Barrow orientierten. Aber unser Kurs wurde bald sehr unstet. Ich schrieb eine weitere Notiz, in der ich versicherte, dass der Kurs, den ich ihnen gegeben hatte, korrekt war, aber niemand schien mir zu glauben.

Es gab eine Art Handgemenge im Cockpit, später erfuhr ich, dass Wisely entschieden hatte, ein Weiterflug wäre zu gefährlich, und nach Fairbanks zurück wollte, während Lanphier bereit war, das Risiko einzugehen und um die Übernahme der Kontrollen rang. Die Maschine taumelte und drehte sich einige Minuten, folgte schließlich jedoch wieder einem Kurs, der uns schließlich nach Barrow brachte.

Nach einer problemlosen Landung wurde die Maschine zum Ende der Landebahn geschoben. Wir füllten die Tanks mit Treibstoff und hofften, am nächsten Tag einen Flug über das arktische Eis unternehmen zu können. Doch als der Morgen kam, hatte sich über dem Eis dichter Nebel ausgebreitet. Wir hätten über den Nebel hinaus aufsteigen und im Sonnenschein darüber fliegen können, doch wir hätten unter uns nichts erkennen und folglich keinerlei Arbeiten erledigen können.

Das neblige Wetter hielt tagelang an – mitunter lichtete es sich für eine Stunde oder zwei, doch jedes Mal zog es sich wieder zu, bevor wir unsere Motoren gestartet bekamen.

Wir hielten beständigen Kontakt mit dem Rest der Welt und erfuhren, dass Amundsen und Byrd in Spitzbergen bereit für einen Polarflug waren. Kurze Zeit später erfuhren wir, dass Byrd zum Pol und zurück geflogen und Amundsen kurz vor dem Start war.[28] Dann kam die Nachricht, die *Norge* sei unterwegs. Wir berechneten die Zeit und am Abend des 13. Mai stellten wir Wachen auf, um das Zeppelin vielleicht zu sehen, wenn es über uns hinweg flog. Früher am Tag war es

28 Siehe Fußnote 9.

sehr trübe gewesen, aber gegen Abend brachen die Wolken etwas auf und tatsächlich entdeckten wir in der Ferne, wie sich ein kleines schwarzes Objekt zwischen ihnen hindurchbewegte. Wir erkannten sofort, dass es das Luftschiff war.

Es war der vielleicht aufregendste Moment meines Lebens: Im Jahr 1919 hatte ich selbst vorgehabt, einen Zeppelin für einen Polarflug zu nutzen. Zu jener Zeit war es mir nicht möglich gewesen, irgendwen zu überzeugen, dass Luftschiffe in den Polargebieten erfolgreich einsetzbar wären. Die Hersteller von Zeppelinen in England und Deutschland hatten sich geweigert, mir ein Luftschiff für einen Polarflug zu verkaufen, obwohl meine Freunde damals bereit gewesen waren, jeden Preis zu zahlen.

Seit meinen frühesten Erfahrungen in der Arktis hatte ich geglaubt, dass es möglich sei, Flugzeuge und Zeppeline für Polarflüge einzusetzen, und als ich an der Küste von Point Barrow stand und beobachtete, wie Amundsen, Ellsworth und Nobile über mich hinweg flogen, wurden meine Pläne wahr. Luftschiffe hatten sich in der Polarregion als nützlich erwiesen. Es bedeutete mir wenig, wer an den Kontrollen saß oder die Expedition organisiert hatte: Es zählte allein die Tatsache, dass die Maschine die Arktis sicher überquert hatte.

Das Wetter war weiterhin zu neblig für irgendeine sinnvolle Arbeit, doch als wir einige Tage später hörten, dass die *Norge* nördlich von Point Barrow kein Land gesichtet hatte, war es umso wichtiger, die unerforschten Regionen nordöstlich und nordwestlich von Point Barrow zu erkunden.

Drei lange Wochen warteten und warteten wir bei Point Barrow auf einen Wetterwechsel, doch über dem Arktischen Ozean hing kontinuierlich dichter Nebel. Schließlich telegraphierten wir am 4. Juni dem Aufsichtsrat in Detroit, dass in diesem Jahr keine weitere sinnvolle Arbeit mehr möglich sei und fragten an, ob sie die Expedition ein weiteres Jahr finanzieren würden. Wir erhielten die Antwort, Detroit würde uns unterstützen, bis die Arbeit erledigt wäre. Sie konnten die Bedingungen unmöglich einschätzen und erklärten, sie würden allem zustimmen, was wir für das Beste hielten.

Wir hatten keine Zweifel, dass es am besten war, zurückzukehren, unsere Ausrüstung zu verstauen und es im nächsten Jahr erneut zu versuchen. Wir telegraphierten Detroit, wir würden so schnell wie möglich heimkehren, und nach einigen Tagen Verzögerung gelang es uns, über die Wolkendecke aufzusteigen und über sie hinweg zurück nach Fairbanks zu fliegen. Wir verstauten die Maschinen in Fairbanks und kehrten nach Detroit zurück. Alle Mitarbeiter der Expedition wurden entlassen.

Beim Blick auf die Rechnungen zeigte sich, dass die Expedition bis dahin Schulden von rund 30 000 Dollar angehäuft hatte, und es wurde versucht, eine der Maschinen zu verkaufen, um genügend Geld zum Bezahlen unserer Rechnungen aufzutreiben. Zuvor war verabredet worden, diese Maschine solle nach dem Ende der Expedition in meinen Privatbesitz übergehen.

Da das von Detroit bis dahin bereitgestellte Geld insgesamt weniger als 30 000 Dollar ausgemacht hatte – weniger als ein Drittel dessen, was versprochen worden war – und diese Maschine die einzig verfügbare war, die unsere Bedürfnisse erfüllte, weigerte ich mich, sie zu verkaufen. Diese Entscheidung löste in Detroit einige Irritationen aus.

Schließlich einigte ich mich mit der Detroit Aviation Society, ihnen 20 Prozent meiner Einkünfte zu überweisen, bis die 30 000 Dollar ausbezahlt waren. Im Gegenzug erlaubten sie mir, die Maschine zu behalten und das, was von der Expedition an Ausrüstung übrig geblieben war. Danach wäre es mir freigestellt, anderswo Unterstützung zu suchen und mein Vorhaben in der Arktis fortzusetzen.

Teil II

Durchhalten

Kapitel I

Einmal mehr nordwärts

Nach dem Flug von Amundsen, Ellsworth und Nobile mit der *Norge* galt als bewiesen, dass zwischen dem Nordpol und Point Barrow keine größeren Erhebungen existierten. Unser Flug bei klarem Wetter hinaus auf das arktische Packeis hatte meine Meinung gefestigt, dass es möglich war, fern der Küste auf dem Eis zu landen. Aus diesen Gründen änderten wir die Pläne für die weitere Arbeit ein wenig.

Anstelle von Point Barrow aus nonstop 1000 Kilometer nach Nordosten beziehungsweise Nordwesten zu fliegen und zurück, planten wir, falls wir kein Land entdeckten, auf dem Eis zu landen und mit einem Echolot die Wassertiefe zu messen.

Möglicherweise hätte man auch mit der dreimotorigen Fokker landen können, doch selbst mit Hilfe eines Flaschenzugs war sie zu schwer, um von zwei Leuten bewegt zu werden. Für eine Arbeit, wie wir sie nun planten, brauchten wir eine kleinere Maschine. Für die Kurzstreckenflüge eignete sich am besten ein Doppeldecker, der keine lange Startbahn brauchte und über eine Reichweite von etwa 2500 Kilometern verfügte. Sollten wir mit den kurzen Flügen erfolgreich sein, könnten wir anschließend mit der großen Fokker den Flug nach Spitzbergen versuchen. Persönlich war ich an dem Flug von Barrow über den Pol nach Spitzbergen nicht besonders interessiert: Er mochte zwar die Aufmerksamkeit der Welt erregen und wäre für die Entwicklung der Luftfahrt von Bedeutung, doch was unsere Kenntnisse der Geographie anging, konnte er kaum etwas Neues bringen. Ein solcher Flug ließ keine großen Probleme erwarten: Der Kurs würde einem Längengrad folgen und durch den Einsatz eines Sonnenkompasses ließe sich ein Großteil der Schwierigkeiten bei der Navigation ausschließen.

Nachdem entschieden war, 1927 einen kleinen Doppeldecker zu nutzen, mussten wir den Hersteller bestimmen und – noch wichtiger – klären, wie wir ihn finanzieren wollten. Wie üblich war es Carl Fritsche, der als erster einen brauchbaren Plan hatte. Er schlug vor zu prüfen, ob ein Doppeldecker der Marke Stinson für uns geeignet wäre. Diese Maschine wurde in Detroit nach den Plänen eines unserer Unterstützer gefertigt und hatte ihre Belastbarkeit bereits unter Beweis gestellt. Wir wandten uns an die Stinson-Fabrik und besprachen mit Eddie Stinson Bauart und mögliche Reichweiten. Unseren Berechnungen nach sollte eine Stinson unsere Zwecke erfüllen. Fritsches Idee wurde bald in die Tat umgesetzt.

Das Management der *Detroit News*, das eng mit der North-American Newspaper Alliance verbunden und deren Herausgeber Mr. George Miller Präsident der Alliance war, hatte bereits früher Dozenten beauftragt, um die Schulkinder Detroits zu unterrichten. Eine Absprache zwischen Mr. W. E. Scripps und Mr. Miller ermöglichte es mir, an allen Schulen Detroits und seiner Vororte Vorträge zu halten. So konnten wir den Schulkindern etwas zurückzugeben für die wenigen Cents, mit der sie die Expedition jeweils unterstützt hatten. Die Vorträge waren für das Publikum kostenlos, aber die *Detroit News* bezahlte mir für meine Dienste großzügige 5000 Dollar. Ich willigte sofort ein, den gesamten Betrag für die weitere Erforschung der Arktis einzusetzen. Da die Zeit begrenzt war, organisierte die Abteilung für visuelle Erziehung des Detroiter Bildungsausschusses für mich 107 Vorträge innerhalb von sechs Wochen, oder im Durchschnitt fünf pro Schultag.

Der Betrag, den ich für diese Arbeit erhielt, sowie weitere 3000 Dollar, für die ich einen Schuldschein aufnahm, und ein Motor, den wir von der dreimotorigen Maschine gerettet hatten, reichten zusammen mit den vom letzten Jahr übrigen Vorräten aus, um uns mit einem komplett ausgerüsteten Flugzeug der

Marke Stinson auszustatten[29] sowie dem bereitstehenden Flugzeug von Fokker.

Indem wir die 19-Meter-Tragflächen auf den mit dem Liberty-Motor ausgestatteten Rumpf setzten, hatten wir eine Maschine, die für den Langstreckenflug von Barrow nach Spitzbergen verwendbar war. Somit war das Problem der Ausrüstung gelöst, doch wir mussten noch immer Geld für die laufenden Kosten der Expedition auftreiben.

Ich fragte bei der North-American Newspaper Alliance an, die im Vorjahr 25 000 Dollar für exklusive Berichte gezahlt hatte. Das Management lehnte jede weitere finanzielle Unterstützung rundheraus ab. Andere Zeitungskonsortien boten Geld für Exklusivrechte, doch angesichts der freundlichen Unterstützung durch die *Detroit News*, eines der wichtigsten Mitglieder der Alliance, wagte ich nicht, die Unterstützung anderer Verbände anzunehmen.

Aber irgendwo musste das Geld herkommen! Ich war kurz davor, einige Freunde von mir in Detroit anzusprechen, als die *Detroit News* das überaus großzügige Angebot machte, alle laufenden Kosten der Expedition zu übernehmen. Es wurde ein Treffen anberaumt, um die Angelegenheit zu besprechen und die Detroit Aviation Society einzubeziehen.

Doktor Bowman, der Direktor der American Geographical Society, kam aus New York, um dem Treffen beizuwohnen und bemühte sich sehr, den wissenschaftlichen Wert der geplanten Arbeit zu erläutern.

Er sagte deutlich, die Geographical Society werde die Bemühungen der Expedition weiter unterstützen. Doktor Bowmans Haltung beeinflusste die Mitglieder der Detroit Aviation Society und das Management der *Detroit News* sehr. Zu meiner großen Überraschung bot die Detroit Aviation Society noch auf dem Treffen an, für Ersatzteile oder als zweite Maschine für Notfälle eine zweite Stinson-Maschine bereitzustellen. Als die

29 Es handelte sich um eine Stinson SB-1 Detroiter.

North-American Newspaper Alliance dies erfuhr, erklärte sie sich bereit, im Gegenzug für die Exklusivberichterstattung über die Expedition die kabellose Kommunikation zur Verfügung zu stellen.

Nun stand die Expedition finanziell wieder auf soliden Füßen. Ich selbst hingegen schuldete gemäß einer nach meiner Rückkehr im Vorjahr getroffenen Vereinbarung der Detroit Aviation Society noch immer die Summe von 30 000 Dollar.

Die von mir bestellte Stinson war nahezu fertig und ich verließ mich fest darauf, dass die zweite Maschine, welche die Detroit Aviation Society versprochen hatte, sofort in Auftrag gegeben werden würde. Wegen anderer Verpflichtungen war ich zwei Wochen in New York, doch als ich zurückkam, war zwar meine eigene Maschine bereit für ihre Testflüge, in Bezug auf die zweite Maschine war aber nichts geschehen. Mit Unterstützung von Mr. William Mara, Schriftführer bei Stinson und aktives Mitglied der Detroit Aviation Society, wurden Nachforschungen angestellt. Wir erfuhren, dass die Detroit Aviation Society zu dem Ergebnis gekommen war, ihr Versprechen, eine zweite Maschine bereitzustellen, nicht halten zu können. Ich war durchaus bereit, ohne die zweite Stinson weiterzumachen, tatsächlich wäre mir dies sogar lieber gewesen: Wir hatten für den Notfall die Fokker und eine dritte Maschine würde unsere Verantwortung und Ausgaben nur vergrößern.

Mr. W. E. Scripps von der *Detroit News* bot jedoch großzügigerweise an, eine zweite Stinson bereitzustellen, sie zusammen mit einem zusätzlichen Piloten der Expedition zu leihen und alle notwendigen Ausgaben zu tragen. Zusätzlich wollte die *Detroit News* ihren eigenen Korrespondenten schicken, der zugleich als Geschäftsführer der Expedition dienen sollte. Trotz der Verzögerungen wegen des zweiten Doppeldeckers wurden alle Vorbereitungen termingerecht abgeschlossen und Maschinen wie Expeditionsmitglieder brachen per Zug nach Seattle auf.

Ben Eielson und Hubert Wilkins

Carl Ben Eielson hatte erneut zugestimmt, unser erster Pilot zu sein. Alger Graham wurde als Ersatzpilot angeworben. Um sich uns anschließen zu können, wurde Orval Porter, ein Mechaniker in Diensten der Stinson Aircraft Corporation, von seinen Pflichten entbunden. Ein Mr. Arthur Malcolm Smith war mit meiner Zustimmung von der *Detroit News* als ihr Repräsentant ausgewählt worden. Als seine Assistenten fungieren sollten Howard Mason, der schon im Vorjahr als Funker mit uns gereist war, und Walter Hemrick, ein weiterer Funker aus Seattle. Bis auf Graham verließen alle Mitglieder der Expedition Seattle am 11. Februar 1927. Graham sollte bei den Maschinen bleiben, die an Bord des eine Woche später auslaufenden Schiffes sein würden.

Wir erreichten Fairbanks ohne Zwischenfall. Als Graham mit den beiden Stinson-Doppeldeckern eintraf, war die

Fokker-Maschine mit der Tragflächenspannweite von 19 Metern und dem Liberty-Motor einsatzbereit.

Wir luden die Stinsons vom Zug und trugen sie in den Hangar. Die Maschinen bestanden aus vielen Einzelteilen. Obwohl sie in jeder Hinsicht außer dem Motor baugleich sein sollten, mussten wir feststellen, dass fast nichts so passte, wie es sollte. Aus den Bauteilen, die am besten passten, setzten wir zunächst eine Maschine zusammen. Das dauerte einige Tage, doch die Bestandteile der anderen Maschine zurechtzuschneiden und -zubiegen kostete uns fast zwei Wochen.

Es gab große Schwierigkeiten, für die Stinson geeignete Kufen zu finden. Wir hatten ein Paar Metallkufen der Firma Severski erworben, die zwar für eine deutlich leichtere Maschine gedacht waren, für unsere Zwecke jedoch in beinahe jeder Hinsicht ausreichten – bis auf eine: Sie hielten keinem starken Seitendruck stand – ein Umstand, den wir im Auge behalten mussten, falls wir irgendwann bei Seitenwind notlanden müssten. Ihre Stabilität in der Längsachse war hinreichend und unter günstigen Bedingungen waren die Severski-Kufen exzellent. Wir sorgten uns jedoch, dass sie keiner derben Behandlung standhalten würden. Da sie uns aber gut drei Kilometer pro Stunde schneller fliegen ließen als jeder andere Kufentyp, entschloss ich mich, sie zu verwenden.

Wir mussten auf jeden Fall noch andere Kufen zur Verfügung haben und suchten lange, bevor wir für diesen Zweck geeignetes Hartholz fanden. Schließlich hatte Eielson in Milwaukee etwas geeignetes Nutzholz aufgetan, das geschliffen und nach Fairbanks geschickt wurde. Während die übrigen Männer die Maschine zusammensetzten, konstruierte ich in der Werkstatt der Samson Hardware Company in Fairbanks zwei Kufenpaare. Die Vortests der Stinsons in Michigan hatten gezeigt, dass sie in der Lage waren, unsere notwendige Ausrüstung zu tragen, und die weiteren Tests in Fairbanks waren ebenfalls recht zufriedenstellend.

Wir stellten fest, dass die Fokker-Maschine mit 19 Metern Tragflächenspannweite und dem Liberty-Motor problemlos startete und in niedrigen Höhen gut flog, in überladenem Zustand aber nicht gut stieg. Die Maximalgeschwindigkeit lag bei 160 Kilometern pro Stunde, doch sie hatte eine Reichweite von fast 4800 Kilometern und würde uns auf dem geplanten Flug von Barrow nach Spitzbergen gute Dienste leisten.

Wir planten, alle drei Maschinen nach Barrow zu bringen: Eielson sollte mit A. M. Smith, dem Repräsentanten der *Detroit News,* und Howard Mason als Passagiere die Fokker fliegen. Ich hatte Noel Wein, einen Piloten aus Alaska, angeheuert, die zweite Stinson zu fliegen und er würde unseren Mechaniker Orval Porter mitnehmen. Alger Graham sollte mit mir die andere Stinson fliegen. Alle drei Maschinen wurden auf die Startbahn geschoben und waren bereit zum Abheben.

Als erster sollte Eielson starten. Über Nacht hatte es etwas geschneit, die Startbahn bremste ein wenig, und die Maschine konnte nicht abheben. Als wir sie für einen zweiten Versuch zurück über das Rollfeld schoben, rutschte eine der Kufen in eine tiefe Rinne am Ende der Startbahn und verbog so stark, dass ein zweiter Startversuch nicht möglich war.

Der Zwischenfall erzwang eine Änderung unserer Pläne. Wir hielten es für das Beste, die Fokker zurückzulassen, bis die Bedingungen in Fairbanks den Einsatz von Rädern zuließen. Dies bedeutete, dass wir zwei Männer zurücklassen mussten, und das Schicksal traf den Zeitungsmitarbeiter und unseren Mechaniker. In den Stinsons war neben der Ausrüstung nicht ausreichend Platz für mehr als zwei Personen. Der Funker war unverzichtbar und konnte im schlimmsten Fall Berichte über die schlichten Fakten unserer Fortschritte an Mr. Smith in Fairbanks senden, der die Geschichte dann zeitungsgerecht bearbeiten sollte. Einen Großteil des Tages verbrachten wir mit dem Umpacken unserer Ausrüstung.

Währenddessen suchte Mr. Smith eifrig nach einer Möglichkeit, wie er nach Barrow kommen konnte. Wir wären froh gewesen, ihn bei uns zu haben, denn er war ein guter Autor und ein angenehmer, ehrlicher und freundlicher Kamerad. Doch es schien keinen Weg zu geben, es sei denn, wir charterten eine Maschine der Fairbanks Airplane Corporation, was sehr teuer wäre. Zunächst schien das völlig unmöglich, aber unmittelbar vor unserem Aufbruch ermöglichte die Fairbanks Airplane Corporation großzügigerweise, dass der Pilot Joe Crosson[30] Smith in einem kleinen Doppeldecker der Marke Swallow inklusive Zwischenstopp zum Nachtanken in Wiseman nach Barrow fliegen konnte. Weniger als eine Stunde, nachdem der Plan gefasst worden war, hob Crosson mit seinem Passagier Smith im offenen Cockpit der Swallow ab.

Die Stinsons wurden vorgewärmt und eine Stunde später versuchte Pilot Graham in der zweiten Maschine mit Howard Mason als Passagier abzuheben. Um die Mittagszeit war es wärmer geworden und der scharf zugeschnittene Hecksporn schnitt tief in den Schnee ein. Mehrere Startversuche schlugen fehl und wir mussten eine weitere Verzögerung hinnehmen, um den breit ausgelegten hölzernen Hecksporn zu installieren, der für so einen Notfall bereit lag. Diese Hecksporne ermöglichten zwar einen schnelleren Start, verschlechterten jedoch ein wenig das Flugverhalten der Maschine in der Luft. Nachdem der neue Hecksporn installiert war, hob Graham ohne weitere Schwierigkeiten ab. Eielson und ich folgten unmittelbar darauf in der *Detroit News No. 1*[31] und setzten Kurs auf Wiseman. Während wir uns den Endicott-Bergen näherten, in deren Ausläufern Wiseman lag, gewannen wir langsam an Höhe.

Als wir die Stadt erblickten, flogen wir in einer Höhe von 2400 Metern, aber dank der klaren, kalten Atmosphäre sahen wir die Swallow auf dem Flugfeld inmitten einer Traube von Menschen.

---

30 Joe Crosson und seine ältere Schwester Marvel Crosson gehörten zu den frühen Flugpionieren Alaskas.

31 Die beiden Doppeldecker waren auf die Namen *Detroit News No. 1* und *Detroit News No. 2* getauft worden.

Wir hatten ein komplexes Signalsystem besprochen, das in Streifen aus rotem Stoff auf dem Boden ausgebreitet werden sollte, um nicht unnötig Verwirrung zu stiften. Falls alles in Ordnung wäre, sollten überhaupt keine Signale erfolgen. Wir kreisten einige Zeit in großer Höhe über dem Flugfeld, bis wir sicher waren, dass die Menschen am Boden uns gesehen hatten. Obwohl es rund um die Swallow viel Aktivität gab, sahen wir keinerlei Hinweise auf einen Startversuch und auch keine ausgelegten Zeichen. Da wir nicht länger als eine halbe Stunde warten wollten, signalisierten wir mit den Tragflächen, dass wir weiter nach Barrow fliegen wollten, und setzten unseren Kurs im sicheren Glauben fort, dass es bei Wiseman keinen ernsten Unfall gegeben hatte.

Über den Endicott-Bergen hatten wir klare Sicht, jenseits der Berge breitete sich jedoch dichter Nebel über der Tundra aus, wie wir ihn auch im Vorjahr bei jedem Flug vorgefunden hatten. Aufgrund unserer früheren Erfahrungen erwarteten wir, über Barrow wieder klares Wetter zu haben, und setzten unseren Flug fort, dicht gefolgt von Graham in der *Detroit News No. 2*. Wir stellten fest, mit der *Detroit News No. 1* die andere Maschine zurücklassen zu können, wenn wir den Motor auf 1800 Umdrehungen beschleunigten. Wir nutzten einen Curtis-Reed-Propeller, während Grahams Maschine mit einem auf 1900 Umdrehungen ausgelegten Propeller von Standard Steel ausgestattet war.

Nach einem etwa siebenstündigen Flug erreichten wir die Küste einige Kilometer östlich von Barrow und landeten bei freier Sicht auf der Lagune. In der *Detroit Nr. 1* hatten wir noch eine Menge Treibstoff übrig, Graham jedoch hatte wegen der vielen Startversuche und seines mit höherer Umdrehung laufenden Motors nur noch zehn bis 15 Liter im Tank.

Die weißen Einwohner Barrows wie auch die Eskimos begrüßten uns fröhlich. Wir entluden unsere Ersatzteile und den kabellosen Telegraphen. Rund eine Stunde später hatte Mason das Funkgerät zum Laufen gebracht und wir waren in Kontakt mit Hemrick in Fairbanks. Abends erfuhren wir, dass Crosson und Smith wegen Kühlerproblemen in Wiseman festsaßen, am nächsten Morgen aber wohl weiter nach Barrow fliegen wollten.

Dank unseres in Barrow aufgestellten Funkgeräts konnten wir sie warnen, falls das Wetter schlecht sein sollte. Doch am nächsten Morgen war es klar und wir erwarteten die Ankunft der Swallow irgendwann im Laufe des Tages.

Für Crosson, der noch nie über die Endicott-Berge geflogen war, erwies es sich jedoch als ziemlich großes Unterfangen, gemeinsam mit Smith, der ebenfalls keinerlei Erfahrungen mit Reisen in der Arktis hatte, Barrow zu finden, das an einer Küste liegt, die keinerlei eindeutige Landschaftsmerkmale aufweist. Sie hatten genaue Anweisungen erhalten, die Küste entweder auf der einen oder der anderen Seite von Barrow zu erreichen, und dann, im Wissen, auf welcher Seite sie waren, der Küste zu folgen, bis sie das Dorf erreichten. Die Seite von Barrow, auf die sie zielen sollten, hing vom Wind und vom Wetter ab. Da der Tag an der Küste klar war, erreichte Crosson das Eis schließlich knapp 50 Kilometer östlich von Barrow und fand das Dorf dank geschicktem Lesen seiner Karte recht bald.

Zu unserer großen Erleichterung waren damit alle Expeditionsteilnehmer sicher in unserer Basis eingetroffen. Crosson wollte bis zum nächsten Tag bleiben und dann, so das Wetter es zuließ, am Montag über Kotzebue und die Küstenroute nach Fairbanks zurückfliegen.

Kapitel II

Aufbruch ins Unbekannte

Am Sonntag war das Wetter gut. Den gesamten März über hatte in Barrow ununterbrochen klares Wetter geherrscht, doch wenn es auf die bekannte Art und Weise weiterging, konnte jederzeit ein Sturm ausbrechen.

Bis Sonntagabend hatte Mason seinen kabellosen Telegraphen aufgestellt und justiert. Mr. Harry Riley, verantwortlicher Leiter der Walfangstation der Firma H. Leibes & Company, gab uns freie Hand und gewährte uns jede mögliche Unterstützung. Selbst eine Hälfte seines Büros räumte er leer, um Platz für Mason und sein kabelloses Gerät zu schaffen. Unser alter Freund Fred Hopson übertraf sich in seiner Begrüßung und Gastfreundschaft einmal mehr selbst.

Wir waren traurig zu hören, dass Hopsons Sohn Sam – der im Vorjahr unsere größte Hilfe in Barrow gewesen war – kurz zuvor bei einem Unfall ums Leben gekommen war.

Dr. Newhall und unsere Freunde bei der Missionsstation der Presbyterianer sowie Mr. und Mrs. Sylvester vom Bildungsreferat bereiteten uns ebenfalls einen herzlichen Empfang.

Wir verbrachten den Sonntag mit Photographieren, dem Prüfen der Vorräte und dem Einteilen der einzelnen Rationen für unsere Ausflüge auf das Eis. In den meisten Jahren gab es irgendwann zwischen dem 21. März und dem 1. April in Barrow einen Sturm. Obwohl also ein Unwetter möglich war, hoffte ich, vor dem Einsetzen der Schlechtwetterperiode zumindest einen kurzen Flug nach Nord-Nordwesten zu schaffen.

Aus Erfahrung wussten wir, dass der erwartete Sturm bis zu sieben Tage dauern konnte, und ich wollte unbedingt zumindest einen Flug abschließen, bevor es zu irgendwelchen langen Verzögerungen kam.

Montag war das Wetter klar bei leichtem Nordostwind und Joe Crosson brach in seiner Swallow zu seinem Flug entlang der Küste zurück nach Fairbanks auf.

Wir füllten die Tanks der ersten Stinson und kontrollierten die Kompasse, während Eielson und Graham sorgfältig die Motoren prüften.

In Detroit hatte uns eine graue Ablagerung einige Probleme bereitet. Sie entstand, so glaubten wir, durch den Kontakt von Treibstoff mit dem Erzeugnis, das zum Verschweißen der Tanks verwendet worden war. Da wir nun nach dem siebenstündigen Flug aus Fairbanks im Rohr des Vergasers keinerlei Ablagerungen aus den Tanks mehr fanden, dachten wir, das Ärgernis sei vollständig behoben. Unser Bedarf an zusätzlichem Flugbenzin, Öl und wissenschaftlicher Ausrüstung war am Montagnachmittag an Bord gebracht worden, und als es Zeit zum Abendessen war, waren nahezu alle Vorbereitungen abgeschlossen. Falls das Wetter am nächsten Tag gut scheinen sollte (29. März), wollten wir starten.

Als das Beladen und Ausrüsten der Maschine abgeschlossen war, ging ich noch einmal sorgfältig alle Eventualitäten durch und prüfte verschiedene mögliche Routen. Falls wie erwartet eine leichte Nordostbrise herrschte, die gegen Abend möglicherweise im Uhrzeigersinn auf Südwesten drehte, wollten wir einen Kurs Richtung 78 Grad nördlicher Breite auf dem 180. Längengrad setzen.

Sollten wir diesen Punkt erreichen, würden wir dort landen und die Wassertiefe messen. Unsere weiteren Schritte waren vom Ergebnis dieser Messung abhängig. Bei nur geringer Tiefe und somit Anzeichen von Land in der Nähe würden wir auf demselben Kurs weiterfliegen. Sollte das Wasser jedoch sehr tief sein und sich zeigen, dass wir weit jenseits des Festlandsockels waren, würden wir zwei Stunden lang oder rund 300 Kilometer weit direkt nach Süden fliegen und dort eine weitere Messung vornehmen. Von der südlicheren Position aus müssten wir unabhängig vom Ergebnis der Messung wegen der Treibstoffreserven direkt nach Barrow zurückfliegen.

Gelänge der Plan, könnten wir auf diese Weise mehrere Dinge herausfinden: Aus dem Charakter des Eises, das wir überquerten, könnten wir einen Eindruck gewinnen, ob es jenseits von Point Barrow irgendwelche Strömungswirbel gab, die das Eis dauerhaft festhielten. Anhand der Richtung der Wasserarme im Eis könnten wir im Überflug möglicherweise Hinweise auf generelle Wind- und Strömungsrichtungen gewinnen sowie mögliche Hindernisse für die Bewegung des Eises finden, wie etwa Untiefen, Inseln und so weiter.

Könnten wir landen und eine Echolotung durchführen, wäre zunächst einmal meine Überzeugung bewiesen, dass auf dem vereisten Meer fern der Küste sichere Landungen möglich sind, außerdem würden wir einige Informationen über die Tiefe des Arktischen Ozeans sammeln und zur Ausdehnung des Festlandsockels nördlich des östlichen Endes von Sibirien. Ergäben die Messungen eine nur geringe Tiefe, könnten wir mithilfe des Schnappers auf dem manuellen Lotungsgerät Bodenproben nehmen, die Temperatur direkt über dem Grund messen und Wasserproben nehmen. Wegen der Gefahr eines aufziehenden Sturms wollte ich bei großen Wassertiefen keine zusätzlichen manuellen Messungen durchführen oder Bodenproben nehmen. In dem Fall würden wir unsere Arbeit auf die Echolotungen des Schallapparats beschränken.

Eine Echolotung, die eine große Meerestiefe ergäbe, wäre die wertvollste Erkenntnis, die wir in jener Richtung erhalten konnten. Unser nächstes Ziel wäre dann, Informationen aus anderen Gebieten zu sammeln. Nachdem wir vom Ort der ersten Landung 300 Kilometer nach Süden geflogen wären, würde unser Kurs für den Heimflug abschließend in südöstlicher Richtung verlaufen. Wegen der bis dahin vergangenen Zeit sollten wir, sofern der Wind wie erwartet seine Richtung drehte, dann einen Halb- oder für uns zumindest etwas vorteilhaften Wind haben, wie dies wahrscheinlich auch bei unserem Aufbruch am Morgen der Fall wäre.

Auf dem Rückflug erwarteten wir Wind von steuerbord und um sicherzustellen, dass wir auch bei Fehlern in unserer

Berechnung die Küste irgendwo zwischen Barrow und dem Wainwright Inlet[32] erreichen würden, plante ich einen Kurs etwas südlich vom direkten Kurs nach Barrow. Wir wussten, dass es in Wainwright viel Treibstoff gab, und falls wir wegen Treibstoffknappheit an der Küste zum Landen gezwungen wären, könnten wir entweder in Barrow oder in Wainwright neue Vorräte bekommen.

Am Sonntagabend gingen alle außer Smith und mir bereits vor Mitternacht zu Bett. Der überaus umsichtige und hilfreiche Smith hatte mich so unterstützt, dass all meine offiziellen Schreiben bereit waren. Es wurden letzte Anweisungen für die Mitarbeiter geschrieben, die in Barrow zurückblieben, und meine Kursberechnungen und Schätzungen in Karten und Notizbücher eingetragen. Bevor Howard Mason zu Bett gegangen war, hatte er ein letztes Mal die Uhren und Kompasse geprüft, die wir zur Navigation nutzen wollten. Nur eines blieb noch zu tun, bevor es wirklich losging: Wir mussten die Abweichung des Kompasses in der Luft bei voller Beladung des Flugzeugs prüfen. Ich hatte zuvor bemerkt, dass wenn die Tanks sehr nahe am Kompass waren, der Treibstoff in ihnen kleine Kompasse ein wenig beeinflusste.

Kurz nach Mitternacht legten auch Smith und ich uns zur Ruhe. Gegen zwei Uhr morgens wachte ich auf und prüfte die Wetterlage. Die Temperatur war um einige Grad gefallen und lag bei minus 41 Grad (das Thermometer an den Streben unseres Flugzeugs wies eine vier Grad niedrigere Temperatur aus als das von Mr. Newhall am Krankenhaus). Noch immer wehte eine leichte Brise aus Nordost und das Barometer war etwas gefallen. Über die drei Tage hinweg, die wir nun in Barrow waren, war es insgesamt ein wenig gefallen, aber nicht schnell genug, um ernste Probleme anzudeuten. Ich hielt den geringfügigen Rückgang des Barometers vor allem für eine Folge der kälteren Temperatur. Gegen drei Uhr morgens war

32 Ein Meeresarm etwa 140 Kilometer südwestlich von Barrow.

der Wind beinahe eingeschlafen, der Himmel vollständig klar und angesichts der kalten Temperaturen freute ich mich auf einen klaren und nahezu windstillen Tag. Um 4.30 Uhr wurden die anderen Expeditionsteilnehmer geweckt. Ein zusätzlicher Ofen wurde unter den Motor der Maschine geschoben und das Öl auf dem Küchenherd erwärmt.

Jeder Expeditionsteilnehmer arbeitete eifrig und kannte seine Aufgabe. Es gab keinerlei Hektik oder Durcheinander, um 5.30 Uhr hatten Eielson und ich ein kleines Frühstück gegessen und alle versammelten sich an der Maschine. Mason prüfte ein letztes Mal den kabellosen Telegraphen. Eielson und Graham testeten den Motor, der unter den Segeltuchplanen inzwischen recht warm geworden war, und letzte Anweisungen wurden verteilt. Der Nordostwind hatte ein wenig aufgefrischt.

Ich kehrte noch einmal in die Küche zurück, um einen letzten Blick auf das Barometer zu werfen: Es hatte den gleichen Stand wie drei Stunden zuvor. An dieser Stelle muss ich jedoch Nachlässigkeit und einen Fehler einräumen. Im Vorjahr hatte ich das Barometer an jedem Morgen genutzt, ebenso bisher dreimal in diesem Jahr. Mir war aufgefallen, dass es, nachdem der Küchenofen eine Weile gebrannt hatte, wegen der höheren Temperaturen regelmäßig einen höheren Wert anzeigte. Doch an jenem Morgen unseres ersten Flugs versäumte ich, die Wärme zu berücksichtigen, die der mit maximaler Hitze brennende Ofen abstrahlte. Dass das Barometer um sechs Uhr morgens den gleichen Wert auswies wie um drei Uhr morgens, hätte mich vor einem erheblichen Rückgang des Luftdrucks warnen müssen. Doch an jenem Morgen hätte mich selbst dies wohl nicht von einem Start abgehalten. Ich hatte Wetterbedingungen erwartet – und auch begrüßt – die uns unter den üblichen Umständen Rückenwind während des Flugs hinaus und Seitenwind oder sogar hilfreichen Wind auf dem Rückflug beschert hätten – wobei letzteres natürlich voraussetzte, dass wir vom am weitesten von Barrow entfernten Punkt unseres Flugs aus zunächst deutlich nach Süden vorankamen.

Als ich zum Flugzeug zurückkehrte, schnurrte der Motor ohne jedes Holpern. Eielson und Graham erklärten ihn für warm und einsatzbereit, folglich kletterte ich ohne weitere Abschiedszeremonien in die Kabine. Eielson gab Gas, und mit Smiths und Grahams Hilfe an den Tragflächen glitten wir in den Wind. Nach nicht einmal 800 Metern waren wir in der Luft. Eielson stieg langsam immer höher und nach wenigen Minuten flogen wir in etwa 300 Metern Höhe die Küste entlang, wendeten und flogen zurück, anschließend im rechten Winkel dazu und prüften auf diese Weise unsere Kompasse. Ich maß eine Abweichung von fünf Grad auf einem nordwestlichen Kurs. Der Induktionskompass[33] und der aperiodische Kompass wurden auf 302 Grad gesetzt, Eielson wendete die Maschine langsam, bis sie sich auf unseren gewählten Kurs stabilisierte, und um sechs Uhr morgens flogen wir hinaus ins Unbekannte.

Ich bemerkte, dass die Sonne relativ zur Längsache der Maschine in einem Winkel von 165 Grad stand.

33 Ein Kompass, der mit einer elektromagnetischen Spule und elektrischer Induktion durch das Erdmagnetfeld arbeitet. Das Verfahren war 1912 patentiert und 1924 weiterentwickelt worden. Sein Vorteil gegenüber dem magnetischen Kompass liegt in der geringeren Störungsanfälligkeit etwa durch das Metall in Schiffen oder Flugzeugen.

Kapitel III

Vorsicht ist besser als Nachsicht

Unsere Ausrüstung und Fracht bestand aus einem Stinson Standard-Doppeldecker, bei dem ein Großteil der V-Stellung aus der unteren Tragfläche kommt[34], einem Motor vom Typ J-4 A, Magnetzünder und Motor bis zum Ende der Kolbenläufe komplett verschalt, sowie einem Curtis-Reed-Metallpropeller. Die Luftzufuhr zum Vergaser erfolgte mit zuvor vom Abgasabzug erwärmter Luft. (Während des gesamten Flugs wurden keine anderen Heizungssysteme für den Motor genutzt.) Alle Ölleitungen, freiliegenden Treibstoffleitungen, Vergaser und Ventile waren mit Asbest gedämmt. Severski-Metallkufen an Stelle der Räder. Eine hölzerne Heckkufe mit den Maßen 25 mal 30 Zentimeter am Hecksporn. In der Kabine ein 650 Liter fassender Tank, so gestaltet, dass er zugleich als Sitzfläche und Rückenlehne diente. Ein weiterer Tank in der Kabine für 110 Liter Treibstoff am Boden direkt neben den Füßen des Piloten. Beide Kabinentanks waren über eine Handpumpe mit dem zentralen und dem Steuerbord-Tragflächentank verbunden, von denen jeweils eine weitere Leitung zurückführte. Ein Teil der rückführenden Leitung bestand aus schwerem druckfestem Glas, um Überlauf zu erkennen. Der Platz des Navigators befand sich hinter dem großen Kabinentank. Im Boden befand sich eine Öffnung für den Abdriftmesser. Schiebetür im Kabinendach, um dem Navigator die Arbeit zu erleichtern.

---

34 Die Tragflächen vieler Flugzeuge haben eine leichte V-Stellung, die Spitzen der Tragflächen befinden sich also oberhalb ihrer Ansätze am Rumpf. Bei Doppeldeckern unterscheidet man Tragflächenanordnungen, bei denen die V-Stellung die obere und untere Tragfläche betrifft und Anordnungen, bei denen lediglich die untere Tragfläche eine V-Stellung aufweist.

Am vorderen und hinteren Ende dieser Tür waren zwei große Kursdreiecke befestigt, die als Peileinrichtung dienten, um Lage und Verlauf der Sonne zu bestimmen.

Die von der Firma Pioneer Instruments hergestellten Instrumente waren: Kompass, Tachometer, Öldruckanzeige, Ölthermometer, Reisegeschwindigkeitsmesser, Höhenmeter, Wendezeiger.

Zusätzliche Navigationsinstrumente an Bord waren ein aperiodischer Kompass, ein Induktionskompass, Abdriftanzeige, Kurs- und Distanzberechner, ein Blasen-Oktant, Taschensextant, ein Satz Tabellen, Kurven und Karten, die Mr. O. M. Miller von der American Geographical School of Surveying vorbereitet hatte.

Zur Ausrüstung für Lotungen gehörte ein tragbares Gerät für akustische Tiefenmessungen, das uns die American Geographical Society gestiftet hatte. Dieses Gerät bestand aus einem Paar Hörern, die mit einer Batterie und einem Verstärker verbunden waren, an dem wiederum ein Detektor hing, der mindestens zwei Meter unter der Wasseroberfläche hängen musste.

Für die Sprengungen gab es eine Batterie und einen Schalter, woran ein langes Kabel hing, an dessen Ende so oft wie gewünscht ein Sprengsatz gehängt wurde, der wie eine Gewehrpatrone aussah, gut sieben Zentimeter lang war und am breiteren Ende einen Durchmesser von knapp einem Zentimeter hatte. Eine Stoppuhr, die auf eine Hundertstelsekunde genau anzeigte, wurde gleichzeitig zur Sprengung ausgelöst und angehalten, sobald im Hörer das Echo ertönte.

Das zweite Lotungsgerät an Bord war ein spezielles manuelles Gerät aus einer umgebauten Kino-Rückspulmaschine und einer Filmspule, auf der eine 10 000 Meter lange, extra für uns angefertigte Angelschnur aus beschichteter Seide gewunden war. An diese Leine ließen sich Apparate zur Entnahme von Boden- sowie Wasserproben und Wassertemperaturmessungen auf zwei verschiedenen Tiefen befestigen und in den Ozean hinablassen. Der Apparat zum Sammeln der Wasserproben war von mir

Ein Stinson-Doppeldecker in Barrow

selbst in Fairbanks extra zusammengesetzt worden und bestand aus vier Messingröhrchen, die auf die fixierte untere Federkappe eines Standard-Schnappers zum Sammeln von Bodenproben gelötet wurden, wobei die Röhrchen in die gespannte Feder passen. An der Oberseite der äußeren Federkappe waren vier Korken befestigt. Waren die beiden Federkappen gespannt, lagen die Korken über dem oberen Ende der Röhrchen, doch sobald bei Grundberührung der Schnappmechanismus ausgelöst wurde, verschlossen die Korken die Messingröhrchen, in denen sich dann eine Wasserprobe aus Bodennähe befand. Direkt am Kopf des Schnappers befand sich ein fest installiertes Umkehrthermometer[35]. Es war so platziert, dass es von der

35 Ein Umkehrthermometer ist ein spezielles Thermometer, das nach dem Umdrehen die Anzeige der gemessenen Temperatur beibehält. Hierzu ist ein kompliziertes Röhrensystem notwendig, das beim Umdrehen den Quecksilberfaden abreißen lässt und das Quecksilber an zwei

Schnappvorrichtung nicht beeinträchtigt wurde. Insgesamt war das Instrument ausreichend schwer, um die Angelleine schnell in normale Tiefen hinabzuziehen, und für den Fall großer Tiefen gab es Vorkehrungen, um mit steifen Stahlschlingen zusätzliche Gewichte anzubringen, die sich automatisch lösten, sobald der Schnapper den Boden berührte.

In der Maschine transportierten wir in den Tanks insgesamt 850 Liter Treibstoff und 26 Liter Öl. Sorgfältig verpackt in Taschen aus Rentierleder hatten wir für den Notfall zwei getrennte Vier-Liter-Ölkanister mit heißem Pennzoil[36]. Bei Bedarf konnten wir dieses zusätzliche Öl durch einen Trichter, der für den Piloten im Flug erreichbar war, in den Öltank gießen.

An Lebensmitteln hatten wir knapp fünf Kilo norwegische Biscuits[37], zehn Kilo norwegische Schokolade, zweieinhalb Kilo *Powell's Army Emergency Rations* und eineinhalb Kilo Pemmikan[38] dabei, sowie Schokolade und Biscuits, die zum Essen während des Flugs vorgesehen waren. Weiterhin eine große, mit Kaffee gefüllte Thermoskanne – ein Geschenk von Fred Hopson. Als zusätzliche Vorsichtsmaßnahme hatte ich zunächst einen weiteren Sack mit fünf Kilo Pemmikan und zweieinhalb Kilo Biscuits vorbereitet, diesen jedoch unmittelbar vor dem Start wieder entladen, da ich mir absolut sicher war, im Notfall auch auf dem Eis Nahrung beschaffen zu können. Nichtsdestotrotz hielt ich es für richtig, so viele Lebensmittel wie möglich mitzunehmen, ohne das Flugzeug zu überladen. Insbesondere bestand die Gefahr, sich bei der Landung leicht zu verletzen und infolgedessen auf ein geringes Areal beschränkt zu sein. In einem solchen Fall könnte ein Vorrat getrockneter

---

verschiedenen Stellen sammelt. Umkehrthermometer waren bis in die 1970er Jahre in der Tiefseeforschung im Einsatz.

36 Pennzoil ist eine amerikanische Ölfirma.

37 Gemeint sind amerikanische Biscuits, ein weiches, ungesüßtes Gebäck, das den englischen Scones ähnelt.

38 Pemmikan ist eine nahrhafte und haltbare Mischung aus zerstoßenem Dörrfleisch und Fett, ursprünglich Reiseproviant nordamerikanischer Ureinwohner.

Nahrungsmittel sehr hilfreich sein. Wären wir nach einer Notlandung hingegen beide in der Lage, zu Fuß zu reisen, glaubte ich aufgrund meiner Erfahrungen auf der Stefánsson-Expedition, dank meiner Kenntnisse über die Gewohnheiten von Bären und Robben ausreichend Nahrungsmittel für den Weg zur Küste erjagen zu können.

Als notwendige Vorsichtsmaßnahme hatten wir zwei Mannlicher-Gewehre Kaliber 6,5 x 54 Millimeter mit 400 Schuss Munition an Bord sowie zwei Mirakel-Feldstecher mit fünffach vergrößernden Linsen. Außerdem hatten wir ein neun Meter langes Fischernetz, einige Angelhaken und Schnüre, womit sich an Klippen kleine Vögel fangen oder auch fischen ließen.

Es gab einen begrenzten Vorrat an Werkzeugen, einige neue Zündkerzen, Magnetspulen, eine Bügelsäge, eine kleine Axt, Eispickel, Eisstecher, eine besonders stabil verarbeitete langstielige Schaufel, mit der sich das Eis aus kleinen, tiefen Löchern entfernen ließ. Ebenfalls an Bord waren eine Vorrichtung, um durch dünnes Eis hindurch Robben zu fangen, und eine weitere Vorrichtung, um Robben aus offenem Wasser zu ziehen. Die vier zuletzt genannten Gegenstände waren von der Bauart der Eskimos und von meinen Eskimo-Freunden in Barrow gekauft.

Zum Kochen von Essen hatten wir einen Ofen der Firma Primus, in dem sich zwei ineinander gesteckte Aluminiumkannen befanden, zwei Tassen aus Emaille, drei Löffel, drei Gabeln und drei Aluminiumteller.

Jeder von uns beiden trug ein Multifunktionstaschenmesser bei sich und ein Abhäutemesser mit 15 Zentimeter langer Klinge in einer Scheide. Wir hatten auch ein 30-Zentimeter-Messer, ein 38-Zentimeter-Messer und ein 60-Zentimeter-Messer sowie eine zweischneidige 60-Zentimeter-Säge für das Bauen von Schneehäusern, die mit einem besonders großen Griff ausgestattet war, um auch mit Handschuhen gut greifbar zu sein.

An Bord waren zwei Paar kleine, stabile aber sehr leichte Schneeschuhe und zwei Indianer-Rucksäcke mit extra langen Gurten.

Wir hatten einen kleinen Erste-Hilfe-Kasten für Luftreisende der Firma Borroughs Wellcome[39] an Bord und als Zugabe hatte ich einige Dinge zur Behandlung von Augenentzündungen erworben, einige extra Soda-Minze-Tabletten, einige Kaugummis und ein halbes Kilo getrockneter Kokablätter für Notfälle. Aus Erfahrung wusste ich, dass das Kauen von Kaugummis, Soda-Minze und Kokablättern in kleinen Mengen mir half, Hungerattacken zu überwinden und zumindest mir persönlich auch einen gewissen Antrieb brachte. (Als wir später mit dieser Mischung experimentierten, spürte Eielson von den Blättern und dem Soda weniger positive Wirkungen als ich. Wir hatten auch ein viertel Kilogramm Kautabak dabei, und nachdem Eielson sich an kleinere Mengen gewöhnt hatte, fand er im Tabak die größere Erleichterung. Ich bevorzugte die Mischung mit den Kokablättern.)

Als wir starteten, bestand Eielsons Kleidung aus: einem Fliegerhelm, Pilotenschutzbrille, einem Rentieranorak mit nach außen weisendem Fell, einer Schafsfell-Jacke, einem khakifarbenen Armeehemd, leichter Woll-Kombinationsunterwäsche, Armeehose, einem schmalen Leinengürtel, zwei Paar schweren Wollsocken aus Angora, einem Paar Baumwollsocken, einem Paar Eskimostiefel aus Robbenleder – ebenfalls mit nach außen weisendem Fell – die bis über die Knie reichten und mit dicken Innensohlen ausgestattet waren. Über all dieser Kleidung trug er einen leichten Khaki-Ganzkörperanzug. Er benutzte ein Paar mit Wolle ausgeschlagene Handschuhe aus Bisamfell und trug bei sich eine Gesichtsmaske aus Gamsleder, eine dunkelgrüne Schneebrille und eine wasserdichte Schachtel Streichhölzer.

Ich trug einen Fliegerhelm, Fliegerschutzbrille, BVD[40]-Unterwäsche aus Seide, ein leichtes Seidenhemd, einen

39 Britisches Pharmaunternehmen, gegründet 1880, fusionierte 1995 mit der Firma Glaxo.

40 Eine Marke für Herrenunterwäsche.

Hirschleder-Anorak, eine Rentierlederhose, die mit einer weiten Khaki-Unterhose gefüttert war, einen langen Seidenschal als Gürtel, zwei Paar Socken aus Angora, ein Paar Baumwollsocken, dazu Eskimostiefel aus Robbenleder mit dem Fell auf der Innenseite, die bis über die Knie reichten und Innensohlen aus Kabelgarn. Ganz außen trug auch ich einen leichten Khaki-Ganzkörperanzug. Ich nutzte Handschuhe aus Hundefell und trug ebenfalls eine dunkelgrüne Schneebrille und eine wasserdichte Schachtel mit Streichhölzern.

In einem Beutel mit Ersatzkleidung hatten wir zwei Rentierfell-Anoraks, eine Rentierfellhose für Eielson, zwei Satz dichter wollener Kombinationsunterwäsche, zwei Khakihosen, vier Paar Socken aus Rentierfell, sechs Paar Angorasocken, zwei Paar Robbenfell-Eskimostiefel mit dem Fell auf der Innenseite und zwei Paar mit dem Fell auf der Außenseite, vier Paar Innensohlen, zwei Paar Handschuhe aus Robbenfell, vier Paar Handschuhe aus Wolle, zwei Paar wasserfeste Robbenfell-Handschuhe, sowie stabile, gebogene Handschuhmacher-Nadeln und Garn zum Nähen.

Brauchten wir Schlafgelegenheiten, wollten wir Schneehäuser bauen, auf deren Boden wir unsere Schneeschuhe legen und darüber vier mittelgroße Beutel aus Robbenleder ausbreiten wollten. (Diese Beutel sollten vor allem beim Überqueren von Rinnen offenen Wassers zum Einsatz kommen. Aufgeblasen waren sie schwimmfähig, und vier von ihnen ergaben zusammengebunden ein einsatzbereites Floß.) Auf die nicht aufgeblasenen Robbenlederbeutel konnten wir die Rentierfelltaschen legen, mit denen wir im Moment noch das zusätzliche Öl warm hielten. Über die Rentierfelle schließlich wollten wir ein leichtes Leinenzelt aufspannen – das vor allem für den Einsatz im Sommer gedacht war, oder eben für das Innere eines Schneehauses im Winter. Zusätzlich hatten wir zwei Ein-Mann-Schlafsäcke aus Rentierfell. An die Öffnung des Schlafsacks war eine Decke genäht, die so ausgelegt war, dass sie sich mit einer Schnur über den Schultern zuziehen ließ.

Wir hatten kein Material zum Schlittenbau dabei, denn wir dachten, im Notfall einen provisorischen Schlitten aus Flugzeugteilen zusammenbauen zu können. Außerdem war ich der Meinung, sofern wir nahe der Küste waren, wäre es leichter, unsere Ausrüstung auf dem Rücken zu tragen, als sie über das zerklüftete Eis zu ziehen.

Zur kabellosen Nachrichtenübermittlung hatten wir einen Kurzwellentransmitter von Leutnant Malcolm Hanson[41] aus Washington D. C., der bereits auf der Detroit Arctic Expedition im Vorjahr zum Einsatz gekommen war. Als Stromquelle nutzten wir einen handbetriebenen Generator mit einem Anbau zur automatischen Übertragung verschiedener Kombinationen von Buchstabencodes. Mr. A. M. Smith hatte einen umfassenden Code vorbereitet, der sich größtenteils mit dem automatischen Gerät versenden ließ. Nach Umlegen eines Schalters konnte die Maschine mit der gewöhnlichen Morsetaste des Telegraphen bedient werden.

All unsere Ausrüstung wählten wir so sorgfältig wie möglich aus – denn Vorsicht war in unserem Fall sicherlich besser als Nachsicht.

41 Malcolm P. Hanson (1894–1942) war ein Pionier der Entwicklung des Radios und Radio-Ingenieur.

Kapitel IV

Die Landung im Dunklen

Als wir Barrow verließen und auf das Eis hinausflogen, hatten wir eine Höhe von 300 Metern und dank unseres Motors, der mit 1600 Umdrehungen pro Minute lief, betrug unsere Geschwindigkeit in der Luft[42] 140 Kilometer pro Stunde. Unsere Kompasse waren auf 302 Grad eingestellt. Die Temperatur am Boden betrug 41 Grad Celsius unter null, aber wie erwartet war es in der Höhe wärmer. In 300 Metern Höhe wies das Thermometer an den Streben minus 35 Grad aus. Die Temperatur in der Kabine betrug minus sieben Grad.

Meine ersten Beobachtungen betrafen unsere Geschwindigkeit über Grund und die Abdrift. Die Windgeschwindigkeit war in der Höhe größer als am Boden und machte zum Beibehalten unseres Kurses eine Korrektur von fünf Grad notwendig, beschleunigte unsere Bewegung über das Eis jedoch zugleich um 16 Kilometer pro Stunde.

Nahe der Küste überflogen wir unregelmäßige Rinnen offenen Wassers, die parallel zur Küstenlinie westlich von Barrow verliefen. Die Schneewehen waren deutlich zu erkennen und folgten einer Nordost-Südwest-Richtung. Um 6.50 Uhr überflogen wir einen breiten Wasserarm zwischen Eis, das in viele Trümmer zerbrochen war, sich aber kaum aufgetürmt hatte. Hier und dort gab es auf den Eisschollen immer wieder kleinere Flächen glatten Eises, die sich für Landungen eigneten.

Um 7.40 Uhr drosselten wir den Motor auf 1500 Umdrehungen pro Minute und reduzierten so unsere Reisegeschwindigkeit

42 Die Geschwindigkeit relativ zum umgebenden Medium (also der Luft) unterscheidet sich je nach Windverhältnissen unter Umständen erheblich von der Geschwindigkeit über Grund.

auf 130 Kilometer pro Stunde, doch da der Wind zunahm, blieb unsere Geschwindigkeit über Grund unverändert bei 155 bis 160 Kilometern pro Stunde. Die Schneeverwehungen hatten eine nördlichere Richtung angenommen, als das näher an der Küste der Fall gewesen war.

Um 8.00 Uhr notierte ich: »Alles O. K. Eielson scheint zufrieden und ich habe volles Vertrauen in ihn und alles andere an Bord.« Zu jenem Zeitpunkt überflogen wir älteres Eis, das von Pressrücken durchzogen war – Eiskämmen, die durch hohen Druck entstanden sein mussten.

Um 8.15 Uhr überflogen wir einen eineinhalb Kilometer breiten Arm offenen Wassers. Seine Oberfläche war teilweise frisch überfroren, an anderen Stellen sahen wir das Wasser klar und still daliegen. In unserer Flughöhe dagegen hatte der Wind weiter aufgefrischt.

15 Minuten später erschienen voraus Dunstschleier und Wolken. Wir stiegen etwas höher, um über sie hinwegzufliegen. So weit unsere Augen reichten, verliefen quer zu unserem Kurs kilometerbreite Wolkenbänder. Bis 9.30 Uhr überflogen wir immer wieder Wolken, durch die wir nicht sehen konnten, und Dunst, durch den Wasserrinnen und unebenes Eis hindurchschimmerten.

Um 9.45 Uhr notierte ich: »Seit 25 Kilometern keine Spalte. Bisher kein wirklich altes, von Gletschern stammendes Eis. Das Eis wirkt jetzt älter und als ob es voller Risse wäre, aber beim Blick in Richtung Sonne erkennt man, dass es sich bei den vermeintlichen Rissen um verwitterte Pressrücken handelt.«

Um 10.20 Uhr holperte der Motor ein- oder zweimal. Eielson beschleunigte ihn auf 1600 Umdrehungen und betätigte mehrmals die Höhenkontrolle, um im Vergaser eine Fehlzündung auszulösen und ihn von Eis zu befreien, das sich möglicherweise gebildet hatte. Der Motor stotterte zwei Minuten lang und beruhigte sich dann wieder zu einem kontinuierlichen Dröhnen.

Um 10.30 Uhr schrieb ich: »Motor wieder O. K. Wir sind jetzt über altem Gletschereis mit vielen schmalen Rinnen und nur wenigen guten Landeplätzen. Ich bin zu beschäftigt, um nach Tieren auf dem Eis Ausschau zu halten. Ich habe alle Einstellungen durchprobiert, aber die Frequenzanzeige ist kaum lesbar. Unwahrscheinlich, dass unsere Nachrichten empfangen werden, doch seit unserem Aufbruch habe ich alle halbe Stunde eine verschickt. Meine Augen tränen wegen des Windes, der durch das Loch für den Abdriftmesser hereinweht, und der Blicke in die Sonne zum Bestimmen von Höhe und Azimut.«

Weit voraus sah das Eis alt und sehr zerklüftet aus. Es schien, als näherten wir uns einem Gebiet mit größeren Verwerfungen und Druck. Möglichst kurz nach elf Uhr wollte ich landen, Lotungen durchführen, unsere Position bestimmen und anschließend für ungefähr zwei Stunden nach Süden fliegen.

Unter 10.50 Uhr lautet mein Logbucheintrag: »Motor stottert ununterbrochen. Eine Peilung, um Abdrift zu messen. Wind nun aus Südosten, ungefähr 20 Kilometer pro Stunde. Werden über einem Flecken jungen Eises kreisen für den Fall, dass unser Motor ausfällt.«

Von 10.55 bis 11.05 Uhr stotterte der Motor stark und setzte immer wieder aus. Fünf Minuten später schrieb ich eine Nachricht an Ben: »Das ist gutes Eis für eine Landung unter uns. Besser landen und reparieren?«

Um 11.15 Uhr waren wir auf dem Eis. Es war stumpfgrau ohne Kämme oder Schneeverwehungen.

Schöne blütenartige Kristalle – fünf Zentimeter hoch, scharfkantig und bei Temperaturen von 34 Grad unter Null spröde wie Stahl – bedeckten die Oberfläche und schnitten in unsere Duraluminium[43]-Kufen.

Das Flugzeug kam schnell zum Stehen. Mein erster Gedanke galt der Echolotung, Eielson rannte zum Motor. Es dauerte acht Minuten, mit einem Eispickel ein Loch durch das knapp einen Meter dicke Eis zu hacken – dann brach der Eispickel. Ich flickte ihn mit einigen Schrauben aus der Flugzeugkabine und

43 Duraluminium ist eine besonders harte Aluminiumlegierung.

ein zweites Loch etwa 30 Meter weiter dauerte etwas länger. Das schallbasierte Tiefen-Messgerät benötigte zwei Löcher.

Eielson ließ den Motor alleine, um den Sprengsatz zu zünden. Zwischen Zündung und dem Echo lag ein Intervall von 7,3 Sekunden. Eine schnelle Kalkulation ergab eine Meerestiefe von über 5000 Metern. Wegen des dröhnenden Motors war mir möglicherweise ein Fehler unterlaufen, also bat ich Eielson, ihn auszuschalten. Er tat es und setzte sich die Kopfhörer auf. Ich schloss den elektrischen Kreis und zündete einen Sprengsatz. Eielson maß 7,25 Sekunden. (Lange nachdem wir wieder zurück in der Zivilisation waren, erzählte mir Eielson mit einem Grinsen, was ihm durch den Kopf schoss, als ich ihn bat, den Motor abzuschalten: »Mach du nur deine Messungen. Wenn wir den Motor stoppen, wird er nie mehr anspringen und niemand außer Gott, dir und mir wird das Ergebnis der Lotungen je erfahren.«)

Leider war der Himmel bedeckt, sodass wir die Sonne nicht sehen und unsere Position nicht exakt bestimmen konnten.

Nach nicht einmal einer halben Stunde waren wir beide mit der Arbeit am Motor beschäftigt. Zwei lange Stunden fummelten wir herum und suchten nach dem Problem, starteten und stoppten den Motor immer wieder, um ihn warm zu halten. Dann mussten wir Motorhaube und Vergaser ausbauen – frostige Arbeit bei minus 34 Grad. Wieder zusammengesetzt drehte der Motor nur noch mit 1400 Umdrehungen. Das war nicht, wie es sein sollte, doch wir dachten, es sollte reichen, um uns in die Luft zu bringen und nach fünf Versuchen lösten wir uns vom Eis und schlugen einen Kurs Richtung Barrow ein.

Während wir uns mit dem Motor beschäftigt hatten, war uns entgangen, dass Wind und Wolken in der Zwischenzeit immer weiter zugenommen hatten. Sobald wir in der Luft waren, umgab uns dichter Nebel. Nach kaum zehn Minuten begann der Motor abermals zu stolpern und abzuwürgen. Uns blieb nur, erneut zu landen. Dreimal begannen wir einen Anflug auf das Eis, bevor es uns gelang, einen sicheren Landeplatz zu finden. Die Sonne war dunkel verhangen und die Sicht schlecht.

Diese Karte entnahm ich dem Buch:

____

☐ Bitte senden Sie mir Ihr Büchermagazin.

☐ Bitte informieren Sie mich über Ihre Neuerscheinungen.

☐ Ja, ich möchte Ihren Newsletter erhalten.

Alle Informationen unter www.verlagshaus-roemerweg.de

CORSO

Absender

Name, Vorname

Straße, Nr.

Plz, Ort

Telefonnummer*

Faxnummer*

E-Mail*

Unterschrift

* freiwillige Angabe

Für Ihre schnelle Anfrage:
info@verlagshaus-roemerweg.de

ausreichend
frankieren

Rückantwort

Verlagshaus Römerweg GmbH
Römerweg 10
D-65187 Wiesbaden

Ohne Zweifel verdankte ich es meinen Erfahrungen zu Fuß auf dem Eis, die für Landungen ungeeigneten Oberflächen zu erkennen. Dort, wo wir schließlich landeten, hatte das Eis aus der Luft gut ausgesehen, doch in dem unklaren Licht war ich mir dessen erst wenige Fuß über dem Boden wirklich sicher gewesen.

Die Zündmagneten des Motors schienen sehr schlecht zu arbeiten, und als wir das zweite Mal landeten, mussten wir die Zündung komplett überholen. Für diese Arbeit musste die Motorhaube heruntergenommen werden. Der steife Wind ließ sowohl unsere Finger als auch das Öl im Motor erstarren. Eielson arbeitete – ohne dass ich dies wusste – in dieser Phase mit vier hartgefrorenen Fingerspitzen. Er würde hiervon bleibende Schäden zurückbehalten: Als wir Barrow schließlich erreichten, mussten die beiden obersten Fingerknöchel des fünften Fingers der rechten Hand amputiert werden.

Nach einer Stunde harter und schmerzhafter Arbeit brauchten wir viele Versuche, bis der Motor wieder ansprang, aber sobald er lief, dröhnte er kontinuierlich und dies erleichterte uns erheblich.

Es hatte die ganze Zeit geschneit, ein sehr feiner und leichter Schnee, und als wir die Maschine in den Wind schoben, erschwerten frische Schneeverwehungen den Start und unser erster Versuch schlug fehl. Beim zweiten Versuch erreichten wir in unseren eigenen Spuren eine höhere Geschwindigkeit und lösten uns wenige Meter vor dem Ende der ebenen Fläche vom Eis. Das Navigatorcockpit war übersät mit allerlei Kleinteilen, die wir während der Reparatur eilig von ihren Plätzen gezerrt hatten. Es dauerte einige Minuten, bis ich den Boden freigeräumt hatte und Beobachtungen anstellen konnte.

Inzwischen war es 14.20 Uhr. Wir waren seit acht Stunden unterwegs und bei unserer Geschwindigkeit sollte unser Treibstoff noch weitere acht Stunden reichen. Ungenaue Messungen aus 600 Metern Höhe zeigten an, dass wir pro Stunde etwa 25 Kilometer verloren, inklusive einer Korrektur des Kurses um fünf Grad. Eine halbe Stunde später waren wir in einigermaßen klarer Luft und es war offensichtlich, dass der Wind immer weiter zunahm. Wir stiegen immer höher und versuchten, über ihn hinaus zu kommen. Der Motor lief mit bis zu 1625 Umdrehungen. Aus 1000 Metern Höhe zeigte eine gute Messung, dass wir, um unseren Kurs zu halten, unsere Flugrichtung wegen des Windes um 20 Grad korrigieren mussten. Außerdem war unsere Geschwindigkeit über dem Eis um über 30 Kilometer pro Stunde verlangsamt. Vor uns lagen einige Wolkengebiete, und da wir auf besseres Wetter dahinter hofften, kämpften wir uns weiter voran.

Nun hatten wir zum ersten Mal Gelegenheit, auf unseren Hunger zu achten. Wir teilten uns eine Thermoskanne und aßen einige Biscuits und Pemmikan. Ich notierte: »Das Essen schmeckt gut. Alles O. K., aber Geschwindigkeit über Eis qualvoll langsam.«

Bald zog sich das Wetter weiter zu. Um 18.00 Uhr führte ich ein weiteres Mal meine Messungen durch. Wir hatten Seitenwind von etwa 65 Kilometern pro Stunde, und um unseren Kurs zu halten, mussten wir noch stärker in den Wind hineindrehen. Wir richteten die Maschine 30 Grad südlich des Kurses aus, den wir flogen. Wir trieben auf unserem Weg zurück nach Point Barrow fast querab.

Um 18.15 Uhr waren Sonne und Eis beinahe nicht mehr zu erkennen. Um 19.00 Uhr war die Beobachtung des Bodens nicht mehr möglich, doch dunkle, schattige Bänder unter uns deuteten Rinnen offenen Wassers an. Ich schrieb: »Gesamter Treibstoff nun in Tragflächentanks. Sollte noch drei Stunden reichen.«

Zu landen war zu gefährlich. Hielten wir Kurs, erwarteten wir, knapp die Küste zu erreichen. Bald darauf war es zu dunkel für Eielson, um gleichzeitig Wendeanzeiger und Kompass im Auge zu behalten, also lehnte ich mich über den Treibstofftank zwischen uns, beobachtete mithilfe eines Windlichts den Kompass und dirigierte Eielson durch Berührungen am linken oder rechten Arm, um ihn auf Kurs zu halten. Dunkle Wolken umgaben uns. Tief unter uns erhaschte ich ab und zu einen flüchtigen Blick auf Streifen aus etwas dunklerem Grau und wusste, dass wir viele Wasserrinnen überflogen.

Um 20.40 Uhr überflogen wir ein dunkles, schwärzliches Band offenen Wassers von vielleicht fünf bis sechs Kilometern Breite. Als wir darüberflogen, schrieb ich eine Notiz an Ben: »Das sollte die Küstenrinne sein.« Doch wir flogen weiterhin über das triste, immer wieder von schmalen dunklen Linien durchzogene Grau.

Wir befanden uns über einem der gefährlichsten Abschnitte des arktischen Eises. Selbst wenn die Distanz nach Barrow weniger als 150 Kilometer betrug, bedeutete eine Bruchlandung auf dem Eis normalerweise, dass unsere besten Überlebenschancen in einem Marsch von 450 Kilometern zur Wrangelinsel lagen.

Der Motor schnurrte problemlos. Wir hofften, dass dies noch eine weitere Stunde so bleiben würde, aber dann konnten jederzeit die Fehlzündungen infolge Treibstoffmangels einsetzen. In einer Stunde konnten wir über der Tundra sein oder noch immer über dem unebenen Eis des Ozeans. Was sollten wir tun?

Die Sicht voraus war Null. Wir waren auf 1500 Meter gestiegen. Ein trübes Schimmern durch die Wolken wie ein wolkenverhangener Mond in einer Winternacht zeigte, wo die Sonne unter dem fernen Horizont entlangstrich. Ich schätzte hastig ihre Peilung, dann schrieb ich: »Was denkst du: So weit fliegen wie möglich, dann Sinkflug auf geradem Kurs voraus?« Eielson nickte langsam. Wir sprachen kein Wort.

Meine Uhr stand direkt vor mir neben dem Kompass. Um 21.02 Uhr setzte der Motor so plötzlich aus, als sei ein Schalter umgelegt. Es gab kein Stottern oder Röcheln wegen eines leerlaufenden Vergasers, nur eine plötzliche Stille, in der allein das Rauschen des Windes in den Verstrebungen zu hören war.

Eielson schaltete den Anlasser mehrmals an und aus, aber der Motor reagierte nicht. Wir fühlten das Durchsacken der fallenden Maschine. Mit großer Gelassenheit und Geschick stabilisierte Eielson die Maschine und ging in einen sanften, schwankungsfreien Gleitflug über. Seine Augen fixierten den Wendeanzeiger, meine Hände waren bereit, ihn zu leiten und den Kompasskurs zu wahren. Als wir nur noch gut 100 Meter über dem Boden waren, begann der Horizont, näher zu rücken. Wir konnten verschwommen erkennen, dass er von gezackten Eiskämmen durchzogen war, doch wir hatten keinerlei Anhaltspunkte, wie hoch sie waren oder wie weit sie auseinander lagen.

In Bodennähe war die Luft sehr unruhig. Das Flugzeug taumelte und bockte, doch Eielson – noch immer gelassen und konzentriert – korrigierte jede torkelnde Bewegung mit den Kontrollen. Im nächsten Moment tauchten wir in den vom Boden aufgewirbelten Flugschnee ein. Wir konnten nicht aus den Fenstern des Flugzeugs blicken. Ich fühlte, wie Eielson sich gegen den leeren Treibstofftank presste, ich lehnte mich mit dem Rücken gegen die Trennwand der Kabine und wartete. Die linke Tragfläche und die Kufen setzten gleichzeitig auf. Wir federten zurück und landeten dann so glatt wie auf einer bestens vorbereiteten Landebahn. Ich schlug Eielson auf die Schulter und rutschte durch die Tür der Maschine auf das Eis. Wind und Flugschnee bissen in meine Augen. Undeutlich konnte ich um uns herum Pressrücken erkennen, die so hoch waren wie die Maschine selbst. Ohne Zweifel hatten wir einen von ihnen bei der Landung getroffen. Am äußeren Ende der unteren Tragfläche war das Material zerfetzt. Die Maschine stand noch immer auf den Kufen, doch sie waren verbogen, die Verstrebungen geknickt und gebrochen.

Es war zu dunkel und das Schneetreiben zu dicht, um irgendetwas Genaueres zu erkennen, unsere Maschine zu untersuchen oder unsere Position festzustellen. Wir kletterten zurück in die Kabine. Es wurden nur wenige Worte gewechselt, wir unterhielten uns kurz über Flugrichtungen, Wind und Geschwindigkeiten, schätzten unsere Position.

Da die Frequenzanzeige nicht arbeitete, hatte ich nur wenig Vertrauen in den kabellosen Apparat, doch wir wiederholten die zurechtgestutzte Botschaft: »Flogen knapp 900 Kilometer weit hinaus. Motorprobleme. Notlandung nach drei Stunden. Echolot ergab 5000 Meter. Notlandung ohne Treibstoff rund 100 Kilometer nordwestlich von Barrow.« Später gab ich den Code in das automatische Gerät ein und schickte die Buchstaben »K. O.«, die für »Motorprobleme« standen. In der aussichtlosen Hoffnung, dass unsere Botschaft empfangen werden könnte, drehte ich einige Minuten die Kurbel des Generators.

Die enorme Belastung der letzten beiden Flugstunden über dem Arktischen Ozean nach Sonnenuntergang durch einen Blizzard hatte uns erschöpft und müde gemacht. Eielson legte sich in seinem Schlafsack auf den leeren Treibstofftank, ich quetschte mich in eine Ecke der Kabine und wir schliefen.

Kapitel V

Der Marsch über das Eis

Am Morgen des 30. März war das Wetter trübe und stürmisch. Tags zuvor war die *DN 1* annähernd 900 Kilometer auf das Eis hinausgeflogen und schließlich inmitten eines Sturms mit Windgeschwindigkeiten von bis zu 65 Kilometern pro Stunde ohne Treibstoff im Dunklen inmitten unebenen, von Kämmen durchzogenen Packeises gelandet. Aus den Fenstern der Maschine, in der wir geschlafen hatten, konnten wir sehen, dass die äußeren Bedingungen jedwede Aktivitäten im Freien sehr unratsam, wenn nicht gar unmöglich machten.

Angesichts der Unsicherheit der kabellosen Kommunikation hatten wir uns damit abgefunden, dass wir zu Fuß irgendeine Küste erreichen mussten.

In der Gegend, in der wir gelandet waren, hatten schon viele Schiffe und Menschen im Packeis festgesteckt, und nur die stärksten und am besten ausgerüsteten waren entkommen. Alle, die vor uns dort festgesessen hatten, waren im Herbst verloren gegangen, nach Westen getrieben, und waren entweder auf immer verschollen oder hatten eine der Inseln vor der sibirischen Küste erreicht. Wir wussten, dass der starke Nordostwind das Eis von der Küste weg gedrückt haben musste und der unmittelbar folgende Blizzard aus Südwesten das Eis vor Point Barrow vermutlich erheblich bewegt hatte.

Ich kletterte aus der Maschine und konnte selbst im dichten Schneetreiben erkennen, dass unsere sichere Landung am Abend zuvor einem Wunder gleichkam. Wir standen auf einem Fleckchen ebenen Eises von nicht einmal 30 Metern Länge und 15 Metern Breite. Auf drei Seiten umgaben uns hohe, raue Eiskämme. Zu unserer Rechten lagen ein Kamm, der lediglich einen Meter hoch war, und dahinter eine ebene Eisfläche, auf der ein geschickter Pilot mit einer kleinen Maschine bei außerordentlich günstigen Wetterbedingungen vielleicht landen konnte.

Ich nahm den Eispickel und hackte ein Loch durch das zwei Meter dicke Eis. Nachdem ich eine kurze Leine hinabgelassen hatte, stellte ich fest, dass wir mit einer Geschwindigkeit von acht bis zehn Kilometern pro Stunde nach Nordosten drifteten. Der Wind hatte noch eine Geschwindigkeit von knapp 50 Kilometern pro Stunde.

Am späten Nachmittag bestimmte ich unsere Position anhand von zwei gleichlautenden Messungen bei ungefähr 72 Grad 30 Minuten nördlicher Breite und 155 Grad westlicher Länge. Sofern die kabellosen Nachrichten empfangen wurden, war denkbar, dass wir Hilfe von der *DN 2* erhalten würden. Wir versandten kabellos immer wieder dieselbe Nachricht: »Sind ungefähr 160 Kilometer nordöstlich von Barrow. Genaue Position morgen.« Bevor das Wetter nicht besser wurde, konnten wir nicht zu Fuß aufbrechen.

Wir leerten unsere fünf Tanks und sammelten auf diese Weise rund zwei Liter Flugbenzin. Dem Brennstoff galt unsere größte Sorge. Wir hatten fünf Kilo Biscuits, zehn Kilo Schokolade, zweieinhalb Kilo Armeerationen und rund eineinhalb Kilo Gemisch aus Biscuits, Schokolade und Pemmikan, das wir für den Flug gepackt hatten. Unmittelbar vor dem Start hatte ich siebeneinhalb Kilo konzentrierte Nahrungsmittel aus dem Flugzeug geworfen. Ich war mir sicher, falls notwendig sowohl Nahrung als auch Brennstoff auf dem Eis beschaffen zu können, doch um vom Eis zu leben, braucht man viel Zeit und Geduld.

Um Benzin zu sparen, improvisierten wir einen Ölbrenner in einem Benzinkanister, in dem wir Pennzoil-Schmieröl verbrannten, das eigentlich für den Motor gedacht war. Als Dochte nutzten wir zwei Brettchen aus dem Kabinendach. Biscuits, Pemmikan und Schokolade aßen wir kalt.

Der Wind dauerte die ganze Nacht und den folgenden Tag an. Wir wählten von unserer Ausrüstung aus, was wir für den Weg zur Küste brauchten und bastelten zwei improvisierte Schlitten – einen aus dem unteren Teil der Motorhaube und den anderen aus der Heckkufe – die wir mit einem Teil der Kabinenwand aus gewelltem Duraluminium verbanden.

Ich schnitt das Kabel der Radioantenne ab, lediglich die neun Meter, die wir tatsächlich nutzten, ließ ich am Gerät. Zusammen mit dem Ersatzkabel, Leinen für die Robbenjagd und Schnüren erhielt ich einen Faden von 160 Metern Länge. Anstatt tief in unserem Gepäck nach dem regulären Lotungsapparat zu wühlen, nutzten wir diese Ausrüstungsteile, doch wir konnten den Grund durch das Loch im Eis nicht erreichen. (Eine Lotung an dieser Stelle galt nur der Überprüfung unserer Ortsbestimmung. Bei einer flachen Lotung hätten sich meine astronomischen Berechnungen und meine Koppelnavigation als falsch erwiesen.)

Gegen 18.00 Uhr beruhigte sich der Wind etwas, um anschließend auf nördliche Richtung zu drehen. Um 21.00 Uhr hatte er wieder auf 50 Kilometer pro Stunde aufgefrischt.

Am Freitag, den 1. April, weckte uns der zwischen den Trägern pfeifende Wind. Die ganze Maschine schaukelte und zitterte unter dem Druck. Windrichtung war Westnordwest, Geschwindigkeit über 65 Kilometer pro Stunde. Um uns herum und über unseren Schlitten türmten sich Schneewehen auf.

Nachts drehte der Wind auf Südwesten. Am nächsten Morgen, den 2. April, strahlte die Sonne auf einen in einer leichten Brise dahintreibenden niedrigen und feinen Schnee. Unsere Schlitten waren unter dem Schnee begraben und rund um das Flugzeug herum hatten sich hohe Schneewehen gebildet.

Wir befreiten die Schlitten und legten alles für den Weg zur Küste bereit. Die unglaublich günstige Richtung der Drift hatte uns weit nach Osten gebracht. Anhand des Sonnenstands kalkulierte ich, dass wir uns inzwischen im Bereich des 150. Längengrads befanden und etwa 130 Kilometer vom Festland entfernt waren. Ich entschied mich für einen Weg direkt nach Süden, um den Handelsposten am Beechey Point[44] zu erreichen.

44 Eine kleine Halbinsel an der Nordküste Alaskas, Luftlinie knapp 300 Kilometer östlich von Barrow.

Am Sonntag, den 3. April, machten wir uns um 8.15 Uhr auf den Weg. Ein scharfer Wind wehte aus Nordwesten und biss empfindlich in Wangen, Kinn und Nase. Harter, trockener Schnee trieb über die Kämme und das Packeis, um ein Uhr mittags erreichte das Schneefegen[45] die Höhe unserer Hüften. Fünf Stunden kontinuierliches, anstrengendes Schlittenziehen war genug für den ersten Tag draußen auf dem Eis, also stoppten wir an einem geeigneten Platz und Eielson half beim Bau des ersten Schneehauses, das er je gesehen hatte. Es waren zwölf Jahre vergangen, seit ich zuletzt ein Haus aus Schnee gebaut hatte, aber die Prinzipien sind leicht zu verstehen und die Umsetzung nicht schwer.

An jenem Abend bemerkte ich zum ersten Mal, wie schwer die Erfrierungen an Eielsons Hand waren. Er konnte weder ein Messer noch eine Säge halten und war kaum in der Lage, die Eisblöcke zu tragen. Vier Finger der rechten Hand sahen schlimm aus, der kleine Finger und der daneben waren schwarz und voller Blasen. Auch drei Finger der linken Hand waren in Mitleidenschaft gezogen. Es bestand keine unmittelbare Gefahr, aber er muss unter großen Schmerzen gelitten haben, die er heroisch ohne jede Beschwerde ertrug. Er war angenehm überrascht, welchen Komfort unser gefrorenes Haus bot. Wer dies nicht aus eigener Erfahrung kennt, kann sich nicht vorstellen, wie komfortabel und warm ein Schneehaus selbst ohne Brennstoff sein kann. Wir mussten den Einsatz von Brennstoff allein auf das Schmelzen von Eis beschränken. Sobald das Wasser warm war, löschten wir den Ofen.

Meiner Erfahrung nach hatte noch nie jemand sofort und frohgemut all seine Kleider aus der Zivilisation abgelegt und den einheimischen Kleidungsstil übernommen. Auch Eielson forderte ich erst nach zwei Tagen voller kleiner Unannehmlichkeiten

45 Schneefegen bezeichnet einen Wetterzustand, bei dem auf dem Boden liegender Schnee aufgewirbelt wird, der aber – im Gegensatz zum Schneetreiben – nicht die Augenhöhe erreicht.

infolge seiner teuren Reiterhosen, Wollunterwäsche und des raffinierten Schaffellmantels zum Wechseln auf. Geeignete Kleidung lag auf dem Schlitten. Am dritten Tag hatten wir all unsere zivilisierte Kleidung weggeworfen und Eielson, eingehüllt nach Art der Einheimischen, war voll des Lobes über die Annehmlichkeiten und Wärme, die diese Kleidung bot.

Da wir nun deutlich weniger Gepäck mit uns schleppten, konnten wir einen Schlitten zurücklassen. Angeschirrt mit Lederriemen zogen wir unsere Fracht über alte, vom Wind geschliffene Eisschollen und Pressrücken. Gegen 13.00 Uhr zeigte eine Dampfwolke an, dass wir uns einer schmalen, unregelmäßigen Rinne offenen Wassers näherten. Fast direkt vor uns war in der Wolkenwand eine Lücke. Aus Erfahrung wusste ich, dass die Rinne dort geschlossen war, jedoch jeden Moment aufbrechen konnte.

Wir eilten weiter und stießen auf einen Abschnitt von ungefähr 50 Metern Länge, der eine in Ost-West-Richtung verlaufende Rinne überbrückte, deren Breite zwischen einem Meter und gut 800 Metern variierte. Wir pausierten ausreichend lange, um unsere Drift zu messen. Die Eisscholle, von der wir kamen, bewegte sich ungefähr drei Kilometer pro Stunde nach Osten. Die Eisbrücke zerbröckelte schnell, auf beiden Seiten türmten sich Eiskämme auf.

Wir kletterten über die hin- und herrutschenden Eisblöcke, rannten über einige Meter noch nicht zerbrochenen Eises, dann über die nächste bewegliche Masse hinweg und erreichten die nächste stabile Scholle. Die relative Geschwindigkeit der beiden Eisschollen zueinander schien größer zu sein als die Ostdrift der nördlichen Scholle. Diese Beobachtung bestätigte sich später, als ich durch einen überfrorenen Riss im Eis ein Loch schlug und feststellte, dass wir langsam nach Westen trieben.

Wir hatten also die Westdrift erreicht, von der ich gefürchtet hatte, sie könnte uns in Regionen weit westlich von Barrow bringen, doch unsere östliche Position und die Nähe zur Küste stimmten uns zuversichtlich, die Küste sicher weit östlich von

Barrow erreichen zu können. Eventuell könnte uns eine offene Rinne tagelang aufhalten, doch dann würden die Nahrung und der Brennstoff, den uns die Robben boten, unsere Notfallrationen schonen und es war nur eine Frage der Zeit, bevor wir die Küste erreichen und Hilfe erhalten würden.

Einen guten Grund für Eile gab es aber: Mit einer Ausnahme schmerzten Eielsons Finger erheblich, was ein gutes Zeichen war, denn es bedeutete, dass Leben in sie zurückkehrte. Doch beim kleinen Finger der rechten Hand drohten größere Probleme. Ich hatte bereits mehrmals chirurgische Eingriffe durchgeführt – und zu unserer medizinischen Ausrüstung gehörte ein brauchbares Operationsbesteck – doch ich hoffte, Eielsons Hand ohne Verstümmelung retten zu können.

Fünf lange Tage schleppten wir den Schlitten mühsam über altes Packeis und niedrige, verwitterte Eiskämme. Jeden Abend bauten wir ein Schneehaus. Jeden Abend und jeden Morgen mühten wir uns mit der Pflege unserer Stiefel ab, die wir hierfür nach außen drehten, den Schnee abkratzten und reinigten – ein für den Komfort auf arktischen Reisen unbedingt notwendiger Prozess. Unterwegs war unsere Kleidung bequem und warm, doch auf der Innenseite der Schuhe und Außenseite der Socken sammelt sich Raureif. Nur mit beständiger Pflege lässt sich verhindern, dass sie sich in einen soliden Eisblock verwandeln.

Die Innenseite der Stiefel muss nach außen gewendet, abgeklopft und abgeschabt werden, die Socken müssen ebenfalls abgeklopft, nach außen gedreht und aneinander gerieben werden. Zum Trocknen schlingt man sie sich anschließend unter den Armen um die Brust. Das Putzen der Stiefel und Innensohlen macht kalte Finger und das Trocknen der Socken am eigenen Körper ist kein besonders angenehmer Zeitvertreib, aber die Pflege der Kleidung ist der wichtigste Teil der täglichen Arbeit auf einer Wanderung durch die Arktis. Eielson, der in den neun Jahren zuvor keine härtere körperliche Arbeit verrichtet hatte, als die Kontrollen eines Flugzeugs zu bedienen, hatte sich nach einigen Tagen an die Plackerei gewöhnt.

Nachdem wir viele Brücken aus beweglichem Eis überquert hatten, das zwischen stabileren Eisschollen eingequetscht war, erreichten wir Eis, dessen Eigenschaften mich davon überzeugten, dass es an Festland grenzte. Abwechselnd bewegte es sich auf die Küste zu und wieder von ihr fort, aber kaum nach Osten oder Westen. Zwei genaue Sonnenstandsmessungen verrieten unsere Position. Wir konnten es uns nun erlauben, alles zurückzulassen außer dem Unentbehrlichen für einen Eilmarsch zur Küste.

Das Eis wurde immer zerklüfteter, in regelmäßigen Abständen war es von breiten Kämmen durchzogen. Es war nicht länger möglich, einen Schlitten zu ziehen und ihn aufrecht zu halten. Bei einigen dieser Kämme hätten wir tatsächlich stundenlang auf das Eis einhacken müssen, um einen Weg zu schaffen, auf dem sich irgendein Schlitten hinüberschaffen ließ. Wir entschieden, ein Lager aufzuschlagen, das Gepäck auf unsere beiden Indianerrucksäcke zu verteilen und unsere Sachen so über das Eis zu tragen. Auf diese Weise sparten wir viel Zeit und Mühe. Wir mussten zu keinem umgestürzten Schlitten mehr zurückgehen, jeder Schritt brachte uns der Küste näher.

Wir hatten gehofft, laufen zu können, aber der Weg war größtenteils so uneben – umgefallene Eisblöcke, die von feinem Schnee umgeben waren, in dem wir bis zur Hüfte versanken –, dass wir nur langsam auf allen Vieren vorwärtskamen. Ohne die schweren Rucksäcke wäre es uns wohl möglich gewesen, wie auf einer Treppe von Oberkante zu Oberkante der scharfen, umgekippten Eisblöcke zu steigen, doch beladen wie wir waren, konnten wir unsere Balance nicht halten. Kein gezeichnetes Bild kann den Zustand des Eises, auf das wir stießen, angemessen darstellen. In der Frühphase des Sturms, in den wir Tage zuvor geraten waren, war das Eis an vielen Stellen gebrochen und ineinander geschoben, später dann von feinem leichten Schnee bedeckt worden. Einen Film, der unser Getorkel darstellte, hätte man als völlig übertriebene Schauspielerei abgetan, doch für uns war es die grimmige Realität – eine Realität, der wir uns mit Durchhaltevermögen und harter Arbeit stellen mussten.

Gelegentlich ließen sich beim Überqueren einer frisch überfrorenen Eisbrücke einige Momente der Erholung finden, doch gerade an solchen Stellen mussten wir zugleich überaus vorsichtig sein.

Am Sonntag (10. April) erreichten wir einen breiten Streifen noch sehr jungen Eises, das an einigen Stellen noch immer von offenem Wasser unterbrochen war. Mehrere Robben steckten ihre Köpfe aus dem Wasser und betrachteten uns, aber wir hatten ausreichend Nahrungsmittel in unseren Rucksäcken und störten sie nicht.

Um den Wasserarm zu überqueren, mussten wir einen langen Umweg zu einer Stelle in Kauf nehmen, an der die Kanten der dickeren Schollen näher beieinander lagen. Von der einen Seite zur anderen waren es nicht einmal 15 Meter über das frische Eis. Änderte sich die Windrichtung, konnte dies dazu führen, dass die Schollen auseinandertrieben und wir tagelang auf der Nordseite festsaßen. Während ich die Bedingungen studierte, trat Eielson auf das Eis und prüfte, ob es sicher war. Er brach bis zu den Knien ein. Seine hohen, wasserdichten Stiefel bewahrten ihn vor der Nässe.

Vorsichtiges Probieren ergab, dass es möglich sein sollte, die andere Seite auf einem leichten Zickzackkurs zu erreichen. Eine dünne Schneeschicht verbarg den Charakter des Eises. Jeder Schritt musste zuvor geprüft werden. Mit großen Schritten und ausgebreiteten Armen, in denen wir für den Fall, dass wir einbrachen, Eispickel hielten, bewegten wir uns so schnell wie möglich hinüber. Als ich nur noch drei Meter von der anderen Eisscholle entfernt war, wollte ich mich umdrehen und »Komm schon!« rufen, da gab das Eis unter meinen Füßen plötzlich nach. Ich sackte bis zur Hüfte ins Wasser. Eielson erstarrte vor Schreck. Glücklicherweise war das Eis dort, wo er stand, dicker. Indem ich mich größtenteils auf beide Arme und die ausgestreckten Eispickel stützte, hielt mich das umgebende Eis fest. Meine Füße waren schnell wieder aus dem Wasser, und ich rollte mich mehrmals in Richtung auf das dickere Eis.

Direkt an der Kante brach ich erneut ein, aber dieses Mal war ich nah genug, um mich mit dem Eispickel auf das stabilere Eis zu ziehen. Meine Kleidung war bis beinahe hinauf unter die Achselhöhlen triefnass. In meinen hohen, wasserdichten Schuhen stand das Wasser. Ich ließ den 40 Kilo schweren Rucksack von meinen Schultern gleiten und warf Eielson eine Leine zu, an der er seinen Rucksack befestigen sollte. Als der Rucksack auf der anderen Seite war, brachte Eielson sich, alle Viere von sich gestreckt, über das junge Eis in Sicherheit. Wir waren knapp einer Katastrophe entronnen – eine Situation, in die uns die notwendige, aber gefährliche Eile auf dem Weg zur Küste gebracht hatte.

In der Arktis kann man es sich nicht erlauben, die Dinge zu überstürzen. Will man viel erreichen, muss man geduldig bleiben und äußerste Vorsicht walten lassen. Das erste, was ich nach meinem Sturz ins Wasser hätte tun müssen, wäre gewesen, in eine tiefe, weiche Schneewehe zu rollen, doch es gab in unmittelbarer Nähe keinen tiefen Schnee. Die Außenseite meiner Kleider fror fast sofort. Im Innern versteiften sich meine Beine und Füße allmählich. Wir packten unsere Rucksäcke und hasteten zu einem Eiskamm, um dort Schutz zu suchen. Für einen solchen Notfall hatte ich ein Paar Ersatzstiefel und zwei Paar Socken oben an meinem Rucksack festgezurrt, und es dauerte nicht lange, bis Eielson mir meine Stiefel und Socken ausgezogen hatte. Als er sie beiseite warf, waren sie stocksteif. Wir wrangen einen Großteil des Wassers aus meinen Hosen und ich verlor keinen Augenblick, um meine Füße in trockenes Schuhwerk zu bekommen. Meine Fellhemden und Hosen würden auf meinem Körper genauso gut trocknen wie irgendwo anders, also packten wir unsere Rucksäcke wieder zusammen und wanderten weitere zwei Stunden über das raue Eis, bevor wir anhielten und unser Nachtquartier bauten. Die Temperatur lag bei minus 23 Grad.

Wir hatten einen Schlafsack zurückgelassen und die eine Hälfte des anderen ebenfalls. Nachts schliefen wir in unseren Anoraks und auf unseren Leinenrucksäcken, beide hatten wir unsere Füße im selben Schlafsack. Wir empfanden dies als wärmer und bequemer, als je einen eigenen Schlafsack zu haben, und für eine begrenzte Zeit war dies eine sichere Vorgehensweise. Auf längeren Reisen sollte man jedoch sowohl aus gesundheitlichen Gründen als auch wegen des Verschleißes der Kleidung nicht angezogen schlafen.

In meinen nassen Kleidern konnte ich sowieso kaum schlafen, doch nach einem weiteren Tag voller Anstrengungen durch den weichen Schnee waren sie beinahe wieder trocken.

In den ersten Tagen nach dem Verlassen des Flugzeugs hatten wir viele Fährten von Bären und Polarfüchsen überquert, doch in das schrecklich zerklüftete Eis und den weichen Schnee nahe der Küste wagten sich nicht einmal Bären oder Füchse.

Doch es war jene Sorte Eis, die ich in der Nähe der Küste erwartete. Ben Eielson stellte sich seiner Arbeit mannhaft, voller Entschlossenheit und Courage. Wir kämpften uns immer weiter, zehn Schritte oder einen Schritt, dann ein Stolpern. Oft blieben unsere Füße in engen Spalten stecken, die der Schnee verborgen hatte. Mehrfach mussten wir minutenlang auf allen Vieren über Eiskämme klettern, die so steil waren, dass uns selbst ein Hund nicht hätte folgen können. Dann wieder eine vorsichtige, Rutschpartie über junges Eis, das bei jedem Schritt unter unseren Füßen federte wie ein aufgespanntes Laken.

Am Donnerstag (14. April) mussten wir einen langen Umweg um eine große Fläche jungen Eises herum nehmen, das zu dünn war, um darauf zu gehen. Gegen Abend erreichten wir einen Pressrücken, der höher war als alle anderen, die wir zuvor gesehen hatten. Eielson betrachtete ihn voll Abscheu, aber ich jubilierte, denn ich erkannte in ihm die Kante des Küsteneises: Dies würde die letzte raue Eisformationen sein. An jenem Abend lagerten wir in der Nähe eines alten Presseishügels und errichteten unser letztes Schneehaus auf dem Eis. Die nächste Nacht würden wir unser Lager am Strand aufschlagen, oder – wenn uns das Glück hold und meine Navigation genau genug war – in irgendeinem Holzhaus schlafen.

Kapitel VI

Zuflucht

Zwei Tage lang hatten wir warmes und diesiges Wetter gehabt, aber in jener Nacht klarte der Himmel auf und es wurde sehr kalt. Am Morgen konnte ich von der Kuppe des Presseishügels aus fern im Süden eine ausgedehnte weiße Ebene erkennen – das Küsteneis und möglicherweise bereits die dahinter liegende flache Tundra.

Um 7.00 Uhr schulterten wir unsere Rucksäcke und stapften eifrig los. Alle halbe Stunde legten wir einige Minuten Rast ein. Es gab kein Kriechen und keine Stürze mehr, kein junges Eis, das wir überqueren mussten. Es war nicht länger eine Frage von Gefahren, sondern von Durchhaltevermögen.

Wir hatten unsere Nahrungsmittel nicht in Portionen aufgeteilt oder rationiert. Jeder aß so viel oder so wenig, wie er mochte. Bei unserem Aufbruch hatten wir 17 Kilo Biscuits und Schokolade mitgenommen sowie knapp zwei Liter Brennstoff. Nun hatten wir noch zweieinhalb Kilo Nahrungsmittel und rund einen Liter Brennstoff. Im Durchschnitt hatte jeder von uns pro Tag also weniger als 450 Gramm Nahrung zu sich genommen.

Kurz vor zehn Uhr morgens entdeckte ich auf einer küstennahen Insel den flimmernden Strich eines Pfostens. Um zehn rasteten wir und durch unsere Mirakel-Ferngläser mit fünffacher Vergrößerung konnten wir zwei Pfosten und Nutzholz auf dem Sand erkennen. Einige Grad rechts des Kurses, dem wir in den vergangenen 13 Tagen gefolgt waren, sahen wir ein dunkles Objekt, das verdächtig nach dem Dach einer Handelsniederlassung aussah. Wir hielten für einen genaueren Blick auf die Insel zu. Keine 300 Meter weiter stießen wir auf die nach Westen führende Fährte eines Hundes. Sie führte zu dem dunklen Objekt, das wir gesehen hatten. Ein weiterer Blick durch die Ferngläser und wir konnten das Haus und den angebauten Vorratsschuppen klar erkennen. Es war der Handelsposten am Beechey Point. Ich hatte das Haus zuvor nicht erkannt, denn als ich 13 Jahre zuvor an jenem Ort gewesen war, hatte es noch nicht dort gestanden.

Harte körperliche Arbeit, Gefahr, Unsicherheit und Anspannung hatten uns auf unserem Marsch zur Küste recht schweigsam werden lassen: Ein wenig Grübelei hier und dort, kurze Besprechungen zur Genauigkeit unserer Navigation, besorgte Nachfragen zu betroffenen Körperteilen nach besonderen Belastungen und Stürzen, die bei einem von uns beiden Schmerzensschreie ausgelöst hatten, als wir über das Eis taumelten oder unsere Füße und Knöchel am stahlharten Eis stießen oder einklemmten – das war das Ausmaß unserer Gespräche.

Ich hatte mit Eielson, der unter größten Strapazen jene Courage und Fähigkeiten gezeigt hatte, die nur ein gutes Elternhaus, sorgfältige Erziehung und Bildung hervorbringen, eine absolute und mitfühlende Kameradschaft erlebt.

Mit dem Ende der Plackerei und einer menschlichen Wohnstätte in Sichtweite lösten sich unsere Zungen. Wen mochten wir wohl antreffen? Wie hatten unsere Freunde unser langes Verschwinden erlebt? Waren unsere kabellosen Nachrichten empfangen worden? Würden wir bei dem Haus ein Transportmittel bekommen, oder mussten wir bis nach Point Barrow laufen? Solche und viele andere Fragen bewegten uns.

Gelassen bewegten wir uns auf das Haus zu und rasteten regelmäßig. Als wir uns unserem Ziel schon bis auf etwa drei Kilometer genähert hatten, nahmen wir das erste Lebenszeichen wahr. Von einem der Eskimohäuser in der Nähe des Handelspostens löste sich eine Gestalt und verschwand schnell wieder. Bald darauf hastete ein Hundeschlittengespann in unsere Richtung, dann näherte sich ein zweites vom Haus des Händlers. Mit ihm kam Alfred Hopson, der Sohn unseres alten Freundes

Fred Hopson aus Barrow, der mich begleitet hatte, als ich mit Stefánssons Expedition durch die Arktis gereist war.

Um zwölf Uhr mittags saßen wir im Innern der Handelsniederlassung am Beechey Point, wo Anton Edwardson, Repräsentant der Firma H. Liebes & Co.[46] aus San Francisco, uns jede nur erdenkliche Gastfreundschaft angedeihen ließ. Er war erst tags zuvor aus Barrow zurückgekommen und von ihm erfuhren wir, dass sich unsere Freunde nicht auf die faule Haut gelegt hatten.

Nach Rücksprache mit Mr. A. M. Smith, dem sehr kompetenten Korrespondenten der *Detroit News*, erfuhren wir, dass der Pilot der *DN 2*, Alger Graham, seine Fähigkeiten als arktischer Flugreisender unter Beweis gestellt hatte: In Begleitung eines Eskimos, Ned Nusunga, hatte er die Küste mehrere hundert Kilometer weit in beide Richtungen überflogen, und in der Hoffnung, uns helfen zu können, das Eis abgesucht. Während er seine eigene Maschine und ihren Motor kontinuierlich pflegte, hatte er Wunder vollbracht.

Mr. Smith hatte mit großer Gründlichkeit und Sorgfalt alles ihm Mögliche arrangiert, um sowohl auf dem Eis als auch an der Küste Hilfe für uns bereitzulegen. Howard Mason hatte sich bereits im Vorjahr besonders fähig gezeigt, nun hatte er sich abermals ausgezeichnet: Unermüdlich hatte er nach unseren Signalen gelauscht und tatsächlich ein oder zwei kaum hörbare Signale aufgegriffen, durch die unsere Freunde erfuhren, dass wir auf dem Eis notgelandet und auf dem Weg zur Küste waren. Auch Hemrick und Porter hatten in Fairbanks alles in ihrer Macht Stehende getan, um uns zu helfen.

Unser Marsch hatte uns stärker erschöpft, als uns zunächst bewusst war, und als mein Freund Takpuk, ein Eskimo, anbot, mit seinem Hundegespann nach Barrow zu fahren und Graham zu bitten, uns mit der *DN 2* abzuholen, stimmte ich dankbar

---

46 H. Liebes & Co. war eine Bekleidungsfirma vor allem für Pelzmäntel. Das Interesse der Firma an Point Beechey galt vermutlich Robbenfellen.

zu. Unbelastet durch zusätzliches Gepäck konnten Takpuk und seine Hunde Barrow in wenigen Tagen erreichen, ein zweiter Mann hätte nur Verzögerungen bedeutet. Takpuk nahm einen hastig geschriebenen Brief an sich und verließ Beechey Point nicht einmal drei Stunden nach unserer Ankunft.

Nachdem Takpuk aufgebrochen war, aßen Eielson und ich unsere erste warme Mahlzeit seit 18 Tagen.

Gut versorgt zeigten sämtliche Finger Eielsons bis auf den kleinen an der rechten Hand Zeichen von Besserung. Das plötzliche Nachlassen der dauernden Belastung hatte deutliche Folgen für die Muskulatur meiner Beine und Füße. Nach unserer Ankunft schwollen meine Beine und Füße fünf Tage lang immer weiter an. Ich konnte kaum von der Couch zum Tisch humpeln, doch dank einer Salbe aus einem benachbarten Vorratslager begann ich mich zu erholen, und als uns Graham am Freitag mit der *DN 2* abholte – genau eine Woche nach unserer Ankunft –, war ich fast wieder vollständig hergestellt.

Graham war wegen neuer Vorräte in Fairbanks gewesen und sammelte uns auf seinem Rückweg nach Barrow ein. Wir luden unsere wenigen Sachen in das Flugzeug und flogen nach Barrow. Als wir dort eintrafen, bestätigte Dr. Newhall meine Befürchtungen: Eielsons Finger hatte schwere Schäden davongetragen, war aber noch nicht gefährlich für seine allgemeine Gesundheit. Um Komplikationen zu vermeiden, mussten zwei Glieder des kleinen Fingers amputiert werden – und einer meiner besten Reisegefährten wird Zeit seines Lebens eine Erinnerung an die 18 anstrengenden Tage zurückbehalten.

Wir hatten drei Dinge gezeigt: (1) die ungefähre Grenze des Kontinentalsockels nördlich von Sibirien, (2) dass Landungen und Notlandungen auf dem arktischen Packeis möglich waren und (3) dass es für erfahrene Männer ohne Hundeschlitten möglich war, sich zu Fuß über das arktische Packeis in Sicherheit zu bringen.

Darüber hinaus hatten wir bewiesen, dass gesunde Männer mit gesundem Verstand allen Notfällen gewachsen sind.

Unsere sichere Ankunft in Barrow war für unsere Freunde – Eskimos wie auch Amerikaner – eine große Erleichterung. In den Augen der Eskimos hatten wir etwas Übernatürliches getan. Unsere amerikanischen Freunde wussten, dass wir glücklich waren, unser Programm fortsetzen zu können.

Ich entschied, dass unsere Lotung bei 77 Grad 45 Minuten nördlicher Breite und 175 Grad westlicher Länge alles war, was wir von Barrow aus in dieser Richtung brauchten. Es gab und gibt noch immer die Möglichkeit, nördlich der Wrangelinsel das eine oder andere Eiland zu entdecken. Da wir nun aber wussten, dass die Grenze des Kontinentalsockels nicht weit nördlich der sibirischen Küste verlief, waren weitere Informationen über dieses Gebiet bedeutend weniger wichtig als Erkenntnisse über die Bedingungen weit im Nordosten von Point Barrow.

Obwohl die *DN 2* eine gute Maschine war, neigte sie zu einer gewissen Hecklastigkeit, und trotz aller Mühen beim Beladen der Kabine verschärfte sich dieses Problem mit der Menge der Fracht immer weiter. Schwer beladen führte diese Eigenschaft zu einer reduzierten Fluggeschwindigkeit. Genaue Berechnungen zeigten, dass wir bei einem Flug über das Eis in den Norden von Grant Land[47] und dann wieder nach Süden bei Windstille knapp Etah[48] erreichen konnten, doch bei Gegenwind war dies nicht zu schaffen und auf einem solchen Flug war Gegenwind zu erwarten.

Ich hatte geplant, für den Flug nach Nordosten die Fokker zu nutzen, und als die drei in Fairbanks erhältlichen Propeller sich als untauglich erwiesen hatten, hatten wir bei der Hamilton Aero Manufacturing Company Ersatz bestellt.

Nach unserer der Rückkehr von unserer Wanderung über das Eis erfuhren wir am 22. April, dass der neue Propeller nicht vor dem 10. Mai in Fairbanks erwartet wurde. Orval Porter

47 Grant Land ist der nördliche Teil von Ellesmere Island, der nördlichsten Insel Kanadas unmittelbar gegenüber von Grönland.

48 Etah ist ein zu Wilkins' Zeiten durchgehend, heute nur noch im Sommer bewohnter Ort im Nordwesten Grönlands auf der Hayes-Halbinsel.

hatte die Fokker und ihren Motor in Fairbanks grundlegend überholt, sodass sie mit Ausnahme der Propeller einsatzbereit war. Da der Propeller nicht vor dem 10. Mai eintreffen würde, gab es keinen Grund, eilig nach Fairbanks zurückzukehren. Ich erwog, ob ein kürzerer Flug mit der *DN 2* von Barrow aus direkt nach Norden Sinn ergab, oder ob wir einen Versuch unternehmen sollten, die *DN 1* zu bergen.

Gegen beide Ausflüge sprachen vor allem zwei Argumente. Sie bedeuteten, bei dem Versuch, etwas von nachrangiger Wichtigkeit zu erreichen, eine Notlandung zu riskieren und damit das Ende jeder Arbeit für das laufende Jahr. Außerdem bedeutete ein solcher Plan erhebliche Mehrkosten für die *Detroit News*, um die drei Männer – Smith, Eielson und Mason – zu versorgen, die bis in den Spätsommer in Barrow bleiben müssten, bevor sie mit dem Boot zurückkehren könnten.

Wartete ich, bis die Fokker bereit war, könnte ich Eielson in die Zivilisation zurückbringen, wo seine Finger schneller heilen würden. Außerdem hätte ich dann eine Maschine, mit der ich voraussichtlich sicher nonstop nach Etah fliegen oder nach Barrow zurückkehren könnte, falls wir Land entdeckten. Und falls wir nicht nach Barrow zurückkämen, könnte Eielson – dessen Finger ihm dann vermutlich erlauben würden, an die Arbeit zurückzukehren – die *DN 2* nehmen und mit Smith und Mason nach Fairbanks und in die Staaten heimfliegen.

Begaben wir uns dennoch auf die Suche nach der *DN 1*, war unsicher, ob wir sie finden konnten. Sie konnte inzwischen vom Eis zerquetscht oder in irgendeine Ferne abgetrieben sein. Kurze Ausflüge, die ähnliche Risiken für nicht besonders wichtige Erkenntnisse mit sich brachten, hielt ich für wenig ratsam, wenn wir alternativ einige Tage warten und dann den wichtigsten Teil unserer Arbeit auf einem langen Flug in östliche Richtung abschließen konnten.

Nachdem entschieden war, vor einem erneuten Flug auf das Eis hinaus nach Fairbanks zurückzukehren und auf die Fokker zu warten, gab es keine Eile, Barrow zu verlassen. Wir wollten warten, bis Eielsons Finger vermutlich keine Probleme mehr bereiten würde, falls wir auf dem Flug nach Fairbanks notlanden müssten. Es wäre gefährlich gewesen, die Tastsache zu übersehen, dass bei einem Direktflug eine Notlandung auf halbem Weg zwischen Barrow und Fairbanks eine Wanderung von bis zu 1000 Kilometern und eine Verzögerung von mehreren Monaten bedeuten konnte. Daher beschlossen wir, bei unserem Aufbruch aus Barrow der Küstenroute über Wainwright und Kotzebue zu folgen.

Mit Graham als Pilot der mit Rädern ausgestatten *DN 2* und Eielson und mir als Passagieren hoben wir von den Schneeflächen bei Barrow ab und machten uns auf den Weg nach Fairbanks. Wir folgten dicht der Küste und hatten gerade den Wainwright Inlet hinter uns gelassen, als ein Zylinder des Motors anfing auszusetzen. Er war vom Cockpit aus zu sehen und wir konnten erkennen, dass das kleine Kupferröhrchen vom Luftstarter zur Brennkammer nahe der Stelle gebrochen war, wo es in den Zylinder mündete. Unter diesen Bedingungen konnte die Maschine gerade noch ihre Höhe halten, doch da noch rund 1200 Kilometer vor uns lagen, hielten wir es für das Beste, zu landen und den Schaden zu reparieren. Noch bevor wir aber bei Dick Halls Handelsstation nahe Wainwright landen konnten, wurde der gesamte Innenzapfen des Zylinders aus dem Motor gerissen. Obwohl die Maschine nun schnell an Höhe verlor, gelang Graham eine sanfte Landung auf der Lagune nahe der Handelsstation.

Genauere Untersuchungen ergaben, dass das gebrochene Anlasserröhrchen seit dem Zusammenbau der Maschine starken Belastungen ausgesetzt gewesen war, weil es in engem Kontakt mit einem Ansaugstutzen stand. Als es schließlich brach, war es auf einer Länge von fast acht Zentimetern zersprungen. Ohne Zweifel hatte der hastige Zusammenbau der Heywood-Starter unter überaus schlechten Bedingungen zu diesem nachlässigen Stück Handwerksarbeit geführt. Das Problem stand in keinerlei Zusammenhang mit dem Zündmechanismus.

Wir hatten einige Ersatzteile an Bord, doch um der Möglichkeit weiterer Probleme vorzubeugen, mussten wir uns einen neuen Zylinder und einige neue Muffen aus Barrow kommen lassen, also schickten wir sofort einen Eskimo mit seinem Hundegespann los.

Eielson quartierte sich im Schulhaus von Wainwright ein, wo Miss Bannon, die die Mission der Presbyterianer leitete, seine Finger versorgte. Graham und ich wohnten bequem in den Unterkünften, die Amundsen für sich gebaut hatte, als er mit seiner Junker am Wainwright Inlet war und auf das Eis hinausfliegen wollte. Amundsen wollte bis nach Spitzbergen fliegen, doch seine Maschine stürzte bereits beim ersten Testflug ab. Ihre Einzelteile lagen vor der Hütte verteilt irgendwo im Schnee.

Nach drei Tagen kam der Eskimo mit einem neuen Zylinder, Ersatzteilen und einem Paar Kufen, die Smith schickte, weil in Barrow seit unserem Start viel feiner Schnee gefallen war. Wir installierten den neuen Zylinder, montierten die Kufen anstelle der Räder und waren wieder startbereit. Aber dann begann der Ärger mit dem Wetter.

Zweimal starteten wir Richtung Fairbanks, aber der Nebel erwies sich als zu hoch und zu dicht für einen sicheren Flug und wir kehrten nach Wainwright zurück. Am Freitag, den 13. Mai entschieden wir, obwohl es noch immer sehr neblig und der Himmel von niedrigen Wolken verhangen war, es darauf ankommen zu lassen. Nachdem wir in 1800 Metern Höhe vier Stunden lang nach Kompass über dicht verhangene Berge geflogen waren, erreichten wir Kotzebue, wo eine Lücke in den Wolken uns ermöglichte, das Dorf zu finden. Einige Minuten später waren wir gelandet und entschieden, dort zu übernachten. Wir füllten unsere Tanks und weil in Fairbanks kein Schnee lag, ersetzten wir die Kufen wieder durch Räder.

Am nächsten Morgen, dem 14. Mai, flogen wir weiter nach Fairbanks, wobei wir unterwegs, als wir südlich des Polarkreises dem Yukon folgten, auf extrem schlechtes Wetter trafen.

Inzwischen war der Hamilton-Propeller eingetroffen. Da die Hersteller behaupteten, er sei den anderen Propellern überlegen und hätte eine höhere Blattsteigung, waren wir tief enttäuscht, als unser Mechaniker, Porter, berichtete, der Liberty-Motor führe ihn mit 1700 Umdrehungen, oder annähernd so schnell wie die anderen. Dies bedeutete, um uns ausreichend Geschwindigkeit zu verschaffen, mussten Liberty-Motor und Propeller in der Luft so schnell drehen, dass unser Treibstoffverbrauch deutlich erhöht war.

Es war zweifelhaft, ob wir mit der Fokker in diesem Zustand deutlich mehr Reichweite hatten als mit der Stinson, aber es war einen Versuch wert. Eielson erteilte Graham einen mehrstündigen Kurs an den doppelten Kontrollen des großen Fokker-Eindeckers, dann starteten wir – Graham als Pilot, ich und nur wenig Fracht – nach Barrow.

Graham war in vielerlei Hinsicht ein guter Mann, fähiger Mechaniker und Pilot, aber die große Fokker mit den hoch angesetzten Tragflächen war nicht sein Metier. Mit seiner geringen Erfahrung konnte er sich nach dem Fliegen in dem Stinson-Doppeldecker nicht an den Eindecker gewöhnen. Zweifellos wäre er nach einigen Übungsflügen sicher genug gewesen, aber uns fehlte die nötige Zeit, und nachdem er mehrmals seine Unzufriedenheit mit dem Flugzeug und Furcht vor dem Flug hinaus auf das Eis ausgedrückt hatte, entschied ich, mit der Fokker nach Fairbanks zurückzufliegen und für den Erkundungsflug die Stinson zu nehmen.

Graham begann inzwischen jedoch, jeglichen Enthusiasmus für den Flug auf das Eis zu verlieren. Wir luden unser Gepäck von der Fokker in die Stinson, aber schlechtes Wetter über der Endicottkette hielt uns mehrere Tage in Fairbanks fest. Als es sich endlich aufklarte, entgingen wir ein- oder zweimal nur knapp einem Unfall, als es uns nicht gelang, am Ende der Startbahn abzuheben. Die Maschine war nur leicht beladen und ich war mir sicher, dass sie bei richtiger Bedienung abheben konnte. Graham wollte jedoch gar nicht unbedingt aufbrechen.

Abermals verzögerten schlechtes Wetter und mehrere erfolglose Startversuche unseren Aufbruch. Schließlich sah ich mich gezwungen, Graham konkrete Anweisungen zum Umgang mit der Maschine zu geben und die Kontrollen zu überwachen, um sicherzustellen, dass wir abhoben. Wir verließen Fairbanks kurz nach ein Uhr morgens, und nachdem wir endlich in der Luft waren, überquerten wir die Endicott-Berge und trafen die Tundra nördlich der Kette frei von Nebel an. Wir flogen erst einen Nebenarm des Colville Rivers entlang, dann folgten wir einem mit Ausnahme seiner Mündung ins arktische Meer noch nicht kartierten Strom. Wir überwachten unsere Geschwindigkeit genau, konnten so die Entfernungen messen und den Karten jenes Teils der Arktis eine große Menge geographischer Details hinzufügen. Barrow lag unter Nebel verborgen, doch wir flogen dicht über dem Boden, folgten der Küste und landeten die Maschine ohne Probleme auf der Lagune.

Beim Flug von Fairbanks nach Barrow hatten wir auf der Tragfläche ein Paar Severski-Kufen befestigt und mitgebracht, anstatt einen Tag damit zu vergeuden, über Kotzebue zu fliegen und das Paar einzusammeln, das wir dort zurückgelassen hatten.

Kapitel VII

Enttäuschung

In Barrow war die Jahreszeit inzwischen rasch fortgeschritten, und als wir zurückkehrten, war die Lagune mit weichem, matschigem Schnee bedeckt. Wir landeten ohne Probleme auf Rädern. Es dauerte lediglich einige Stunden, die *DN 2* für einen Flug über das Eis vorzubereiten. Wir montierten die Kufen und verteilten in 25 Kanistern zu je 19 Litern insgesamt knapp 475 Liter Treibstoff in der Kabine. Die zusätzlichen Treibstoffkanister nahmen so viel Raum ein, dass für den Piloten und mich kaum noch Platz blieb. Es war ein gefährliches Arrangement und brachte Gefahren mit sich, die keiner von uns gerne auf sich nahm. Aber wir hatten eine Aufgabe zu erledigen und nach langem Abwägen entschieden wir uns, es zu riskieren.

Grahams Vertrag beinhaltete nur Flüge über Land. Er war mit der genau festgelegten und klaren Absprache angestellt worden, dass er jeden Flug über das Eis ablehnen konnte, und seine Zustimmung, als Pilot mit nach Grönland zu fliegen, war nicht enthusiastisch.

Dichter Nebel hielt uns tagelang am Boden fest, bevor wir während einer kurzen Schönwetterperiode in Barrow in die Maschine kletterten und vom Eis der Lagune abhoben, das zu jenem Zeitpunkt bereits beinahe vollständig einige Zentimeter tief unter Wasser stand. Ich wollte mich Richtung Grant Land orientieren und den genauen Kurs anhand der Bedingungen bestimmen, auf die wir stießen. Unser Ziel war, falls wir kein Land entdeckten, irgendeinen Teil von Grant Land zu erreichen. Stießen wir innerhalb von 1000 Kilometern von Barrow auf Land – was wir für unwahrscheinlich hielten – wollten wir umkehren. Falls nicht, würden wir landen, die Tiefe loten und weiterfliegen, bis wir keinen Treibstoff mehr hätten. Dann wollten wir landen und zu Fuß weiter nach Etah in Grönland oder zu einem Posten der Canadian Northwest Mounted Police[49] laufen.

Wir hatten uns nur mit Mühe vom wasserbedeckten Eis lösen können und kämpften mehrere Minuten lang, um Höhe zu gewinnen. Unsere schwerbeladene Maschine war hecklastig und es wäre gefährlich gewesen, sofort eine Wende zu fliegen, also folgten wir zunächst eine Weile der Küste, um unsere Kompasse zu prüfen. Die Treibstoffkanister in der Maschine hatten die Kompasse in völliges Chaos gestürzt, aber nach 45 Minuten auf diversen Kursen gewann ich eine grobe Vorstellung der notwendigen Anpassungen. Wir mussten unseren Treibstoffverbrauch so weit wie nur irgend möglich senken, und bei 1430 Umdrehungen betrug unsere Reisegeschwindigkeit 125 Kilometer pro Stunde.

Wir schlugen einen Kurs hinaus auf das Meer ein und die erste halbe Stunde nach Verlassen der Küste überflogen wir Eis, das an vielen Stellen aufgebrochen und verstreut war. Ein Schiff hätte ohne Probleme hindurchfahren können, doch dieses Eis bot nicht einen einzigen Platz, wo das Flugzeug hätte landen können, nicht einmal bei einer Bruchlandung, und eine Notlandung hätte den sicheren Tod durch Erfrieren oder Ertrinken bedeutet. Der Motor stotterte ein- oder zweimal, gerade genug, um uns nervös zu machen, beruhigte sich jedoch schließlich zu einem stetigen Brummen.

Nach und nach erreichten wir eine Höhe von 600 Metern. Voraus bedeckte Nebel das Eis, nur mit Mühe konnten wir ausreichend Höhe gewinnen, um über ihn hinwegzufliegen. Über dem Nebel konnten wir in der Ferne eine weitere Wolkenschicht

---

49 Die Northwest Mounted Police (NWMP) war eine 1873 gegründete Polizeieinheit, mit der unter anderem die britische Souveränität in den kanadischen Northwest Territories und dem Yukon Territory sichergestellt werden sollte. Bereits 1920 war sie mit anderen Polizeieinheiten zur Royal Canadian Mounted Police verschmolzen worden, doch der Name hatte sich gehalten.

erkennen. Ab und zu streiften wir die Nebelbank. Bald flogen wir zwischen zwei Wolkenschichten und konnten weder etwas über die Verhältnisse unter dem Nebel erfahren noch auch nur halbwegs genau navigieren. Graham warf mir ängstliche Blicke zu, blieb aber standhaft bei seiner Arbeit. Ich musste einsehen, dass die Fortsetzung unseres Plans sinnlos war und nachdem wir über 300 Kilometer weit über den Nebel geflogen waren, drehten wir um und kehrten zur Küste zurück. Ich besprach diese Entscheidung mit Graham und er versprach, bei einer zukünftigen Gelegenheit zu einem weiteren Versuch bereit zu sein.

Nachdem ich den Treibstoff aus einigen Kanistern in den Haupttank gefüllt hatte, entdeckten wir, dass die Verteilung des Treibstoffs – obwohl ich darauf achtete, jeden Kanister genau an seinen Platz zurückzustellen – den kleinen Pioneer-Kompass in der Nähe der Kanister ablenkte, während der Kompass direkt vor der Kabine unbeeinflusst blieb.

In der Annahme, die Küste sei noch immer frei von Nebel, entschied ich mich, vor der Rückkehr nach Barrow Beechey Point anzusteuern und dort etwas Treibstoff zu deponieren. Bei einem erneuten Versuch oder bei einer erzwungenen Rückkehr konnte es sein, dass wir in dieser Gegend die Küste mit leeren Tanks erreichen würden. Da unser Treibstoffvorrat in Barrow großzügig bemessen war, wäre ein zusätzliches kleines Lager in Beechey Point vorteilhaft.

Das Wetter bei Beechey Point war sehr diesig und trübe, aber nicht nebelverhangen. Wir hatten den Punkt, an dem wir die Küste erstmals erreichten, identifizieren können und landeten einige Minuten später vor dem Handelshaus. Dort deponierten wir 245 Liter Treibstoff und brachen nach einer Mahlzeit zum Rückflug nach Barrow auf. Doch in der Zwischenzeit war vom arktischen Meer her der Nebel hereingerollt. Wir flogen über ihn hinweg, bis wir schätzten, nahe Barrow zu sein, dann gingen wir vorsichtig in den Sinkflug, bis wir nur noch wenige Meter über dem Boden waren. Etwa 20 Minuten lang flogen wir

Schleifen, dann hatten wir unsere Position entlang der Küste bestimmt und folgten ihr zum Landeplatz auf der Lagune bei Barrow.

Solange wir in der Luft waren und mit 150 Kilometern pro Stunde die Küste entlangflogen, konnten wir nicht genau schätzen, wie groß unsere Sichtweite im Nebel war. Erst nach unserer Landung bemerkten wir, dass wir nicht einmal die 300 Meter weit sehen konnten, die die Häuser zu beiden Seiten der Lagune auseinander lagen. Wir waren froh, sicher gelandet zu sein. Selbst über dem gefrorenen arktischen Meer und der Tundra, wo es kaum Hindernisse gab, die höher als 15 Meter waren, ist ein Tiefflug durch dichten Nebel eine belastende Erfahrung – zumindest, bis man die Maschine genauer kennt und ihr vertraut.

In den nächsten Tagen blieb der Nebel weiterhin zu dicht für einen Start. Die Jahreszeit für sichere und wertvolle Arbeit war zweifellos vorbei, doch ich zögerte noch, unseren Versuch zu verschieben und konnte mich nicht dazu durchringen, für dieses Jahr alle Pläne aufzugeben. Dann jedoch kam Graham zu mir und sagte, er sei nicht bereit, in diesem Jahr weitere Risiken über dem Eis einzugehen. Ich denke, seine Entscheidung war möglicherweise klug, und obwohl sie mich seinerzeit enttäuschte, hatte ich erhebliche Bedenken, mit Graham einen Flug über das Eis zu unternehmen: Inzwischen hatte ich nämlich erfahren, dass er Probleme mit seinen Füßen hatte, was sich als große Schwierigkeit erweisen könnte, falls wir zurück zur Küste laufen müssten. Für einen Flug über das Eis war er weder körperlich noch mental geeignet, doch er hatte sich als fähiger Pilot und Mechaniker erwiesen und als sehr fleißiger Arbeiter bei allen Aufgaben, die innerhalb seines Erfahrungsbereichs lagen. Er war nicht zu Flügen über das Eis verpflichtet, doch als Eielson und ich auf dem Eis vermisst wurden, hatte er sie freiwillig unternommen, um nach uns zu suchen. Auch auf unserem Flug durch den Nebel hatte er die Nerven behalten. Für all dies und vieles mehr verdient er hohe Anerkennung.

Da er sich nun weigerte, wieder hinauszufliegen, erwog ich die Möglichkeit eines Alleinflugs. Es gab einige Argumente, die diese Idee sinnvoll erscheinen ließen: Bei einem Alleinflug könnte ich viel Gewicht an Ausrüstung und Nahrung sparen und stattdessen mehr Treibstoff laden – vermutlich genug, um Etah tatsächlich zu erreichen. Außerdem könnte ich, falls ich auf dem Eis landete, auch allein mit dem Schallgerät die Tiefe loten. Im Fall einer Notlandung käme ich allein schneller voran als mit einem angeschlagenen Gefährten. Stünde kein Leben außer meinem eigenen auf dem Spiel, könnte ich auch bedenkenloser größere Risiken eingehen.

Vor allem zwei Überlegungen hielten mich von diesem Plan ab: Die erste war, dass ein Alleinflug bedeutete, Smith, Mason und Graham in Barrow zurückzulassen. Das hieß, Eielson müsste alleine nach Barrow fliegen, um sie einzusammeln, falls so ein Flug überhaupt möglich war. Das Eis bei Barrow war nicht länger für Landungen mit der Fokker auf Rädern geeignet und es war zweifelhaft, ob im Sommer eine sichere Landung auf dem Strand möglich war. Wahrscheinlich hätten die Männer bis in den Spätsommer in Barrow bleiben und dann mit einem Schiff heimkehren müssen, aber alle drei wollten gerne sofort von Point Barrow aufbrechen.

Außerdem besteht immer die Gefahr, dass das Wort eines einsamen Reisenden von irgendwelchen Individuen oder Gesellschaften bezweifelt wird und sich alle Ergebnisse eines Alleinflugs als wertlos erweisen würden. Schließlich hatte ich nur wenig Erfahrung mit Starts und Landungen und überhaupt keine mit Starts und Landungen überladener Maschinen. Angesichts aller damit verknüpften Gefahren war ein sofortiger Start zu einem Alleinflug das Risiko nicht wert. Am sinnvollsten schien, dass wir alle vier mit der *DN 2* nach Fairbanks zurückflogen. Dort konnten wird die Stinson einlagern, die beiden Fokker zerlegen und nach Seattle verschiffen, die Männer entlohnen und zurück an ihre eigentlichen Arbeitsplätze entlassen und zugleich das Versprechen halten, das wir der

Detroit News gegeben hatten, wonach die Expedition spätestens Anfang Juni beendet sein sollte. Falls die Umstände es zuließen, wollte ich mit Schwimmkörpern zur Stinson zurückkehren und im Sommer weitere Flüge unternehmen oder alle weiteren Versuche bis in den Spätherbst verschieben.

Am 5. Juni hatten wir alles gepackt und unsere Vorräte bei Point Barrow eingelagert. Der Frühling war so schnell vorangeschritten, dass das Eis der Lagune 20 bis 25 Zentimeter tief unter Wasser stand und jeden Tag aufbrechen konnte. Jeder Startversuch mit einer schwer beladenen Maschine war gefährlich und wir waren vier, die nach Fairbanks zurück wollten: Graham, Smith, Mason und ich bedeuteten ein Ladegewicht, das beinahe dem entsprach, das wir bei einem Flug über das Eis erreichen würden.

Nach mehreren erfolglosen Versuchen hoben wir vom wasserbedeckten Eis ab und gewannen langsam an Höhe. Graham manövrierte die Maschine im Steigflug sehr geschickt, doch trotz seiner Mühen kam es zu einem Strömungsabriss und nur die außerordentliche Stabilität des Flugzeugs bewahrte uns vor einem schrecklichen Unfall. Der Himmel war bedeckt, doch ich glaubte, einige Kilometer landeinwärts und über der Endicottkette sei die Luft klar. In 600 Metern Höhe durchflogen wir eine Nebelbank und orientierten uns für einen direkten Kurs nach Fairbanks Richtung Anaktuvuk-Pass.

Nach dem Überfliegen der Endicott-Berge gerieten wir in schlechtes Wetter. Tiefhängende, dunkle Wolken und Regen blockierten unseren Weg.

Mason und ich kippten aus den zusätzlichen Kanistern Treibstoff in den Tank und ich bemerkte abermals, wie der fehlende Treibstoff die Abweichung des Kompasses beeinflusste. Während ich den Tank füllte, hatte ich unsere Position verloren, die ich bis dahin allein durch Bodenbeobachtung verfolgt hatte. Da wir unseren Kurs unmittelbar zuvor abrupt geändert hatten, durch schweren Regen und dichte Wolken geflogen waren und auch unsere Höhe geändert hatten, kannten wir unsere genaue

Position beim Erreichen des Yukon nicht. Wir folgten dem Fluss, bis wir uns orientiert hatten, und stellten dann fest, dass wir, um Fairbanks zu erreichen, umdrehen und unseren Kurs zurückverfolgen mussten. Um Wolken und Regen auszuweichen, waren wir einen über 250 Kilometer weiten Umweg geflogen und hatten hierfür wegen wechselhafter Gegenwinde viel länger gebraucht als erwartet.

Wir hatten keine Möglichkeit, den Treibstoffvorrat der *DN 2* zu schätzen, und waren sehr besorgt, dass uns das Benzin ausgehen könnte, bevor wir das Flugfeld erreichten. Graham flog so treibstoffsparend wie nur möglich, und nach einem siebeneinhalbstündigen Flug landete er uns sicher mit Kufen auf dem kiesigen Flugfeld von Fairbanks.

Unsere Erkundungen für diese Saison waren zu Ende.

Drei Tage später hatten wir die beiden Fokker zerlegt und verschifft, die Stinson in Fairbanks eingelagert und waren auf dem Rückweg.

Alle Mitglieder der Expedition erreichten Seattle am 18. Juni 1927. Die Männer wurden ausbezahlt und kehrten nach Hause zurück, die Pläne für die Arktis mussten vertagt werden, bis geklärt war, was mit den beiden Fokker-Maschinen geschehen sollte.

Teil III

Erfüllung

Kapitel I

Ein Traum beginnt, wahr zu werden

Als ich im Sommer 1927 von dem Versuch zurückkehrte, in das nebelgeplagte arktische Meer einzudringen, hörte ich von meinen früheren Unterstützern nicht ein Wort. Offenbar hielten sie die Sache für erledigt. Auf dem Weg nach Seattle erhielt ich ein Telegramm der *Detroit News*, demzufolge sie an meiner Arbeit nicht länger interessiert waren und mich baten, die Expedition ohne weitere Kosten für sie abzuwickeln. Großzügigerweise stimmten sie zu, alle ausstehenden Rechnungen der beendeten Saison zu begleichen und überließen mir die Maschine, die sie der Expedition zur Verfügung gestellt hatten. Während meiner gesamten Zusammenarbeit mit Detroit hatte die *Detroit News* eine bewundernswerte Großzügigkeit gezeigt, doch diese letzte Nachricht zeigte, dass ihr Interesse geschwunden war.

Ich akzeptierte ihre Maschine und versicherte ihnen, entweder die Maschine selbst oder ihren Wert für die weitere Erforschung der Arktis zu verwenden.

Bei unserer Ankunft in Seattle lud uns die Handelskammer wie üblich zu einem ihrer Freitagsmittagessen ein, und der Engineer's Club bat uns, einen Vortrag über die Bedingungen in Alaska zu halten. Niemand schien es für möglich zu halten, das Projekt fortzusetzen, doch ich war entschlossen, das Programm der Expedition zu vollenden und überrascht, dass die anderen dies nicht begriffen. Vielleicht begriffen es einige doch, denn manche kamen mir zu Hilfe.

Um die Arbeit fortsetzen zu können, mussten wir zunächst alle offenen Fragen klären, Probleme mit der Ausrüstung lösen und überzähliges Material loswerden. Wir hatten noch immer die eine Stinson-Detroiter in Fairbanks und wenn es mir gelungen wäre, die finanziellen Dinge mit der Detroit

Aviation Society zu klären, hätte ich mich frei genug gefühlt, die Stinson zu nehmen und auf einem Alleinflug zu versuchen, Grant Land zu erreichen und zu Fuß vom Nordende jener Insel zu irgendeinem Vorposten der Zivilisation zu laufen.

Es gab keine Möglichkeit, mit den Ergebnissen der letzten Expedition irgendeinen Profit zu erzielen und mit Ausnahme des Verkaufs der Flugzeuge würde es kein Geld geben. Es war zweifelhaft, ob der Verkauf der Flugzeuge mehr Einnahmen als Ausgaben bringen konnte: Der Rücktransport nach Seattle hatte viel Geld gekostet und Woche für Woche fielen Kosten für die Lagerung an. Die beiden Überreste unserer Fokker-Flugzeuge waren ohne Frage mindestens 30 000 Dollar wert, doch vermutlich konnte ich sie nicht einmal zur Hälfte dieses Betrags verkaufen. Es war möglich, dass jemand sie kaufte, der sich gerne am Dole-Rennen[50] von San Francisco nach Honolulu beteiligen wollte. Ich musste jedoch feststellen, dass die Mehrheit derjenigen, die sich an diesem Rennen beteiligen wollten, über keine ausreichenden eigenen Mittel verfügte und auch keine 15 000 Dollar an Sponsorengeldern für eine Maschine und noch einmal einen ähnlichen Preis für die Motoren aufbringen konnte – was aber notwendig war, wenn sie die größte Fokker verwenden wollten.

In der Hoffnung auf einen Verkauf reiste ich nach San Francisco, aber es gab kaum Erfolgsaussichten und ich entschied mich, nach Los Angeles weiterzufahren. Am Morgen des Tages, an dem ich nach Süden aufbrechen wollte, saß ich am Fenster meines Hotelzimmers, ärgerte mich, dass die Maschinen noch nicht verkauft waren, und beschloss, falls ich sie nicht bald loswerden sollte, nach Norden aufzubrechen und den Flug über das Eis in der alten Stinson-Detroiter zu versuchen. Bei einem Alleinflug könnte ich vermutlich Etah erreichen. Der Plan war

50 Das Dole Air Race oder auch Dole Derby war ein Luftrennen von Kalifornien nach Hawaii im August 1927, dem insgesamt zehn Menschen und sechs Flugzeuge zum Opfer fielen.

keineswegs unmöglich und es gab keinen Zweifel, dass ich die Maschine bei gutem Wetter sowohl fliegen als auch hinreichend genau navigieren könnte, um irgendeinen Abschnitt der Küste von Grant Land zu erreichen. Dort angekommen könnte ich meine Position feststellen und, falls genügend Treibstoff übrig wäre, zu einer Station der Canadian Northwest Mounted Police auf der Bache-Halbinsel gegenüber von Etah weiterfliegen.

Ich wusste, dass Grant Land ein Paradies für Jäger war, und falls die Maschine bei der Landung kaputt ginge, könnte ich problemlos den Rest der Distanz laufen. Der Weg war recht lang, aber nach getaner Arbeit wäre Zeit nicht besonders wichtig, und der Flug von Barrow nach Grant Land war der wichtigste Teil der Arbeit. Im Fall einer Notlandung weit draußen auf dem Eis gefolgt von der Notwendigkeit einer langen Wanderung zur Küste wäre ich vermutlich am besten alleine. Um von der Jagd auf dem Eis zu leben, muss man einen Zickzack-Kurs wählen und oft im rechten Winkel zum direkten Weg zur Küste den Spuren von Eisbären und Polarfüchsen folgen: eine wochenlange Wanderung von vielen, vielen Kilometern, die sich Stück für Stück der Küste nähern würde, ohne dorthin zu eilen. Ich kannte keinen anderen Piloten, der bereitwillig solch einem Plan gefolgt wäre. Jeder von ihnen hätte darauf gedrängt, zur Küste zu hasten und wäre dabei möglicherweise in Schwierigkeiten geraten. Meine Erfahrungen auf Polarreisen hatten mich bereits gegen die Unbequemlichkeiten, Ärgernisse und harte Arbeit einer solchen Reise immunisiert, aber ich kannte nur wenige Männer, die über das notwendige Training für eine solche Mentalität verfügten, und von diesen war keiner verfügbar.

Solange man zu zweit ist, ist es einfach, einen Kameraden ohne Erfahrung zu motivieren. Doch wenn einer von beiden auf der Suche nach Wild vom Kurs abweichen muss, ist es für den unerfahrenen oder schwächeren Mann nicht leicht, weiterzugehen und darauf zu vertrauen, dass der andere ihn einholen wird – und tatsächlich wird dies vielleicht nie passieren, weil das Eis zwischen den beiden aufbricht. Sollte es nicht möglich sein, ausreichend Nahrungsmittel für die gesamte Länge des Wegs mitzunehmen, wäre ich letztlich lieber alleine auf dem Eis: Die Sorge eines Anführers angesichts der Möglichkeit, liebgewonnene Kameraden in Gefahren zu schicken, ist eine weitaus größere Belastung, als sich alleine den härtesten körperlichen Prüfungen zu stellen.

Ich hatte also den festen Beschluss gefasst, alleine zu fliegen, als plötzlich in der Ferne ein Eindecker auftauchte, der effizienter und leistungsstärker wirkte als jedes andere Flugzeug, das ich je gesehen habe. Es war nur ein flüchtiger Blick, aber ich erkannte sofort auch auf die Entfernung die Einzigartigkeit der Maschine. Ich sah das Flugzeug von der Seite, bemerkte die Schönheit seiner Linienführung, seinen Einstellwinkel und seinen Anströmwinkel im Horizontalflug. Geschwindigkeit und Winkel erweckten bei mir zunächst den Eindruck, es sei im Sinkflug, seine konstante Höhe über dem Horizont verriet aber bald, dass es sich im Horizontalflug befand. Als es in meine Richtung drehte, erkannte ich die ganze Schönheit seines Designs: Außer dem Motor, dem Bug und einem schlanken Fahrwerk bot es der Luft keinerlei Widerstand. Es gab keinerlei freiliegende Drähte oder Instrumente – nichts außer einer fliegenden Tragfläche.

Für jemanden wie mich, der 18 Jahre lang von fortgeschrittenen Flugzeugen geträumt hatte, war der Anblick dieser Maschine das Wahrwerden einer Vision. Ich war auf eine Art hingerissen, die jemand anders vielleicht beim Anblick seiner Traumfrau empfindet. Mit tiefer Genugtuung sagte ich mir, falls die Aerodynamik dieser Maschine in irgendeiner Weise dem standhielt, was der Anblick versprach, würde ich so ein Flugzeug für meine Arbeit nutzen. Ich konnte deutlich spüren, dass der flüchtige Anblick dieser Maschine der Anfang des Erfolgs war.

Ich telefonierte mit mehreren Flugfeldern, um herauszufinden, wo das Flugzeug gelandet war, aber niemand erkannte es anhand meiner Beschreibung wieder, die vermutlich ziemlich vage und fantastisch war. Ich war enttäuscht, aber wild entschlossen, es zu finden.

Von jenem Moment an begannen die Dinge sich von selbst in meinem Sinne zu entwickeln, auch wenn der Weg nicht immer eben war. Ich schlug meinem Freund Ray Shreck vor, auf unserem Weg nach Los Angeles an einem oder zwei Flugfeldern zu halten, und auf dem Flughafen von Oakland – wo die Vorbereitungen für das Dole-Rennen auf Hochtouren liefen – sah ich die Lockheed Vega zum ersten Mal am Boden. Ich war ein wenig enttäuscht: Aus den Augen eines Laien betrachtet war das Heck für perfekte Flugeigenschaften zu niedrig geschnitten, ein Makel im Antlitz meiner wunderschönen Lady. Ich dachte, es sei vielleicht eine notwendige Folge des wie eine Gewehrkugel geformten Rumpfs. Die Tragflächen wirkten zu klein, um eine für meine Bedürfnisse ausreichende Last zu tragen, aber man kann unmöglich allein vom allgemeinen Erscheinungsbild auf die Flugeigenschaften eines Flugzeugs schließen.

Ein auf das Höhenruder gepinselter Name verriet, dass die Maschine in Los Angeles gefertigt worden war, und dies beruhigte mich, denn waren wir nicht gerade auf dem Weg nach Los Angeles? Dort konnte ich die Fabrik besichtigen, in der das Flugzeug gebaut wurde und alle Informationen erhalten, die ich brauchte.[51]

Sobald ich nach einer sehr angenehmen Fahrt mit dem Automobil in Los Angeles angekommen war, suchte ich umgehend Mr. Allan Loughead von der Lockheed Aircraft Company auf, und unabhängig davon, als wie gut sich dieses Flugzeug letztlich erwies, lernte ich in Mr. Loughead einen überaus freundlichen und fähigen Mann kennen. Auch in der Folgezeit bestätigte sich dieser erste Eindruck und seine positiven Charaktereigenschaften traten noch deutlicher hervor.

---

51 Das Flugzeug, das Wilkins sah, war die *Golden Eagle*, Prototyp der Lockheed Vega 1. Jungfernflug war der 4. Juli 1927. Sie verschwand nur wenige Wochen später auf dem Dole Flight inklusive ihrer Besatzung spurlos.

Die Maschine war nach Los Angeles zurückgekehrt und man lud mich ein, sie selbst, Konstruktionspläne, Kalkulationen und Design in der Fabrik zu inspizieren. Im Skizzenbüro traf ich Mr. Jack Northrop, den verantwortlichen Konstrukteur. Northrop ist ein feinsinniger, sensibler Visionär mit derart umfangreichen theoretischen und praktischen Kenntnissen, dass man ihn als Genie bezeichnen muss.

Ich studierte die Blaupausen, überflog Performance-Messungen und beobachtete mit Freude die durch und durch solide Qualitätsarbeit in der Fabrik. Obwohl die Massenproduktion noch nicht aufgenommen worden war, wurde mit derselben Genauigkeit und Präzision gearbeitet wie in der Werkstatt eines erstklassigen Modelltischlers[52]. Ich war etwas bestürzt zu erfahren, dass die Maschine, die ich gesehen hatte, die erste und bisher einzige ihrer Art war. Ich wusste aus Erfahrung, dass Fähigkeiten und Effizienz allein nicht reichten, um die Fehler aus einer Maschine zu bekommen, und dass meine Freunde mich erheblich schelten würden, für meine Pläne abermals eine experimentelle Maschine zu nutzen.

Jahr für Jahr hatte ich die meiner Meinung nach besten und aktuellsten verfügbaren Flugzeugmodelle für die geplanten Arbeiten gekauft, aber sie waren jeweils noch in einem experimentellen Stadium gewesen. Ich hatte den ersten dreimotorigen Eindecker mit 22 Metern Tragflächenspannweite der Firma Fokker gekauft, der je gebaut worden war. Ich hatte dafür harte Kritik einstecken müssen, doch die Maschine war jener, mit der Byrd über den Atlantik flog[53] und jener, die Hegenberger

52 Die Modelltischlerei ist eine Spezialdisziplin der Tischlerei mit sehr hohen Präzisionsanforderungen. Ein Modelltischler fertigt dreidimensionale Modelle von Objekten, die anschließend in Eisen und Stahl gegossen werden, wobei man die Gussformen direkt aus den Abdrücken der Modelle gewinnt – daher die hohen Anforderungen.

53 Byrd flog am 29. Juni 1927, knapp sechs Wochen nach Lindberghs berühmtem Atlantikflug, in einer dreimotorigen Fokker von New York nach Frankreich.

und Maitland für ihren Pazifikflug[54] nutzten, sehr ähnlich. Genau die Maschine, die ich gekauft hatte, brach den bis dahin gültigen Flächenbelastungsrekord[55] deutlich und beinahe auch den Ausdauerrekord mit fast 50 Stunden ohne Unterbrechung in der Luft.[56]

Im nächsten Jahr hatte ich einen Stinson-Doppeldecker erworben, der zu den ersten seiner Bauart zählte. Sie erwiesen sich als die besten Doppeldecker, die zu jener Zeit für Geld zu haben waren, und sind es, denke ich, auch heute noch. Stinson entwickelte und baute später einen wunderbaren Eindecker, der über den Atlantik flog, den Ausdauerrekord brach und viele weitere Rekorde aufgestellt hat, doch im Vergleich zum wunderschönen, schlanken Paradiesvogel, den Loughead und Northrop geschaffen hatten, war er eine hässliche Ente.

Meine Idee, alleine im Herbst zu fliegen, löste sich in Luft auf. Mit der Lockheed konnte ich es mir leisten, Eielson als Piloten anzuheuern und war mir sicherer, mit seiner Hilfe die geplante Arbeit auch zu erledigen. Es stellten sich einige praktische Fragen zur Finanzierung: Wie sollte ich meine gebrauchten Maschinen zu Geld machen, das ich dann für mein neues Flugzeug verwenden konnte?

Ich verspürte nicht die geringste Neigung, abermals in Detroit um Hilfe zu bitten – und selbst wenn ich es getan hätte, wäre die Bitte wohl ausgeschlagen worden. Mit ein oder zwei Ausnahmen waren diese Leute nicht länger meine Freunde,

---

54 Den beiden Offizieren der amerikanischen Air Force Albert F. Hegenberger und Lester James Maitland war kurz zuvor, am 28. Juni 1927, in einer dreimotorigen Atlantic-Fokker C-2 der erste Nonstop-Flug von Kalifornien nach Hawaii geglückt.

55 Flächenbelastung (*wing-loading*) bezeichnet das Gewicht der Fracht dividiert durch die Fläche der Tragflächen.

56 Nach dem Verfassen des Manuskripts nutzten Charles Kingsford-Smith und Charles Ulm das Flugzeug, von dem hier die Rede ist, für ihren bemerkenswerten Flug von Kalifornien nach Australien und belegten so Captain Wilkins' Vertrauen in die Maschine.
(Fußnote der Originalausgabe)

und dies galt insbesondere, falls ich vorschlüge, nicht länger eine in Detroit gebaute Maschine zu verwenden, sondern eine von der Westküste. Die Stinson hatte ihren Wert jedoch ohne Zweifel bewiesen und ein neuer Stinson-Eindecker würde uns im kommenden Jahr gute Dienste leisten.

Nach längerem Zögern veranlasste mich die Loyalität zu meinen wenigen verbliebenen Freunden in Detroit, zumindest nachzufragen. Da ich nun beschlossen hatte, ein neues Flugzeug zu kaufen, erwog ich, einen Stinson-Eindecker zu bestellen, falls diese Anschaffung keine größeren Ausgaben als für eine Lockheed bedeutete. Auf ein Telegramm an die Fabrik der Firma Stinson erhielt ich eine Antwort, aus der ich schloss, keinerlei Rabatt erwarten zu können. Der Preis ihrer Standardmaschine entsprach dem Preis der Lockheed. Für zusätzliche Tanks und Ausrüstung wollte die Stinson Company deutlich über 1000 Dollar in Rechnung stellen und ich musste auch die zusätzlichen Kosten berücksichtigen, die für den Transport von Detroit an die Küste im Vergleich zur Verschiffung direkt von Los Angeles anfielen. Zum selben Preis, den ich für die Standardausführung einer Stinson hätte zahlen müssen, war die Lockheed Company bereit, meine Maschine mit allen notwendigen Änderungen für Arktisflüge auszustatten.

Unter diesen Bedingungen war ich der Meinung, die Loyalität zu meinen Detroiter Freunden verlangte, dass ich mich zum geringeren Preis mit der besten verfügbaren Maschine ausstatten sollte. Mit der Lockheed standen die Erfolgsaussichten ohne Frage besser, und obwohl es mir fraglich erschien, ob die Leute in Detroit dies sofort genauso sehen würden, war ich mir sicher, dass sie mir letztlich vergeben würden. Als die Zeit verging und meine Bemühungen um die Lockheed bekannt wurden, erhielt ich aus Detroit einige ziemlich empörte Briefe, doch sie erschütterten meine Entscheidung nicht.

Kapitel II

Auf neuen Flügeln

Ich kehrte nach Seattle zurück und versuchte, den Verkauf der alten Maschinen voranzutreiben. Eine Freundin von mir, Lura B. Shreck, fand eine Möglichkeit, eine der beiden Maschinen zu verkaufen: Drei Australier wollten von San Francisco nach Hawaii und von dort weiter zu den Fidschi-Inseln und nach Australien fliegen. Unsere große Maschine war das einzige verfügbare Flugzeug, das sich für ein solches Projekt eignete, und obwohl der Preis jenseits der Möglichkeiten der Australier lag, sagten sie zu, die Maschine zu kaufen. Nach vielen ermüdenden Komplikationen klappte dieser Verkauf.[57]

Nun war ich in der Lage, die Lockheed zu bestellen und eine substantielle Anzahlung zu leisten. Es würde die dritte Maschine aus ihrer Fabrik sein, die zweite war zu jener Zeit gerade im Bau und sollte zum »Ausmerzen der Fehler« und zu Demonstrationszwecken dienen. Zugleich begann das Glück sich zu wenden und uns etwas holder zu sein: Die Luftfahrtgesellschaften in Fairbanks suchten dringend Maschinen und zwei von ihnen wollten gerne die Stinson kaufen, die ich dort eingelagert hatte. Nach kurzen Verzögerungen trafen wir eine faire Vereinbarung und ich verfügte nun über annähernd ausreichende Geldmittel zur Fortsetzung der Expedition.

In meinem Besitz befand sich nun noch die zweite Fokker, deren Lagerung mich jede Woche Geld kostete, doch ich hoffte, sie später verkaufen zu können – oder selbst zu behalten, falls wir dieses Jahr erfolgreich sein würden. Ich habe nie eine bessere Maschine ihrer Größe geflogen. Sie trug uns

57 Die Käufer waren die Australier Charles Edward Kingsford Smith und Charles Ulm, siehe auch Fußnote 56.

auf unserem ersten Flug über dem arktischen Packeis, plagte sich mit gewaltigen Traglasten, die sie von dem miserablen Flugfeld von Fairbanks in die Luft hob und sicher zwischen den Gipfeln der Endicottkette hindurchtrug, kämpfte sich mit uns durch Wolken, Regen, Schnee, Eisregen, und als sie schließlich bis zum Auseinanderbrechen überstrapaziert war, hatte sie uns ihren Kollaps unbeschadet überstehen lassen. Sie zu verkaufen oder zurückzulassen hätte sich für mich wie Verrat an einem alten, bewährten und vertrauenswürdigen Freund angefühlt.

Gleich zu Beginn der Vorbereitungen für die kommende Flugsaison hatte ich beschlossen, mein eigener Buchhalter, Handwerker, Arbeiter, Mechaniker und Navigator zu sein. Ich wollte mich nicht länger mit den Sorgen befassen, einen Stab von Mechanikern, Korrespondenten und Funkern zu versorgen. Die Zeitungsleute und das Personal für die kabellose Kommunikation, die uns 1927 begleitet hatten, waren in ihren jeweiligen Aufgaben überaus kompetent und auch sehr nette und angenehme Gefährten gewesen, dennoch hatte ihre Anwesenheit uns weitaus stärker belastet, als die zusätzliche Publizität, die wir durch sie erhielten, jenen nutzen konnte, die letztlich die geplanten Arbeit erledigen mussten. Trotz des dringenden Bedarfs an finanzieller Unterstützung durch Zeitungsverlage bedeuten Korrespondenten und deren unvermeidbarer Anhang für den Verantwortlichen einer wissenschaftlichen Expedition eine zusätzliche Verantwortung und ein kaum zu rechtfertigendes Hemmnis.

Mit der Sicherheit, über ein erstklassiges Flugzeug zu verfügen – aber zugleich im Bewusstsein, dass selbst wenn es keinerlei Unfälle gab, meine Finanzmittel nur sehr knapp ausreichten – schrieb ich einen Brief an Eielson und berichtete von meinem Plan, erneut in den Norden zu kommen und zu versuchen, nach Spitzbergen zu fliegen. Wie zuvor war er meine erste Wahl für den Pilotensitz. Zu meiner Freude antwortete Eielson, falls er eine Freistellung von seinem Arbeitgeber erhielte, der Abteilung für Luftfahrt der Handelskammer, würde er gerne erneut nach Norden kommen. Natürlich hatte er die Lockheed noch nicht gesehen, aber er war bereit, meine Einschätzung der guten Qualitäten der Maschine zu akzeptieren.

Es blieb nur noch die etwas überflüssige Aufgabe, den Bau des Flugzeugs zu überwachen. Meine Anwesenheit war weder nötig, um überdurchschnittliche oder erstklassige Handwerksarbeit zu garantieren, noch um die Aufmerksamkeit für Details zu gewährleisten, aber es gab eine Menge kleiner und winziger Änderungen zum Nutzen des Piloten und des Navigators unter arktischen Bedingungen, die im Cockpit und der Kabine der Maschine eingebaut werden sollten.

Die Maschine verwendete eine typische Standardkabine und war mit einem Wright-Whirlwind-Motor Typ J-5 ausgestattet. Anstelle der üblichen Sitze[58] gab es in der Kabine zwei Treibstofftanks, zwei zusätzliche Tanks befanden sich in den Tragflächen. Auf beiden Seiten der Kabine und im Boden befanden sich zu beiden Seiten Fenster, die so angelegt waren, dass sie gute Sicht boten und genaues Messen der Geschwindigkeit über Grund und der Drift ermöglichten, ohne eine Falltür öffnen zu müssen und sich dem kalten Wind auszusetzen, wie wir dies in den vorigen Flugzeugen erlebt hatten. Konstruktionsbedingt waren die Scheiben dieser Fenster gekrümmt, aber ich erwartete, dies würde die Sicht nicht derart verzerren, dass die Messungen gefährlich verfälscht würden.

Das Flugzeug bestand aus Holz, und dies verringerte viele Schwierigkeiten der Navigation erheblich. Es wurde sorgfältig darauf geachtet, alle Metallarmaturen, die vermutlich den Kompass beeinflussten, vom Abteil des Navigators fern zu halten. Ein Fenster war so konstruiert, dass man es für Sonnenbeobachtungen öffnen konnte. Die Tür des Navigators war einer Schiffsluke nachempfunden und diente zugleich als Öffnung, die Beobachtungen ermöglichte. Durch die Lücke über den

58 Die Lockheed Vega 1 war normalerweise mit vier Sitzen für Passagiere ausgestattet und damit eines der ersten Passagierflugzeuge.

Tanks und unter den Tragflächen konnte der Navigator im Notfall ins Cockpit gelangen, aber das war ein Vorteil, der vermutlich nicht gebraucht wurde. Die Kommunikation mit dem Piloten erfolgte durch lautes Rufen oder den Austausch von Notizen am Ende einer Stange. Die Pilotenkanzel würde komplett mit dreifach verglasten Fenstern umgeben sein, die in alle Richtungen exzellente Sicht boten. Falls die Windschutzscheibe von Schnee oder Öl verdreckt werden sollte, ließ sich zu beiden Seiten ein kleines Fenster öffnen und wieder schließen. (Ich sollte anmerken, dass selbst dieses hilfreiche Arrangement noch verbessert werden muss: Zukünftige Maschinen sollten mit Doppelfenstern vor dem Piloten ausgestattet sein, die sich jeweils getrennt öffnen lassen, sodass eines dem Piloten Schutz bietet, während das andere gereinigt wird.)

Neben den üblichen Instrumenten – Tachometer, Thermometer, Manometer, Höhenmeter, Reisegeschwindigkeitsanzeige und Uhr – gab es ein zusätzliches Höhenmeter, das eine Genauigkeit von einem halben Meter erreichte, einen Wendeanzeiger, eine Bug-und-Heck-Neigungsanzeige, eine Querneigungsanzeige sowie einen schnell laufenden und einen langsam laufenden Kompass.

Unsere Erfahrungen im Vorjahr hatten gezeigt, dass die Metallkufen von Severski in einem Detail ihres Designs gefährlich schwach, aber dennoch von hoher Qualität waren. Ihre elegante Linienführung veranlasste mich, es im kommenden Jahr erneut mit ihnen zu versuchen: Ihr geringer Luftwiderstand reduzierte unsere Maximalgeschwindigkeit um drei Kilometer pro Stunde weniger als jede andere verfügbare Kufe. Als Vorsichtsmaßnahme beschlossen wir, ein Paar Hickory-Kufen mitzunehmen, die mit röhrenförmigen Metallstreben ausgestattet waren. Diese waren so konstruiert, dass die untere Hälfte auf den Metallkufen befestigt werden konnte, während die obere Hälfte für den Transport von Fairbanks nach Barrow in die Kabine passte. War der Schnee tief, konnten wir die hölzernen Kufen nutzen.

Die einzige zusätzliche Verstärkung der Maschine, die ich verlangte, betraf die Achsen, deren Dicke im Vergleich zur Standardausführung ich um eineinhalb Millimeter verbreitern ließ. Experimente mit der Demonstrationsmaschine hatten gezeigt, dass es ratsam war, die Höhe des Höhenruders und des Seitenleitwerks zu vergrößern. Diese Änderung behob den einzigen zweifelhaften Aspekt, der mir beim Anblick der ersten Maschine aufgefallen war. Abgesehen von einigen Unbequemlichkeiten beim Erreichen bestimmter Teile des Motors schien die Lockheed Vega der Perfektion nun so nahe zu kommen wie nur eben möglich.

Um im weichen Schnee Alaskas und Spitzbergens zurechtzukommen, wurde ein flacher Hecksporn von 23 mal 30 Zentimetern Fläche angefertigt, doch wir sollten später feststellen, dass ein breiterer Sporn noch besser gewesen wäre. Die zwei unteren und die zwei oberen Tanks waren mit Stopfen ausgestattet, an deren Ende Abreißfolien befestigt waren, die ihrerseits über Drähte mit der Kabine des Navigators verbunden waren. Im Notfall konnten diese Drähte gezogen und so der Treibstoff vor einer Notlandung abgelassen werden. Eine hölzerne, mit Duraluminium beschlagene Kufe wurde beschafft und so angepasst, dass sie an die Oberseite der Heckpartie des Rumpfs passte. Im Fall eines Unfalls konnten wir diesen Teil des Rumpfs vom Flugzeug absägen und als Kanu oder Schlitten verwenden.

Schließlich nahte der Moment, an dem die Maschine komplett zusammengesetzt werden sollte. Ohne um Erlaubnis zu fragen, wählte ich für den Namen der diesjährigen Expedition abermals die Worte *Detroit News*. Ich tat dies, weil sie mir am Ende der Bemühungen des Jahres 1927 großzügigerweise ihr Flugzeug geschenkt hatten und teilweise auch, weil das vor uns liegende Programm in Wahrheit die Fortsetzung der Pläne des Vorjahres war. Indem ich den Namen *Detroit News* beibehielt, hoffte ich, dem Management der *Detroit News* etwas Anerkennung für ihre freigiebige Unterstützung im Jahr 1927 zukommen zu lassen. Ich schrieb ihnen einen Brief, in dem ich sie von allen Verpflichtungen in Verbindung mit den Unternehmungen des Jahres 1928 freisprach, seien sie finanzieller oder anderer Natur.

Die *Detroit News* war so freundlich, eine Danksagung dafür zu veröffentlichen, was sie als freundliche Geste meinerseits bezeichneten. Zugleich erklärten sie, keinerlei Verantwortung im Zusammenhang mit der kommenden Expedition zu übernehmen. Auf relativ umständliche Weise deuteten sie an, dass sie gerne umfangreichere Vorbereitungen gesehen hätten, und fürchteten, ihr Name könne erneut mit einem Fehlschlag verbunden werden. Angesichts der gemachten Erfahrungen war es jedoch unwahrscheinlich, dass ich mich ohne die essentiellsten Notwendigkeiten auf den Weg machte, und alles darüber hinaus bedeutete nur zusätzliche Ausgaben, Sorgen und Probleme. Ich war mir sicher, dass wir Erfolg haben würden. *»Detroit News-Wilkins Arctic Expedition«* wurde in dunkelblauen Buchstaben auf beide Seiten des dunkel-orangefarbenen Rumpfs gepinselt.

Wegen der großzügigen Unterstützung sowohl in diesem Jahr als auch in den beiden zuvor durch die Firmen Richfield Oil und Pennzoil (beide aus Los Angeles) durften diese beiden Firmen ihre Logos auf beiden Seiten der Maschine anbringen. Lockheed, der Name des Herstellers, wurde in Buchstaben, die so groß wie möglich waren, auf die Unterseite einer der Tragflächen geschrieben, die andere war von der Zulassung und der Nummer X3903 belegt.

Stolz schafften wir die Maschine von der Fabrik zum Rogers Airport[59], wo wir sie zusammensetzten. Es stand außer Frage, wer den ersten Testflug übernehmen würde. Eddy Ballandy, ein Pilot, der für die Maddox Airline in deren großen Passagiereindeckern zwischen Los Angeles und San Diego hin- und

59 Ein kleines Flugfeld innerhalb des Stadtgebiets von Los Angeles, das in den 1930er Jahren geschlossen wurde.

herpendelte, hatte die Original-Lockheed und die Demonstrationsmaschine viele Male geflogen. Er erklärte sich freundlicherweise bereit, die Maschine für mich zu testen. Es war Montag, der 9. Januar, als Ballandy den Flieger erstmals für 20 Minuten durch die Luft kutschierte. »Sie ist ein Schätzchen«, sagte er bei der Landung. Ich war begeistert von der Art, wie die Maschine abgehoben hatte und sehr zufrieden mit ihren Flugeigenschaften.

Ich konnte nicht länger warten, um Genaueres zu erfahren, denn ich musste zum Bahnhof, wo ich Mr. Heintz von Heintz & Kaufman treffen wollte, Radioingenieure aus San Francisco. Dank des speziellen Designs des Flugzeugs und seines hölzernen Rumpfs waren wir voller Hoffnung, eine perfekte Funkanlage zu bekommen. Ein Kurzwellensender der Firma Heintz & Kaufman hatte in einem der Flugzeuge, die am Dole-Rennen teilgenommen hatten, wunderbare Dienste geleistet. Die Signale waren praktisch überall auf der Welt empfangen worden und hatten uns die traurigen Details des Schicksals von William P. Erwin und A. M. Eichwaldt übermittelt, als sie ins Trudeln gerieten, in den Pazifik und in ihren Tod stürzten.

Es war sehr schwer gewesen, die zusätzlichen 1000 Dollar für die Installation zur kabellosen Kommunikation aufzubringen. Doch ich hielt es für eine sinnvolle Investition, denn auf diese Weise konnten wir – falls die Anlage funktionierte – unsere Informationen noch während des Fluges versenden. So wäre unsere Arbeit nicht vergebens, sollten wir auf halbem Wege oder über dem Meer bei Spitzbergen abstürzen oder aus anderen Gründen den Rückweg nicht schaffen.

Mr. Heintz bot an, den Einbau der Anlage persönlich zu überwachen. Wir hatten zunächst geplant, am Generator ein per Hand zu betreibendes Hilfssystem anzuschließen und als fest eingebauten Gegenstand in der Tragfläche zu belassen, doch ich hasste die Vorstellung, das Leergewicht der Maschine zu erhöhen und entschied mich nach sorgfältigem Abwägen für die Anschaffung eines kleinen Benzinmotors, der den

Generator antreiben konnte, wenn wir nicht im Flug waren. Um die Wahrheit zu sagen, hatte ich nur wenig Vertrauen in die Verlässlichkeit der Kurzwellenübertragung und wollte vermeiden, dass die Installation auf irgendeine Weise mit den Flugeigenschaften der Maschine in Konflikt geriet.

Jedes Jahr hatten wir unter großen zusätzlichen Ausgaben und unter erheblichen Beeinträchtigungen Ausrüstung zur kabellosen Kommunikation mitgeführt und jedes Jahr hatte sie uns in kritischen Momenten völlig im Stich gelassen. Nachdem ich zugestimmt hatte, abermals eine solche Anlage mitzunehmen, scheute ich in diesem Jahr keinerlei Kosten, den effizientesten und verlässlichsten verfügbaren Apparat zu bekommen, doch ich bestand darauf, ihn so zu platzieren, dass er keinerlei Auswirkungen auf die Performance des Flugzeugs haben konnte.

Ich wollte das Gerät selbst bedienen. Solange der Apparat in Ordnung war, konnten sowohl Eielson als auch ich selbst, obwohl wir Amateure waren, mithilfe des internationalen Codes erfolgreich kommunizieren. Es gab keinen Grund, weshalb unser Funkgerät verlässlicher sein sollte als andere Ausrüstung im Flugzeug, und die Gefahr, das die Stromversorgung des Geräts ausfiel, war genauso groß wie die, dass der Motor ausfiel. Obwohl ich den kleinen Benzinmotor und auch einen kabellosen Empfänger anschaffte, war ich daher fest entschlossen, diese Dinge als erstes zu entfernen, falls wir Gewicht reduzieren mussten. Alle Ausrüstung und Ersatzteile für das Senden aus der Luft würden wir natürlich mitnehmen.

Die kabellose Anlage war eine prächtige Apparatur, leicht und exzellent eingebaut, sodass sie das Flugzeug nicht im Geringsten beeinflusste – außer, dass der Propeller, der den Generator antrieb, und die im Flug permanent ausgefahrene Antenne den Luftwiderstand vergrößerten. Nach dem ersten Testflug arbeiteten wir den ganzen Tag am Einbau der Funkanlage.

An jenem Nachmittag kam es auf dem Flugfeld zu einem Unfall, der die wunderbare Einstellung von Allan Loughead und seinen Mitarbeitern bewies, wenn es denn eines Beweises bedurfte. Ein bei der Regierung angestellter Pilot sollte mit der Demonstrationsmaschine von Lockheed einen Testflug unternehmen. Die Maschine wurde aus dem Hangar geschoben und vorgewärmt. Der Start war riskant, da die Dämmerung eingesetzt hatte und die Lichtverhältnisse trügerisch waren. In der Luft flog die Maschine gut, doch beim Landeanflug führte ein Fehlurteil des Piloten – ohne Frage eine Folge der sich verschlechternden Sichtverhältnisse – zu einem Strömungsabriss viele Meter über dem Boden. Die Lockheed setzte viel zu hart auf und neigte sich gefährlich zur Seite. Eine Seite des Fahrwerks ging zu Bruch und wurde hinterhergeschleift, doch die Maschine rollte geradlinig auf einem Rad balanciert weiter, bis sie viel Schwung verloren hatte. Erst dann kippte sie auf einen Flügel und drehte sich in einem schwindelerregenden Kreisel. Loughead, der in der Nähe stand, verschwendete keinen Gedanken an sein kaputtes Flugzeug oder an Kritik am ursprünglichen Fehler des Piloten, sondern rief: »Jungs, habt ihr gesehen, wie der Kerl sie im Gleichgewicht gehalten hat, nachdem das Fahrgestell zerbrochen war?«

Es war tatsächlich eine bemerkenswerte Rettungstat des Piloten, doch ich bin mir sicher, die meisten Männer an Lougheads Stelle hätten in der Aufregung des Augenblicks eher den Fehler des Piloten verflucht, anstatt seine Nerven und Geschicklichkeit zu loben. Aber das war die Einstellung, die nicht nur Loughead selbst, sondern auch seine Mitarbeiter während meiner gesamten Zusammenarbeit mit Lockheed zeigten. An der Maschine war kein großer Schaden entstanden. Die Bolzen des Fahrwerks, die beim Schock des abrupten Aufsetzens herausgerissen waren, wurden über Nacht ersetzt und am nächsten Morgen war die Maschine wieder startbereit.

Kapitel III

Der Sonnenschein nach dem Sturm

Am nächsten Tag kam Eielson nach Los Angeles. Ich traf ihn am Bahnhof und wir verbrachten den Tag mit der Inspektion der Maschine und der Fabrik. Wie üblich war er zurückhaltend und sagte lediglich: »Sie sieht ganz gut aus.« Am Abend sprach er mit dem Beamten, der die abgestürzte Demonstrationsmaschine geflogen hatte, und war noch weniger enthusiastisch.

Wir sprachen über die Tücken schneller Eindecker, ihre hohe Landegeschwindigkeit und so weiter und so weiter, und ich war sehr glücklich, mit der Firma Lockheed eine überaus großzügige Vereinbarung zu treffen: Eielson sollte zunächst die Demonstrationsmaschine fliegen. Wir alle kannten Eielson als hervorragenden Piloten und mit ihm an den Kontrollen hätte ich bereitwillig in jedem Flugzeugtyp mein Leben riskiert. Doch manchmal kam es zu Unfällen, und falls es mit unserer Maschine irgendeinen Zwischenfall geben sollte, könnten allein die daraus folgenden Verzögerungen verhindern, dass wir unsere Arbeit in diesem Jahr abschließen würden.

Es war eine weise Vorsichtsmaßnahme, aber wir hätten uns keine Sorgen machen müssen. Eielson startete und landete die Maschine vorsichtig. Anschließend hob er abermals ab und testete die verschiedenen Geschwindigkeiten der Lockheed, doch beim Landeanflug verfehlte er nur knapp die Hochspannungsdrähte des hohen Zauns, der den Rogers Airport umgibt. Wir konnten uns keine sinnlosen Risiken erlauben und waren froh, unsere Maschine zum etwas weiter von der Stadt entfernten Western Air Express Field verlegen zu können, wo wir auf die freundliche Einladung von Major Mosely hin sein Flugfeld und den Hangar nutzten. Die Hochspannungsleitungen verliefen in einigem Abstand parallel zur Startbahn und an einem Ende der Startbahn lag eine flache, landwirtschaftlich genutzte Fläche. Das Western Air Express Field bot uns einen schönen geräumigen Hangar für die Maschine und vor allem sehr entgegenkommende und hilfsbereite Mechaniker. Nicht, dass wir ihre technische Hilfe brauchten – ich hatte direkt bei der Übernahme der Maschine verkündet, dass nur ich allein den Motor anfassen durfte, alleinige Ausnahme war eine letzte Prüfung durch einen Experten unmittelbar bevor wir das Flugzeug zur Verschiffung nach Alaska auseinanderbauten. Aber es war sehr angenehm, neben so hilfsbereiten Menschen zu arbeiten, für die nichts zu mühsam war: Ein Ruf zum Telefon, wenn ich etwas weiter entfernt war, wurde nie ignoriert, bei Bedarf standen Spezialwerkzeuge und Ausrüstung für mich bereit und jederzeit fand sich eine helfende Hand, die Maschine in den Hangar zu rollen.

Auf unserem dritten Flug gab es einen Schock. Wir waren seit einiger Zeit in der Luft und landeten zu Übungszwecken. Ich kletterte aus der Maschine und zwei Freunde stiegen ein. Eielson hob ab und war kaum 30 Meter in der Luft, als der Motor unvermittelt ausging und Totenstille herrschte. Mein Herz schlug mir bis zum Hals, aber Eielson brachte die Maschine entschlossen in einen Gleitflug, drehte sie in den Wind, und landete quer zu den Furchen eines gepflügten Felds. Wir sprangen in unsere Automobile, rasten zum Ende des Flugfeldes und stolperten über die Furchen zur Maschine. Wir konnten nicht verstehen, warum der Motor plötzlich ausgegangen war. Genau im Moment der Landung war er plötzlich wieder angesprungen und als wir die Maschine erreichten, brummte er gleichmäßig.

Durch Vor- und Zurückfahren unserer Autos glätteten wir den Boden und schufen so eine Bahn für die Räder des Flugzeugs, anschließend schoben wir die Maschine zurück in den Hangar. Es gab nur zwei mögliche Ursachen für die Probleme: Mangel an Treibstoffversorgung oder ein defekter Schalter. Das Zündungssystem war perfekt und in den Tanks ausreichend Treibstoff, aber irgendwo im Treibstoffsystem oder der Treibstoffzufuhr musste es ein Problem geben. Am nächsten Morgen leerten wir die Tanks, testeten sorgfältig die Leitungen und fanden auch bald das Problem: Wie sich herausstellte, konnte bei fast leeren Tanks durch das Ventil der Treibstoffanzeige Luft in die Hauptversorgungsleitung geraten. Dies konnte kaum passieren, solange die unteren Tanks voll waren oder die oberen Tanks zumindest noch ein wenig Treibstoff enthielten. Aber wir mussten auch die kleinste Gefahr ausschließen. Die notwendigen Änderungen beschränkten unsere Kontrolle über die Treibstoffversorgung und zwangen uns, mehr per Hand zu pumpen, aber dafür war das System nun narrensicher.

Nach diesem Zwischenfall fuhren Eielson und ich jeden Tag in unserem alten, kurzatmigen Willys-Knight-Automobil zum Flugfeld und führten viele Testflüge durch, starteten und landeten die Maschine, überprüften die Strecke und Zeit, die die Maschine brauchte, um nach dem Aufsetzen auf dem Boden zum Stehen zu kommen.

Ich konnte beobachten, wie Eielsons Vertrauen in die Maschine stieg und stieg. Die ersten Male landete er sie gefühlvoll bei hoher Geschwindigkeit und hielt sie beim Start lange auf der Bahn, aber schon bald landete und startete er sie beinahe bei Abrissgeschwindigkeit, ließ sie in die Höhe steigen wie einen Vogel. Wie ich zuvor verliebte auch er sich in die Maschine. Sie war schnell und perfekt zu bedienen. Es bereitete Freude, in ihr zu sitzen und zu fühlen, wie sie reagierte und vorwärts sprang, wenn der Pilot Gas gab. Ich war mir sicher, dass unser Distanzflug erfolgreich sein würde und hatte das Gefühl, die Sache sei schon erledigt.

In meinem Hinterkopf breitete sich ein seltsamer Ärger aus, dass es dennoch notwendig war, nach Barrow zu reisen und den Flug auch tatsächlich durchzuführen. Es war, wie sich für ein Rennen an den Start zu begeben, nachdem der Preis bereits gewonnen war. Aber diese seltsame Stimmung hinderte mich nicht, Schritt für Schritt jedes Detail vorzubereiten.

Wir wählten den Muroc Dry Lake[60] als den am besten geeigneten Platz für eine Reihe von Beladungs- und Geschwindigkeitstests. Abermals erhielten wir großzügige Unterstützung von der Richfield Oil Company und von Pennzoil, die alle denkbaren Vorkehrungen trafen, uns zu helfen. Der Stab von Lockheed fuhr mit dem Auto, Eielson und ich flogen die Maschine die 150 Kilometer über die Berge zum See. Die Treibstofftanks der Firma Richfield und das Pennzoil standen für uns bereit. Die beiden Firmen hatten nicht nur den Treibstoff für unsere Tests bereitgestellt, sondern auch die Lebensmittel für die Männer. Wir führten Starts und Landungen durch, Geschwindigkeitsversuche und Tests mit verschiedenen Beladungen. Die Fläche des ausgetrockneten Sees war auf einer Strecke von acht Kilometern oder mehr völlig eben. Die Maschine kam mit hohen Lasten bemerkenswert gut zurecht, hob nach knapp 800 Metern vom Boden ab und erreichte bei voller Schubkraft eine Geschwindigkeit von 215 Kilometern pro Stunde. Wir kehrten mehr als zufrieden zum Western Air Express Field zurück.

Inzwischen hatte unser Motor eine Gesamtlaufzeit von fast 30 Stunden erreicht, ein Wert, für den ich mich aus verschiedenen Gründen vorab entschieden hatte. Vor allem wollten wir sicherstellen, dass der Motor in einem guten Zustand war, und es würde ihm guttun, einige Stunden bei normalen Temperaturen gelaufen zu sein, bevor wir ihn den sehr niedrigen Temperaturen aussetzten, die wir in Fairbanks erwarteten. Bevor wir für unseren langen Flug aufbrachen, wollten wir sowohl mit dem Flugverhalten des Eindeckers als auch mit den Motoreigenschaften völlig vertraut sein. Wir wollten sowohl körperlich als auch mechanisch mit all unserer Ausrüstung vertraut werden, solange noch Zeit war, Änderungen einzubauen oder den Komfort zu verbessern. Wir fanden aber nur wenig, das sich verbessern ließ.

---

60 Der Muroc Dry Lake liegt in der Mojave Wüste im Kern County, Kalifornien.

Tatsächlich gehörte nichts in diesem Jahr zu unserer Ausrüstung, das wir nicht auch schon im ersten Jahr dabei gehabt hatten. Die einzige größere Änderung war der Einbau eines gläsernen Bodens im Flugzeugrumpf. Durch ihn hindurch konnte man den Grund beobachten, über den wir flogen, anstatt hierfür an einer Öffnung sitzen und den eisigen Wind aushalten zu müssen, während man die Geschwindigkeit über Grund und die Drift bestimmte. Wir hatten sogar auf den Komfort einer Heizung für Cockpit und Kabine verzichtet, wie wir sie im Jahr zuvor gehabt hatten. Auf vorigen Flügen hatten wir festgestellt, dass wir wegen der warmen Kleidung, die wir trugen, keine zusätzlichen Wärmequellen brauchten.

Außer dem einen Mal, als der Motor wegen zu geringer Treibstoffzufuhr gestoppt hatte, war er kein einziges Mal aus dem Takt geraten. Ich kontrollierte ihn nach jedem Flug sorgfältig, prüfte die Lager und dass jede Zündkerze und jedes Gelenk gut saß, sorgte dafür, dass die Filter sauber waren und das Öl frisch. Seine hervorragenden Eigenschaften sprachen nicht nur für die Exzellenz der Firma Wright, die den Motor gebaut hatte, sondern auch für die Mechaniker von Lockheed, die ihn so gekonnt eingebaut hatten.

Nach den Belastungstests blieb nur noch eine Sache vor dem Verladen der Maschine zu erledigen. Um sicherzustellen, dass wirklich alles in Ordnung war, wollte ich einen letzten Test des Motors durch einen Experten durchführen lassen. Wir flogen also zurück zum Flughafen Rogers und ließen die Maschine dort von Jack Wiles überprüfen, dem Chefmechaniker der Maddux Airlines. Es gab fast nichts zu tun. Wir flogen zurück zum Hangar der Western Air Express, demontierten am folgenden Tag Tragflächen- und Heckverkleidung und verstauten unsere Ausrüstung im Flugzeugrumpf.

Wie zuvor die Fokker-Maschinen ließ sich auch die Lockheed sehr einfach auseinanderbauen und völlig problemlos transportieren. Unsere Ausrüstung wurde in drei Ladungen verschifft: Im Flugzeugrumpf befanden sich alle Ersatzteile – Kufen, Radio usw. Die Tragfläche war in ein leichtes Holzgestell eingespannt und das Heck der Maschine in einer Kiste verpackt. In einer schweren Kiste befand sich ein zusätzliches Fahrwerk, das wir als Vorsichtsmaßnahme mit nach Alaska nehmen wollten. Wir waren uns aber so sicher, es nicht zu benötigen, dass die Rücksendeadresse zur Firma Lockheed bereits angebracht und alle Vorkehrungen für den sofortigen Rücktransport nach unserem Abflug in Fairbanks getroffen waren.

Unsere Instrumente, einige von der Pioneer Instrument Company, andere von der Consolidated Instrument Company, waren sicher im Rumpf verstaut. Die Lockheed ermöglicht überraschend einfache Lösungen, tendiert zu Effizienz und minimalen Kosten. Der Transport nach Alaska ist teuer, aber ich denke, 1928 hatten wir zusätzlich zum Gewicht des Flugzeugs selbst nicht mehr als 150 Kilogramm zu transportieren.

Wir hatten das Glück gehabt, all unsere Tests in Los Angeles und am Muroc-See bei gutem Wetter durchführen zu können, und in der warmen Sonne Kaliforniens hatte die Maschine wundervoll funktioniert. Bei diesen Tests hatten wir eine Standard-Motorhaube verwendet, für die Benutzung in der Arktis jedoch eine zusätzliche Haube angeschafft, die den Motor praktisch komplett einschloss. Ein Test in Kalifornien hatte gezeigt, dass die Verwendung dieser Motorhaube die Motortemperatur um über 20 Grad erhöhte. Wir gingen davon aus, dass dies reichte, um die zu erwartende Temperaturdifferenz zwischen Alaska und Kalifornien auszugleichen.

Das Problem, den Motor auch in abgeschaltetem Zustand kontinuierlich warm zu halten, stellte uns vor große Herausforderungen. Ich wollte die Motortemperatur gerne kontinuierlich über den Gefrierpunkt halten, aber nirgendwo in Amerika ließ sich eine Wärmelampe oder ein Heizstrahler beschaffen, der für diese Aufgabe geeignet gewesen wäre. Um unseren Bedürfnissen zu genügen, sollte die Lampe Benzin verbrennen, ohne Flamme brennen und auch unter windigen Bedingungen effektiv und so zuverlässig sein, dass konstante Beobachtung unnötig wäre.

Mit etwas Voraussicht hätte ich natürlich in London eine katalytische Lampe bestellen können, wie wir sie im Krieg in der Luftwaffe verwendet hatten. Ich wusste aber nicht, wo man sie bestellen konnte, und verschob die Nachforschungen hierzu immer wieder, bis es schließlich zu spät war. Eine Lampe, die ihr Öl unter Druck verbrennt, kann man nicht gefahrlos über längere Zeit im Wind stehen lassen, Lampen mit Docht andererseits neigen zu Rauchentwicklung und verrußen den Motor. Nach viel Ärger und großen Mühen mussten wir abermals mit den alten Sturmlampen Vorlieb nehmen, die wir jedes Jahr genutzt hatten.

Die Methode, wie wir den Motor unmittelbar vor dem Start vorwärmten, war einfach: Wir platzierten ein Aluminiumblech unter der Motorhaube und stellten darauf eine oder bei Bedarf zwei mit blauer Flamme brennende Ölöfen. Es dauerte zwischen einer Dreiviertelstunde und einer Stunde, dann war der Motor startbereit. Das Design der Lockheed ermöglichte eine enge Abdeckung des Motors. Dass sich das Abgasrohr unter der Motorhaube befand und ein sehr kurzes Ende hatte, ermöglichte uns, eine eng anliegende Kapuze zu nähen, die Motor und Motorhaube zusammen mit den Öfen zum Vorheizen komplett bedeckte. Als innere Abdeckung verwendeten wir ein leichtes Laken, als äußere Abdeckung ein wasserfestes Segeltuch. Der Grund für zwei Lagen war, dass ein leichtes Tuch allein bei starkem Wind möglicherweise nicht reichte, doch verwendeten wir andererseits nur das schwere, wasserdichte und winddichte Segeltuch, würde sich auf dessen Innenseite beim Aufwärmen zunächst schwerer Raureif bilden, der später schmelzen und über den Motor rinnen oder vom Segeltuch aufgenommen würde, welches dann beim Transport im Flugzeug deutlich schwerer wäre. Bei Verwendung der doppelten Abdeckung, eine aus Segeltuch und eine aus Ballontuch, bildete sich kein nennenswerter Raureif.

Um all diese Details kümmerten sich die Mitarbeiter der Firma Lockheed mit großer Sorgfalt. Ich musste nur einen Wunsch nach irgendeiner winzigen Änderung äußern, und schon war die Sache erledigt. Irgendwann fiel mir nichts mehr ein, was wir vielleicht brauchen könnten, und es war an der Zeit, nach Norden aufzubrechen.

An Bord der *Emma Alexander* von der Pacific Steamship Company wurde die Maschine zunächst nach Seattle befördert, wo sie auf das Schiff der Alaska Steamship Company umgeladen und nach Seward verschifft wurde. Die *Emma Alexander* verließ den Kai von San Pedro am Sonntag, den 5. Februar. Um Verzögerungen zu vermeiden, wollte ich die Maschine bereits Freitagabend am Hafen haben, aber als der Freitag kam, waren wir noch nicht ganz fertig.

Am Samstagmorgen gab es den seit langem erwarteten Wolkenbruch und um sieben Uhr morgens waren die Straßen von Los Angeles Flüsse. Als ich zum Flugfeld fuhr, sah ich hunderte Autos, die abgewürgt am Rinnstein und auf den Straßen bis zu den Trittbrettern und darüber im Wasser standen. Glücklicherweise hielt meine alte Reliquie solange durch, bis ich das Flugfeld beinahe erreicht hatte und sie in einer tiefen, schnell fließenden Rinne ebenfalls abwürgte. Ich brauchte nicht lange, um die Kontakte zu trocknen und erreichte ohne große Verspätung das Feld, wo die Lastwagen bereits auf mich warteten. Wegen des Regens und der überfluteten Straßen sah es nicht danach aus, als könnten wir die Maschine vor dem nächsten Morgen die 50 Kilometer nach San Pedro transportieren.

Glücklicherweise gab es im Schutz des Hangars ausreichend Platz, um die Tragfläche auf einen Lastwagen zu laden und den Rumpf einfach anzuhängen. Wir suchten nach Segeltuch und es gelang uns, die Ausrüstung recht gut abzudecken. All das dauerte bis gegen zwölf Uhr mittags und noch immer regnete es in Strömen. Es sah nicht so aus, als sollte der Regen bald nachlassen und wir waren alle niedergeschlagen und sehr enttäuscht. Das Glück war uns so lange hold gewesen, dass wir gehofft hatten, das Flugzeug verladen und gut abdecken zu können, bevor der Regen einsetzte. Aber nun sah es so aus, als würde alles durchweicht sein, bevor wir es an Bord bringen konnten. Da dies nun einmal nicht zu ändern war, kam die Idee auf, vor dem Aufbruch noch etwas zu Mittag zu essen, und wir suchten ein naheliegendes Wirtshaus auf, wo wir Hot-Dogs, Hamburger und Kaffee bestellten. Während wir aßen, hörte der Regen wie durch ein Wunder auf und als wir zum Hangar zurückkehrten, strahlte die Sonne vom Himmel. Wir fuhren die Laster aus dem Hangar und über Straßen, in denen uns das Wasser auf über der Hälfte der Strecke bis zu den Achsen stand, aber kaum ein Tropfen erreichte unsere Ausrüstung.

Ich fragte mich, ob dies ein gutes Omen war: Der Sonnenschein nach dem Sturm. Sollte das ganze vor uns liegende Jahr zu diesem Motto passen? Mochten noch so schwere Situationen vor uns liegen – ich war mir sicher, sie überwinden zu können.

Die Maschine wurde im Schuppen am Ende des Kais abgestellt und alles war bereit zum Verladen am nächsten Morgen. Eielson war bereits Freitagabend nach Seattle aufgebrochen. Er traf sich dort mit seinem Vater und seiner Schwester und verbrachte einige Tage mit ihnen.

Am nächsten Morgen kamen Allan Loughead und Mr. Jay, der Buchhalter der Firma, zusammen mit Ray Shreck und mir zum Kai, um das Verladen der Maschine zu beobachten. Als wir ankamen, wurde sie gerade an Bord gehoben, und bald darauf war sie sicher verzurrt und mit Planen abgedeckt. Wir beobachteten, wie sich das Schiff langsam vom Kai löste und mit ihm das Objekt, das jedem von uns so viel bedeutete. Beim Ablegen verspürte ich nagende Eifersucht: Praktisch jeden Tag der vergangenen sechs Wochen hatte ich die Maschine behütet. Nicht, dass es irgendetwas gegeben hätte, vor dem sie hätte behütet werden müssen, denn sie befand sich in guten Händen, aber ich mochte das Gefühl nicht, sie auch nur einen Moment nicht unter meiner Kontrolle zu haben. Ich wäre gerne mit an Bord des Schiffes gegangen, musste jedoch auf schnellerem Weg nach San Francisco, um dort einige geschäftliche Dinge abzuschließen.

Es tat mir sehr leid, meine überaus gastlichen und netten Freunde verlassen zu müssen: den Stab von Lockheed; die Männer in der Fabrik; den Präsidenten von Lockheed, Mr.

Die gesamte Mannschaft vor der Lockheed Vega

Keeler; seinen Assistenten Mr. Boggs; Dr. Ford Carpenter; Ray Shreck; Norman Day von der Firma Pennzoil; Mr. Garrison und Mr. Fuller von der Firma Richfield Oil; Lura Shreck, die beim Verkauf unserer Fokker-Maschine entscheidend gewesen war und uns auch bei vielen anderen Dingen sehr geholfen hatte; Mr. C. K. Crane, dessen Vater schon Peary[61] geholfen hatte; und viele andere Leute, die uns während unseres Aufenthalts in Kalifornien unglaublich zuvorkommend behandelt hatten. Sie alle trugen das Ihre zu unserer Unterstützung bei und vertrauten – wie auch wir selbst – auf unseren Erfolg.

---

61 Robert Edwin Peary behauptete, am 6. April 1909 als erster Mensch den Nordpol erreicht zu haben. Seine Angaben enthielten jedoch viele Widersprüche, sodass sein Anspruch bis heute umstritten ist.

KAPITEL IV

Zurück unter alten Freunden

Am Abend des Tages, an dem wir das Flugzeug eingeschifft hatten, nahm ich den Zug nach San Francisco. Als ihr Dampfer dort im Hafen lag, kontrollierte ich die Maschine und reiste anschließend nach Seattle weiter, wo ich die Lagerung der Fokker organisierte, die sich noch immer in meinem Besitz befand, und das Umladen unserer Maschine auf den Alaska-Dampfer. Als dies erledigt war, verbrachte ich einen sehr angenehmen Abend als Gast von Mr. Thomas Stimson in seinem wunderschönen Haus. Mr. Stimson, selbst Inhaber einer Pilotenlizenz und einer eigenen Maschine, ist ein beharrlicher Unterstützer der Weiterentwicklung der Luftfahrt. Als besondere Geste hatte er gut 30 der wichtigsten Einwohner Seattles eingeladen, mit uns zu speisen und uns viel Erfolg und eine gute Reise zu wünschen. Es überrascht vermutlich wenig, dass die meisten von uns, die wir das Privileg genießen, ungewöhnliche Dinge zu tun, aber darunter leiden, Objekt öffentlicher Unterhaltung zu sein, in solchen Gesten recht schnell den Unterschied zwischen ernsthaftem Interesse und bloßer Höflichkeit herausfühlen und unterscheiden. An jenem Abend in Seattle – dem letzten Stopp vor unserem Aufbruch in die amerikanische Arktis – spürten wir, dass die Worte von Mr. Stimson und seinen Freunden in tiefer Aufrichtigkeit gesprochen wurden und waren von ihnen tief bewegt und ermutigt.

Auf der Überfahrt von Seattle nach Seward in Alaska hatte ich viel zu tun. In Kalifornien hatten Maschine und Motor einen Großteil meiner Zeit in Anspruch genommen, doch wenn alles reibungslos laufen sollte, gab es noch anderes, das Aufmerksamkeit verlangte. Verbringt man Tag für Tag und Jahr für Jahr als Navigator, wird man mit den Abläufen so vertraut,

Die Lockheed Vega wird in Alaska ausgeladen.

dass sie bald automatisch und simpel sind. Ist man jedoch für eine ganze Expedition verantwortlich, muss man sich um viele verschiedene Dinge kümmern, selbst in Bereichen, in denen man in Wahrheit Amateur ist. Unter diesen Bedingungen ist schnell ein wichtiges mathematisches Prinzip vergessen oder die Fertigkeit bei einer bestimmten Operation vorübergehend verloren. Zumindest habe ich festgestellt, dass dies so ist. Seit Jahren war ich nun mehr oder weniger Mädchen für alles: Ingenieur, Mechaniker, Arbeiter, Tischler, Naturkundler, Photograph, Flieger, Navigator, Organisator, Dozent, Geschäftsmann und so weiter. Ich denke, ich kann behaupten, dass sich meine Fähigkeiten als Mechaniker dank meiner jüngsten Erfahrungen in der Versorgung von Motor und Flugzeug erheblich verbessert haben. Meine Kenntnisse über Flugtechnik, die Instrumente und das Fliegen waren dank der Übung frisch geblieben, doch ich musste mit dem Telegraphenschlüssel vertraut werden, dem internationalen Morsecode, meinem Sextanten und den astronomischen Tabellen. Außerdem musste ich mein Verständnis meteorologischer Prinzipien auffrischen, die die Gesetzmäßigkeiten von Stürmen und sonstigen Luftbewegungen betrafen. Es gab nur wenig Zeit für Geschwätz.

Wir trafen zur vorgesehenen Zeit in Seward ein, dort jedoch erreichte uns prompt die Nachricht, die Weiterreise verzögere sich erheblich. Das Wetter in Seward war für die Jahreszeit ungewöhnlich warm, ein großer Teil des Schnees auf den Straßen war geschmolzen und die Gossen standen allesamt unter Wasser. Es war kaum überraschend, dass in den Bergen der in diesem Jahr außerordentlich tiefe Schnee ins Rutschen gekommen war und die Gleise der Eisenbahn unter sich begraben hatte. Die Mitarbeiter der staatlichen Alaska Railroad arbeiteten hart, doch als wir schließlich in Fairbanks eintrafen, hatten wir eine Woche Verspätung.

Wir erreichten Fairbanks am Abend des 26. Februar, einem Sonntag. Unser Flugzeug traf am nächsten Tag mit dem Güterzug ein. Einige unser alten Freunde nahmen uns in Empfang, waren aber nicht besonders enthusiastisch. Die Art, wie sie verkündeten, »Wir wissen, dass ihr es dieses Jahr schaffen werdet«, ließ durchblicken, dass es sonst nichts zu sagen gab – doch in Wahrheit hielten sie, wie auch andere, unsere Ausrüstung für zu knapp.

Natürlich gab es die sprichwörtlichen Ausnahmen: Joe Smith – Gewehrhändler Joe Smith aus den alten Alaska-Zeiten – ein enger Freund, glaubte noch immer an unseren finalen Erfolg. Er hatte viele Jahre in Alaska gearbeitet und kannte die Launen und Eigenarten des echten Nordens, jenseits des 63. Breitengrads. Dr. de la Vergne, der Bürgermeister, war „draußen« auf einer kurzen Urlaubsreise. Mr. Hutchinson, der Bankier, war nett und höflich wie immer. Der alte Bob Lavery, Geschäftsführer der Fairbanks Airplane Corporation, begrüßte uns mit jenem Pseudo-Zynismus, hinter dem er seine in Wahrheit sehr mitfühlende Natur stets gekonnt verbarg. In geschäftlichen Dingen seiner Firma war er so scharf wie eben nur vorstellbar. Als wir im ersten Jahr bei unserem Eintreffen im Zentrum öffentlicher Aufmerksamkeit standen und über jede Menge Geld verfügten, hatte er uns ein Flugfeld und einen Hangar gratis überlassen. Im vergangenen Jahr, als wir mit vier Maschinen und genauso lange in Fairbanks gewesen waren, aber keine zusätzliche Arbeit verursacht hatten, hatte er es für nötig gehalten, für die geleisteten Dienste entschädigt zu werden. Dieses Mal allerdings waren wir von meinen privaten finanziellen Mitteln abhängig, ich konnte mir am allerwenigsten zusätzliche Ausgaben leisten, wir hatten nur eine Maschine und wir würden nur drei Wochen und nicht drei Monate bleiben, doch er verlangte den dreifachen Preis vom Vorjahr. So läuft das! Wer schon vieles hat, dem wird noch mehr gegeben, doch wer wenig hat, der wird bezahlen.

Bei unserer Ankunft in Fairbanks war das Wetter noch immer warm. Das Wasser rann von den Dächern der Häuser, auf den Straßen stand der Schneematsch knöcheltief, was für außerordentliche Bedingungen sorgte. Noch ein Jahr zuvor hatten wir unsere Maschinen bei Temperaturen von minus 44 bis minus 45 Grad zusammensetzen müssen.

Wegen der schlichten Organisation der diesjährigen Unternehmung mussten wir nur zwei Männer einstellen, um uns beim Zusammenbau der Maschine in Fairbanks zu helfen, und nach nicht einmal drei Tagen war die Arbeit erledigt. Wir schulden wahrhaftig vielen Männern aus Fairbanks großen Dank, und in diesem Jahr besonders den Männern der Arctic Prospecting Company, die zur gleichen Zeit wie wir im Hangar ein Flugzeug zusammensetzten. Viele willige Hände halfen bei vielen Gelegenheiten, schwere Dinge zu heben und die Maschine in den Hangar hinein- und wieder herauszuschieben. Wir sind voller Dankbarkeit für all diese freiwillige Hilfe.

Innerhalb weniger Tage kühlte es erheblich ab und unsere Testflüge fanden bei Temperaturen von minus 30 bis minus 35 Grad statt. Diese zeigten, dass wir noch einige Anpassungen am Motor vornehmen mussten. Trotz der den Motor komplett einschließenden Haube, dem unter der Motorhaube liegenden

Abgasrohr und der mit Asbest isolierten Ölzufuhr kühlte der Motor zu sehr aus und die Öltemperatur blieb über 30 Grad niedriger, als sie sein durfte. Wir mussten die Motorhaube an vielen kleinen Details ergänzen, und das war eine heikle Angelegenheit. Jedes noch so kleine Loch in der Haube wurde so gut wie möglich geschlossen. Ich umwickelte den Vergaser mit Asbest und isolierte alle ausgesetzten Zuleitungen. Das Abgasrohr, das zur Heizung führte und so installiert war, dass es die Luft erhitzen sollte, bevor sie in den Vergaser gelangte, wurde ebenfalls isoliert und das Umwickeln dieser Röhrchen nach dem Zusammenbau des Motors war eine Arbeit, die zu Hautabschürfungen an den Fingerknöcheln führte.

Wir versuchten es erneut und die Temperatur des Öls stieg um gut 20 Grad, war bei geringer Traglast aber noch immer zu niedrig. Bei zu niedrigen Temperaturen fing die Maschine an zu stottern. Bei über 1650 Umdrehungen funktionierte sie perfekt. Erfahrungen aus den Vorjahren hatten gezeigt, dass es bei kaltem Wetter ratsam war, die Einspritzdüsen für die Ölzufuhr zu vergrößern, doch um den Treibstoffverbrauch so weit wie möglich zu reduzieren, wollte ich die Düsen in diesem Jahr klein halten.

Die Kurven, die wir nach den Testflügen für Drehzahl, Geschwindigkeit und Treibstoffverbrauch zeichneten, zeigten, dass für die optimale Geschwindigkeit auf unserem geplanten Flug der Motor mit einer Drehzahl zwischen 1600 und 1750 laufen sollte. Solange der Motor also bei 1600 Umdrehungen gleichmäßig brummte, wollte ich keine weiteren Änderungen vornehmen. Um für den Fall vorbereitet zu sein, dass wir sie später brauchten, schaffte ich vorsichtshalber jedoch größere Düsen an.

Bei unserer Ankunft in Fairbanks hatten wir festgestellt, dass ein Großteil der Ausrüstung fehlte, die wir im Vorjahr dort eingelagert hatten. Einiges davon tauchte nach unserer Rückkehr auf mysteriöse Weise wieder auf, anderes wurde nie gefunden. Zu den dauerhaft verschwundenen Gegenständen gehörte auch ein spezieller Vierfachflaschenzug, der 1926 extra für uns in New York angefertigt worden war. Er sollte zum Einsatz kommen, falls wir nach einer Notlandung auf dem Packeis unsere schwer beladene Maschine bewegen mussten. Es war gut möglich, dass wir den Flaschenzug in diesem Jahr dringend brauchen würden, und so sollte es auch kommen – wann und wo wir ihn brauchten, werde ich später berichten.

Wir konnten diesen speziellen Flaschenzug in Fairbanks jedoch nicht ersetzen und für eine Nachbestellung aus New York fehlte uns die Zeit, folglich mussten wir ohne ihn auskommen. Insgesamt war es in den ersten beiden Jahren in Fairbanks zu einer Menge kleinerer Diebstähle von Werkzeugen und Ersatzteilen gekommen, in diesem Jahr jedoch stand alles unter meiner direkten Aufsicht und war mit Schlössern gesichert, sodass nichts verloren ging.

Ich hatte geplant, Fairbanks irgendwann zwischen Mitte März und dem 1. April zu verlassen. Den Wetteraufzeichnungen Alaskas und meinen eigenen Erfahrungen nach gab es irgendwann zwischen Mitte März und der ersten Aprilwoche bei Point Barrow eine Schlechtwetterphase. Wie berichtet hatten wir im Vorjahr versucht, diese Stürme zu unserem Vorteil zu nutzen. In diesem Jahr wies unser Kurs in eine andere Richtung, und ich hoffte, das gute Wetter zu nutzen, das den stürmischen Tagen gewöhnlich folgt. Ich hoffte, dass es erst nach dem 5. April zu dieser Phase ruhigen Wetters kommen würde, denn erst ab diesem Datum würde die Sonne während unseres gesamten Fluges über dem Horizont stehen.

Aus diesen Gründen hatte ich, als schließlich alles vorbereitet war, keine große Eile, Fairbanks zu verlassen, und war bereit, mit dem Aufbruch bis nach der Tombola zu warten, die für den Bau einer Außenstelle der American Legion[62] veranstaltet wurde. Der verantwortliche Offizier hatte gefragt, ob ich

62 Die American Legion ist eine 1919 gegründete Veteranenorganisation der US-Streitkräfte.

Eielson die Erlaubnis erteilte, die Flagge der American Legion zu tragen, was ich sehr gerne ermöglichte.

Es gab einen sehr realen Grund, weshalb ich Barrow gerne einige Tage vor dem eigentlichen Flug erreichen wollte. Eielson hat in Alaska den Status eines Volkshelden und daher in Fairbanks wie auch überall sonst viele Freunde. Wie ich wusste, waren viele von ihnen der Meinung, das kommende Unternehmen würde seinen Tod bedeuten. Sie bewunderten seinen Schneid und waren entschlossen, ihm bis zu seinem Aufbruch eine gute Zeit zu bereiten. Die Anzahl seiner sozialen Verpflichtungen ließ ihm folglich keine ruhige Minute. Ich selbst konnte mich unter dem Vorwand organisatorischer Verpflichtungen manchen Einladungen entziehen, er jedoch hatte keinerlei Entschuldigungen und wurde Tag und Nacht auf Trab gehalten. Es war ratsam, ihm vor unserem langen Flug in Barrow ein oder zwei Wochen Ruhe zu gönnen.

Am Morgen des 19. März war alles bereit und in unserem Sinne. Jedes kleine Detail für einen erfolgreichen Start war vorbereitet. Frühmorgens trieben wir einen Fuhrmann aus dem Bett und spannten in der kalten, klaren Luft die Pferde vor eine schwere Holzfläche, die sie immer wieder über das Flugfeld schleppten. Die Kosten stiegen immer weiter, aber wir waren an anderen Stellen sparsam gewesen und konnten es uns leisten, der Maschine bestmögliche Startbedingungen zu schaffen.

Fast 500 Liter Treibstoff wurden in unsere Tanks gefüllt und annähernd 40 Liter Öl. Zusammen mit unseren Ersatzteilen, Werkzeugen und Lebensmitteln für eine dreißigtägige Wanderung durch Tundra und Berge im Fall einer Bruchlandung auf dem Weg nach Barrow trugen wir eine recht ordentliche Last. Auch auf jenem Flug für den Fall einer Notlandung gut vorbereitet zu sein war fast ebenso wichtig wie bei einem Flug über das Packeis: Eine Siedlung zu erreichen wäre fast genauso schwierig wie vom Packeis aus. Trotz unserer schweren Fracht stand uns für den Start nur eine rund 450 Meter lange Startbahn zur Verfügung.

Die Luft war kalt, minus 31 Grad. Konnten wir das schaffen? Einige unserer Freunde versammelten sich am Ende der Startbahn, viele andere säumten das Feld. Eielson gab Vollgas und die Männer umschwärmten das Heck der Maschine. Wir nahmen schnell Geschwindigkeit auf und rasten über die geglättete Fläche. Vom ersten Moment an war offensichtlich, dass uns der Start gelingen würde und am Ende der Startbahn lösten wir uns so problemlos vom Schnee, als handele es sich um einen zementierten Weg. Ohne weitere Umstände schlugen wir unseren Kurs Richtung Barrow ein.

Auf jenem Flug gab es für mich nicht viel zu tun, außer meine Instrumente zu testen und mich mit dem Funkgerät zu vergnügen. Eielson kannte den Kurs auswendig und das Wetter war klar. Über Livengood war der Horizont klar zu erkennen und den Yukon überflogen wir mit einer Geschwindigkeit von 185 Kilometern pro Stunde. Die Maschine war lebhaft und drängte vorwärts, als ob sie darauf gierte, die arktische See zu begrüßen. Höher und höher stiegen wir hinauf, bis auf 3300 Meter. Unser Gefühl von Sicherheit stand in scharfem Kontrast zu unseren Erfahrungen in den anderen Jahren, in denen wir uns mühsam vorwärtsgeackert hatten, schwitzend und angespannt wie bei einer Prüfung.

Aus gut 300 Metern Höhe über den Bergen blickten wir hinab auf Gipfel, zwischen denen hindurch wir in den Vorjahren mühsam unseren Weg gesucht hatten, und denen wir 1926 und 1927 so oft nur um Haaresbreite ausgewichen waren. Eielson drehte mit seiner üblichen Umsicht auf ein Flusstal ein, das zur Not einen sicheren Streifen zum Landen bot. Als ich merkte, dass er von der direkten Kompassroute abwich, vergaß ich für einen Moment meine übliche Vorsicht, lehnte mich über die Tanks und bat ihn, auf dem direkten Kurs nach Barrow zu bleiben.

Nach dem Überqueren der Endicottkette flogen wir über eine niedrige Wolkenbank und gerieten dann in einen ziemlich kräftigen Nordostwind. Ohne Frage war es dieser kalte Wind, der die Luft so stark aufgeklart hatte und uns einen ruhigen Flug nach Barrow ermöglichte. Mit gedrosselten Maschinen näherten wir uns im Sinkflug der Küste. Dieser Flug über das arktische Vorland der Endicott-Berge war eine der wenigen Gelegenheiten, bei denen wir jedes Detail der unter uns liegenden schneebedeckten Tundra erkennen konnten, auch wenn solche Details auf dem über 300 Kilometer breiten Streifen zwischen der Küste und den Bergen sehr selten waren.

Hier und da sahen wir Fährten von Karibus und gelegentlich eine kleine Herde der Tiere selbst. Mein Blick war nordwärts gerichtet über das ferne arktische Eis. Ich fragte mich, was es diesmal für uns bereithalten mochte, und träumte viele Träume. Eielson, der seinen Blick links und rechts an den Bergen entlanggleiten ließ, die sich zur Beringsee hin erstreckten, entdeckte eine Herde von vielen hundert, vielleicht tausenden von Karibus. Ihre Zahl ließ sich weder aus der Luft noch vom Boden schätzen. Wir überflogen den Colville River, folgten eine Weile dem Ikpikpuk und wandten uns dann nach Barrow.

Bevor wir dort ankamen, frischte der Wind erheblich auf und begann, den Schnee vom Boden aufzuwirbeln. Die Sichtbedingungen trübten ein. Wir drehten etwas nach Westen und erreichten die Küste etwas südlich von Barrow. Einige Minuten später waren wir über dem Dorf. Aus allen Richtungen kamen die Eskimos angerannt, wir drehten eine Schleife und landeten, wobei der Motor sehr stark stotterte, als wir an Höhe verloren und ihn drosselten. Als wir den Schnee berührten, setzte er ganz aus, doch als ich ausstieg und den Propeller einmal ankurbelte, sprang er sofort wieder an. Es war extrem kalt in Barrow. Am Morgen unserer Ankunft hatte das Thermometer minus 44 Grad angezeigt.

Wir rollten zu unserem alten Platz nahe der Handelsniederlassung und wurden von unseren Freunden empfangen. Charlie Brower, Fred Hopson und Harry Riley waren vor Ort. Brower war im Sommer zuvor nach Barrow zurückgekehrt und Rileys Frau hatte sich ihm angeschlossen. Es gab auch drei neue

Gesichter: Da waren der neue Lehrer, Mr. Vincent, sowie seine Frau, und im Krankenhaus, wo noch immer Dr. Newhall und seine Frau arbeiteten, trug eine neue Krankenschwester die Verantwortung. Unsere Eskimo-Freunde umdrängten uns mit lächelnden Gesichtern, voller Begrüßungsfreude und Neugier auf jede neue Sache, die wir mitgebracht hatten. Sie rangelten untereinander um das Privileg, unsere Ausrüstung zum Lagerhaus der Station tragen zu dürfen.

Kapitel V

Wachsames Warten

Es war gut, wieder da zu sein. Barrow war zu unserem zweiten Zuhause geworden – unser Frühlingsquartier in den vergangenen drei Jahren. Die wichtigste Neuigkeit war, dass eines Morgens kurz nach Neujahr das Schulgebäude abgebrannt war. Der Schulleiter und seine Frau waren im Nachthemd, oder was immer sonst sie am Leib trugen, den Flammen entkommen, ansonsten war wenig zu retten gewesen. Sie priesen die Großzügigkeit ihrer Nachbarn, von denen sie mit allen Notwendigkeiten versorgt wurden. Das Haus, das meine Männer im Jahr 1926 bewohnt hatten, war nun die Schule, das Lehrpersonal lebte in der Nähe in einem flachen Holzhaus. Charlie Brower war wie immer herzlich und hilfsbereit. Fred Hopson war noch immer fröhlich und lebhaft, aber über die Zigarren, die wir als Geschenk mitgebracht hatten, nicht ganz so begeistert wie im Vorjahr: »Habe jede Menge Zigarren, Käpt'n«, sagte er, »hab' hier und da welche bekommen und im Laden stehen auch noch einige Kisten.« Ich weiß aber nicht, womit sonst wir Fred Hopson hätten eine Freude machen können. Unsere jährlichen Besuche bedeuteten für ihn eine Menge zusätzlicher Mühen und unbezahlter Arbeit, aber es störte ihn nicht und in kürzester Zeit reichte er uns Becher mit heißem Kaffee.

Die Einwohner von Barrow liebten unser Flugzeug. »Es sieht wie das Maß der Dinge aus«, sagten sie. Flugzeuge waren aber nun ein alter Hut und für die Eskimos keine Neuigkeit mehr – unsere Ankunft wurde als gewöhnliches Ereignis wahrgenommen, das möglicherweise einige Geschäfte ermöglichte.

Die Maschine rückte ins Zentrum der Kinderspiele: Immer wieder rannten sie um das Flugzeug herum, spielten Fangen, krochen unter dem Heck hindurch und zwischen das Fahrwerk.

Eines Tages saßen wir gerade in der Handelsstation, als uns eine Geschichte aufschreckte: »Dieser verrückte Eskimojunge hat mit einem Gewehr ein Loch in die Tragfläche eures Flugzeugs geschossen«, hieß es. Wir stürzten hinaus, um den Schaden in Augenschein zu nehmen und waren außerordentlich erleichtert, als sich der »verrückte« Eskimo als ein acht- oder neunjähriger Junge entpuppte, der sich damit vergnügt hatte, mit einer kleinen Schleuder und einigen Kügelchen auf die Tragflächen zu zielen. Die Geschosse hatten kaum Spuren im Holz hinterlassen, doch als wir sie untersuchten, stellte ich mir vor, welch tolle Geschichte das hätte ergeben können: *Eskimo verwechselt Flugzeug mit bösem Geist; zwingt Wilkins und Eielson mit einem Schuss aus seiner Flinte zu Boden.* – Was für ein grandioser Aufmacher für die Sensationspresse!

Wir nahmen das freundliche Angebot der Presbyterianermission an, mit ihrem Delco-Motor unseren Kurzwellensender zu betreiben, den wir hierfür im Kellergeschoss des Krankenhauses aufstellten. Wir konnten Funkverbindung mit dem Army Signal Corps in Seward herstellen. Das Army Signal Corps war jedes Jahr sehr entgegenkommend und hilfreich gewesen. Zunächst 1926 Sergeant Messer und 1927/28 dann Sergeant Reeser hatten in Fairbanks keine Mühen gescheut, uns zu unterstützen und sich erheblich für uns abgeplagt. In diesem Jahr gab mir ein Mechaniker namens George Maki außerordentlich wertvolle Ratschläge. In Fairbanks hatten wir dank der Anstrengungen von Fred Roebuck in der Kurzwellenstation 6-ARD in mehr oder weniger regelmäßigem Kontakt mit San Francisco gestanden.

Nachdem wir mit unseren Freunden gesprochen und ihnen berichtete hatten, dass wir sicher in Barrow angekommen waren, mochte ich das Funkgerät nicht zu ausgiebig nutzen, um es für den Arktisflug zu schonen.

Drei Wochen lang stand unser Flugzeug untätig auf der Lagune von Barrow. Eielson las und aß und schlief und rastete so viel er wollte – und weiter bis zum Überdruss. Ich hingegen war rund um die Uhr beschäftigt. Es gab viel zu erledigen: Zunächst musste unsere Arktiskleidung sorgfältig untersucht und repariert werden. Eielson brauchte ebenso wie ich ein neues Fellhemd. Mrs. Brower, eine besonders genaue und geschickte Schneiderin, übernahm die Aufgabe, diese für uns zu nähen, aber zuvor mussten andere Frauen das Hirschleder abschaben. Schneehemden und Schneehosen – die über unserer Fellkleidung getragen wurden – mussten aus Pongee-Seide genäht werden, die ich mitgebracht hatte. Für die äußere Bekleidung in der Arktis eignet sich meiner Meinung nach Pongee oder ein anderer qualitativ hochwertiger Stoff aus reißfester Seide am besten. An Seide bleibt Schnee nicht haften wie etwa an Baumwolle und Seide absorbiert Feuchtigkeit nicht so leicht, wie Baumwolle dies tut. Seide bietet einen eingeschränkten Windschutz, ist jedoch zugleich so atmungsaktiv, dass sich der Reif auf der Außenseite und nicht der Innenseite bildet, wie dies bei allen gummierten oder winddichten Materialien der Fall ist. Seide lässt sich gut tragen, ist stabil und die zusätzlichen Anschaffungskosten mehr als wert.

Unsere Robbenfellstiefel – zwei Paare mit dem Fell nach innen für kaltes Wetter und zwei hohe wasserfeste Paare – wurden von den jüngeren Frauen geölt, gerieben und passend gemacht. Wir hatten viele Einlagen aus in Streifen geschnittenen und gefalteten Sackleinen, um sie als gute Polster für die Füße zu verwenden, außerdem hatten wir vier Paar Wollsocken, die von der Firma Woolen Mills in Detroit hergestellt und uns geschenkt worden waren. Es sind die wertvollsten ihrer Art, die ich je in der Arktis verwendet habe. Beide hatten wir eine Hirschfell- und eine Robbenfellhose sowie ein doppeltes Fellhemd beziehungsweise einen Anorak. Jeder von uns hatte zwei Paar Fellhandschuhe sowie ein Paar Wollhandschuhe, die wir bei eventuellen Arbeiten am Motor verwenden wollten und zusätzlich ein Paar wasserfester Handschuhe. Eine Schneebrille sowie jeweils eine Ersatzbrille, ein Taschenkompass, eine wasserdichte Streichholzschachtel, ein Jagdmesser und eine

Feile gehörten zu der Ausrüstung, die jeder von uns bei sich trug. Anstelle des Halb-Schlafsacks für zwei Mann, den wir im Vorjahr bei uns gehabt hatten, hatte ich in diesem Jahr zwei Halb-Schlafsäcke für je einen Mann anfertigen lassen, die uns jeweils bis zu Hüfte gingen und mit wasserdichtem Tuch eingeschlagen waren. Wäre es wie im Vorjahr nötig geworden, Rucksäcke anzulegen, hätten wir all unsere Ausrüstung in die Schlafsäcke stopfen und sie als Rucksäcke verwenden können. Wir hatten zwei Paar Schneeschuhe, die sich ebenfalls als Rucksäcke verwenden ließen, wenn wir sie nicht an unseren Füßen brauchten. Die Schneeschuhe, die wir dieses Jahr dabeihatten, waren deutlich größer als die aus dem Vorjahr, denn es bestand die Möglichkeit, dass wir uns durch den Tiefschnee auf den Bergen Spitzbergens kämpfen mussten.

Was die Nahrungsmittel betraf, so nahm ich dieses Jahr mehr Pemmikan mit als im Vorjahr, insgesamt zehn Kilo. Außerdem zehn Kilo Biscuits, zehn Kilo Malzmilchpulver, zweieinhalb Kilo Schokolade, zweieinhalb Kilo Rosinen und zusätzlich für den absoluten Notfall einige Dosen mit Notrationen der Armee für den Fall einer vorübergehenden Notlandung. Ich nahm einen Karton Zigaretten mit um die Zeit totzuschlagen, sollten wir das Verheilen einer Verletzung abwarten müssen. Ich packte auch etwas Kautabak ein, da ich aus Erfahrung wusste, dass der schreckliche Geschmack mitunter helfen kann, Dinge zu vergessen, die nicht ganz so schrecklich sind – letztlich ein Gegenreiz.

Zum Kochen hatten wir einen Primus-Ofen, einen sieben Liter fassenden Kochtopf aus Aluminium, zwei Löffel, eine Gabel, und zwei Emailletassen. Auf dem Flug selbst konnten wir Kaffee aus unseren Thermoskannen trinken, aber wir nahmen keinen zusätzlichen Tee oder Kaffee mit. Langjährige Erfahrung hatte mich gelehrt, dass es mühsam ist, darauf zu warten, dass Wasser endlich kocht, wenn man lediglich etwas trinken will. Muss man Fleisch kochen, ist die Verzögerung nicht zu vermeiden und man hat anschließend als Zugabe auch noch die Suppe. Generell bevorzuge ich beim Leben in Zelten oder Schneehäusern aber Essen, das nicht erst gekocht werden muss und zum Trinken kaltes oder warmes – nicht kochendes – Wasser. Jeder Dampf in einem Zelt oder Schneehaus wird kondensieren und als Reif deinen Nacken hinabrieseln oder sich auf deiner Kleidung niederschlagen und sie nässen. Obwohl wir vier Ein-Liter-Kanister für den Transport von Brennstoff hatten, planten wir daher, den Ofen so selten wie möglich zu nutzen. Einer der Kanister war mit Alkohol gefüllt, den wir im Flugzeug nutzen wollten, falls wir vorübergehend aufgehalten wurden, ein zweiter war mit Ether gefüllt, den wir zur Anästhesie verwenden konnten, falls ein ernsthafter Unfall chirurgische Eingriffe nötig machte – oder zum Starten der Maschine bei besonders kaltem Wetter.

Für die Jagd hatten wir dieses Jahr wieder zwei Mannlicher-Gewehre dabei und 350 sorgfältig per Hand ausgewählte Hohlkammerpatronen. Die harten Hohlkammerpatronen halte ich für den Einsatz unter rauen Bedingungen besser geeignet als weiche Geschosse, da sie nicht so leicht Schaden nehmen wie letztere, und wir empfanden die Hohlkammerpatronen als genauer und ebenso effektiv. Wir hatten einen langstieligen Speer, der sich zum Aufspießen von Robben durch das Eis, zum Hacken eines Lochs für Lotungen oder als Zeltstange verwenden ließ. Außerdem ließen sich mit ihm Robben auf das Eis ziehen, die wir in offenen Wasserarmen geschossen hatten. An dem Robbenspeer konnten wir ein Schaufelblatt aus Hirschgeweih oder Walknochen befestigen, mit dem sich das Eis von einem kleinen Loch heben ließ, das wir schneiden mussten, wenn sich die Gelegenheit für eine Lotung ergab. Wir hatten zwei lange, stabile Leinen und einige Robbenfellstreifen dabei, die wir als Geschirr zum Ziehen von Schlitten oder anderen Lasten verwenden wollten.

Unser Nähzeug enthielt gebogene und gerade Handschuhmacher-Nadeln, Baumwoll-, Seiden- und Sehnenfäden zum Reparieren von Schuhsohlen und Kleidung, etwas Wolle und Stopfnadeln zum Flicken unserer Socken, einen Schaber nach Art der Eskimos zum Entfleischen von Fellen, die wir als Kleidung verwenden wollten sowie ein Stück grober Seife zum Gerben und Weichmachen kleiner Felle für Socken und Hemden. Sollten wir im Norden von Grant Land oder auf Grönland notlanden müssen und viele Monate oder Jahre für den Heimweg benötigen, bräuchten wir dieses Werkzeug vielleicht. Jeder von uns hatte ein Taschentuch, eine Zahnbürste und einen Bartschneider bei sich. Und als Demonstration unserer Zuversicht, Spitzbergen zu erreichen, nahmen wir unsere Rasierklingen und Haarbürsten mit! Die Rasierklingen und Haarbürsten waren die einzigen absolut unnötigen Bestandteile unseres Gepäcks.

Ich hatte ein leichtes, wasserfestes Zelt besorgt, das in seiner Konstruktionsweise der Abdeckung eines Planwagens ähnelte. Seine Form erhielt es mit Hilfe von stabilem, aber leichtem Rattanholz. Im Sommer bot es Schutz vor Regen und in den kälteren Jahreszeiten diente es zur Innenauskleidung eines Schneehauses. Wir hatten eine zweischneidige Säge und zwei Schneemesser für den Bau von Schneehäusern sowie einen Eispickel, um Löcher ins Eis zu hacken und die Eisdicke über gefährlichen Wasserarmen zu testen. Ein kleines Pfadfinderbeil lag immer griffbereit für den Fall, dass es nach einer Bruchlandung notwendig wurde, einen von uns aus dem Flugzeug zu befreien. Unser Erste-Hilfe-Koffer war klein, aber komplett mit Operationsbesteck, Medikamenten, Schmerzmitteln und Erforderlichkeiten zur Behandlung von Augenentzündungen.

Es dauerte eine ganze Weile, all dies so zu verstauen, dass es möglichst nicht im Weg war, aber dennoch zugänglich blieb. Unser Apparat zur akustischen Tiefenmessung, der aus verschiedenen Sprengsätzen, einem Empfänger, einem Verstärker, Kopfhörern und Batterien bestand, lag zusammen mit dem Eispickel und dem Schaufelblatt aus Walknochen griffbereit in der Kabine des Navigators. Daneben lag das alte manuelle Lotungsgerät, das ich aus einer Filmspule, einem

Umdrehungszähler zum Messen der Länge der abgespulten Leine, Lotgewichten, Umkehrthermometern und einem Greifer zum Sichern von Bodenproben zusammengebaut und an das ich vier Fläschchen zum Entnehmen von Wasserproben gelötet hatte. Diese Fläschchen waren so befestigt, dass sie verkorkt wurden, sobald der Greifer auslöste. All diese Ausrüstung war 1926 bereitgestellt und 1927 teilweise genutzt worden, sodass ich sie in diesem Jahr lediglich zusammensetzen und sicherstellen musste, dass alles funktionsfähig war.

Jeden Tag in Barrow übte ich sowohl mit dem Libellensextanten der Royal Air Force als auch mit einem kleinen Taschensextanten Sonnenstandmessungen, außerdem die astronomische Navigation mithilfe einer speziellen stereografischen Karte und Kurven sowie Tabellen, die die American Geographical Society unter der Aufsicht von Mr. O. O. Miller von der Schule für Vermessungskunde der Society extra für uns erstellt und bereitgestellt hatte. Es ist eine Sache, zu wissen, wie man die Höhe der Sonne über dem Horizont misst, und eine andere, sie aus den eingeengten Bedingungen eines Flugzeugs heraus akkurat zu bestimmen, während man mit 190 Kilometern pro Stunde durch die Luft rast.

Wegen der Schwierigkeiten, mit denen wir auf unserem geplanten Kurs aufgrund magnetischer Abweichungen rechnen mussten, erwartete ich mir von keinem unserer Kompasse eine große Hilfe, entschied aber dennoch, in der Navigatorkabine einen 20 Zentimeter großen Bootskompass und einen prismatischen Landvermesserkompass zu nutzen. Letztlich musste ich mich aber vor allem auf die Messungen mit meinen Sextanten verlassen.

Kapitel VI

Eine arktische Arbeitsaufgabe

Am 3. April war alles bereit. Mit Ausnahme des in Fairbanks gestohlenen Flaschenzugs war alle Ausrüstung, von der ich dachte, dass wir sie brauchen könnten, im Flugzeug verstaut. Anstelle des Flaschenzugs beschaffte ich eine leichte Strickleiter, die man aus dem Cockpit werfen konnte, falls es für mich notwendig werden sollte, außerhalb des Flugzeugs zu schieben, um bei einem Start zu helfen.

Der Kurs, dem ich in diesem Jahr folgen wollte, führte von Barrow zum Punkt 84 Grad nördlicher Breite und 75 Grad westlicher Länge, anschließend von dort weiter zum nordwestlichen Ende von Spitzbergen (das nun offiziell Svalbard heißt). Der Kurs würde über jenes Gebiet führen, wo Peary, Stefánsson und MacMillan Hinweise erkannt hatten, die sie glauben ließen, es könne Land in der arktischen See geben. Ich zeichnete unseren Kurs in mehrere Karten und berechnete unsere wahrscheinlichen Positionen für unterschiedliche Geschwindigkeiten, Windrichtungen und Startzeiten. Auf stereographischen Karten sind diese Kurse gerade Linien und bilden einen beinahe vollständigen Kreis. Ich plante, unsere Flugrichtung alle 160 Kilometer anzupassen. Geschwindigkeit und Drift mussten während des Fluges genau beobachtet werden, doch als ich jeden Abschnitt des Weges aus mindestens 22 Kursänderungen in ebenso vielen Stunden markierte, war ich positiv überrascht, dass die Kompassabweichungen nicht annähernd so groß waren, wie wir nach einem ersten flüchtigen Blick auf die Karte mit den Magnetfeldabweichungen angenommen hatten. Der Kompassfehler würde von 30 Grad Ost bis auf 180 Grad wandern, das nördliche Ende der Nadel also nach Süden zeigen, und anschließend weiter bis auf 15 Grad

West drehen – alles in allem 315 Grad oder 45 Grad weniger als einen vollen Kreis.

Beim Ausarbeiten des Kurses für den gesamten Flug sah ich jedoch, dass die größte Änderung innerhalb von 60 Minuten zwischen der zehnten und elften Flugstunde auftreten würde und bei 26 Grad lag. Da sich mit einem Flugzeug unmöglich ein absolut gerader Kurs fliegen lässt, musste ich alle Richtungsänderungen während des Fluges genau messen und mit Hilfe konstanter Beobachtung und Wachsamkeit Kursabweichungen von Zeit zu Zeit korrigieren.

Seit unserem Eintreffen in Barrow hatte ich die Witterungsbedingungen genau beobachtet. Der dreitägige Sturm, der am 3. April ausbrach, überraschte mich daher nicht. Er dauerte am 4. und 5. April an, gefolgt von aufklarendem Wetter bei südlichem Wind am 6. und 7. April.

Ich hatte diese Entwicklung jeweils einige Tage zuvor vorausgesagt und keinerlei Versuche unternommen, das Flugzeug zu bewegen oder auch nur eine Startbahn vorzubereiten, doch am Nachmittag des 5. April und den gesamten 6. April über schaufelten 30 Eskimos fleißig den Schnee vom Eis. Mit Hilfe von Männern und Hunden schoben wir das Flugzeug zu jenem Teil der Lagune, von dem aus wir starten wollten und Eielson und ich füllten die Tanks mit Benzin.

Aufgrund von Wetterbeobachtungen in der Nacht vom 6. April kam ich zu dem Schluss, dass wir, sofern wir früh am Morgen des 7. April starteten, bevor der Südwind Dunst aufkommen ließ, hunderte Kilometer weit vor dem Wind fliegen konnten. Beim Anflug auf Grant Land mussten wir vermutlich Gegenwind und möglicherweise Nebel erwarten, aber wenn sich das Wetter bei Sonnenaufgang wie erwartet darstellte, wollten wir versuchen zu starten. Einziges Problem war der erwartete Seitenwind auf der Startbahn, die von Nordosten nach Südwesten verlief.

Um drei Uhr morgens stand ich auf, um das Wetter in Augenschein zu nehmen. Eine leichte Brise aus südlicher Richtung versprach, später am Tag aufzufrischen, und dies bedeutete, dass wir starten mussten, bevor der Wind zu stark wurde. Ich streifte hastig meine Kleidung für den Flug über, feuerte den Küchenherd an und stellte darauf das Öl zum Erhitzen. Dann ging ich zum Flugzeug, um die Öfen zum Vorwärmen der Maschine anzuzünden und einzustellen. Um fünf Uhr morgens war die Maschine warm und startbereit. Ich überließ unserem Eskimo-Helfer Ned die Verantwortung am Flugzeug und ging zurück in die Küche, um den Koch und Eielson zu wecken. Zu meiner Bestürzung war das Öl auf dem Herd zu heiß geworden, hochgekocht, über den Rand der Kanister gelaufen und hatte die Küche geflutet. Der Geruch des brennenden Öls hatte den Koch geweckt, der nun in seiner Küche herumsprang, wenig sagte, aber vermutlich umso mehr dachte.

Es kostete mich fast eine Dreiviertelstunde, die Schweinerei aufzuwischen, schnell eine Tasse Kaffee zu trinken und zurück zum Flugzeug zu eilen. Ich hatte gehofft, der Motor liefe längst, musste jedoch feststellen, dass Ned – dem meine lange Abwesenheit große Sorgen bereitet hatte – die Öfen beiseite geschoben hatte, da er fürchtete, der Motor könne zu heiß werden. Das bedeutete eine weitere Verzögerung. Inzwischen war der Wind aufgefrischt und es war für einen Start bei Seitenwind fast zu gefährlich geworden, aber da wir soviel Aufwand betrieben hatten, um startbereit zu werden, beschlossen wir, zumindest die Startbahn hinabzurollen und zu sehen, wie sich die Maschine verhielt. Falls wir in die Luft kämen und die Bedingungen uns nicht gefielen, konnten wir das Benzin abwerfen und umkehren.

Eielson gab Vollgas, der Eskimo rüttelte noch einmal am Hecksporn und wir starteten. Die Leichtigkeit unserer Bewegung überraschte mich. Wir beschleunigten, aber es war schnell klar, dass wir nicht vor dem Ende der vom Schnee befreiten Startbahn abheben konnten. Wie würden sich unsere Kufen auf dem Schnee verhalten? Kurz vor dem Ende des Eises zog Eielson den Steuerknüppel nach hinten und versuchte, die Maschine zum Abheben zu zwingen. Das Heck stieß so heftig auf den Boden, dass dies den Auslöser betätigte, den wir am Hecksporn für eine Notbremsung vorgesehen hatten. Die Bremse funktionierte ohne Frage perfekt und ritzte einen gut sieben Zentimeter tiefen Riss ins harte Eis. Unsere Geschwindigkeit war nun deutlich verringert, und das war auch gut so, denn als die Maschine das Ende der Startbahn erreichte, packte sie der Seitenwind und warf sie auf die Seite. Wir landeten mit einem Großteil des Gewichts auf der Außenseite einer unserer Kufen. Diese gab nach, wir pflügten uns einmal im Kreis durch den Schnee und kamen zum Stillstand. Eine Kufe war völlig zerstört, die andere war in Ordnung und ansonsten kein Schaden entstanden.

Die Metallkufen, die wir verwendeten, waren wunderbar stromlinienförmig und leicht. Unsere Ladung überlastete sie erheblich, aber sie waren auch nicht gut gestaltet. Sie waren stabil über die Längsachse, also von vorne nach hinten, aber schwach, wenn der Druck von der Seite kam. Wir hatten versucht, den Konstrukteur zu überzeugen, die Stabilität in dieser Hinsicht zu verbessern, aber er hatte sich geweigert. Im Jahr zuvor war eine unserer Kufen bei der Landung im Dunklen auf dem Eis auf ähnliche Weise kaputtgegangen. Selbst das hatte den Konstrukteur nicht überzeugt, und in diesem Jahr hatten wir versucht, die Kufen selbst zu verstärken, aber nachdem sie einmal zusammengenietet waren, gab es nicht viel, das wir hatten tun können.

Es war recht einfach, die Metallkufen abzubauen und die stabileren Holzkufen zu montieren, die wir im Flugzeug mit nach Barrow gebracht hatten. Anschließend schleppten wir die Maschine mit Hilfe von Hunden und Männern zurück auf die Startbahn und waren zwei Stunden später bereit für den nächsten Versuch. Inzwischen hatte der Wind jedoch weiter aufgefrischt und das Wetter war für einen Start ungeeignet.

Ich hielt es für am sinnvollsten, die Verzögerung dafür zu nutzen, die Startbahn so lang wie möglich zu machen. Die

Eskimos arbeiteten engagiert, denn ich bezahlte ihnen sechs Dollar pro Tag und verköstigte sie während der Arbeitszeit. Nichts konnte sie dazu bringen, früh am Morgen mit der Arbeit zu beginnen, aber sobald sie einmal da waren, arbeiteten sie willig bis zu später Stunde, solange ich bei ihnen war. Das war bis gegen sieben Uhr abends der Fall, was für mich einen 16-Stunden-Tag bedeutete. Eskimos arbeiten nicht gerne sonntags, aber mir zuliebe kamen sie doch herbei und verlängerten die Startbahn bis zum Ende der Lagune, die in jenem Abschnitt einen Durchmesser von knapp über 1000 Metern hatte.

Am Ende der Startbahn bildete das Ufer der Lagune eine etwa viereinhalb Meter hohe Steigung. Ich sagte Eielson, wenn es bei einem Startversuch nicht so aussah, als kämen wir in die Luft, solle er den Motor entweder lange vor dem Erreichen des Startbahnendes stoppen, oder ihn laufen lassen, bis wir den Hang erklommen hatten. Die Schwungkraft und der Motor sollten uns über die Kante des Hangs tragen und auf der weiten, tief verschneiten Fläche dahinter konnte kein großer Schaden entstehen, doch bei einem plötzlichen Stopp auf der Böschung könnte sich die Maschine auf die Nase stellen.

Am Montag war das Wetter weiterhin wechselhaft. Ich ließ die Eskimos die Startbahn verbreitern und unternahm einen Ausflug, um mir die Elson-Lagune anzuschauen, die sich über viele Kilometer die Nordküste östlich von Barrow entlangzieht. Sollte sich ein Start auf der Barrow-Lagune als unmöglich erweisen, würde die Elson-Lagune sicher ausreichen. Falls notwendig konnten wir dort eine viele Kilometer lange Startbahn anlegen. Sobald die Maschine einmal in der Luft war, würde sie mit der Fracht zurechtkommen, daran hegte ich keinerlei Zweifel.

Der Dienstag kam und Wolken und Nebel hielten an. Gegen Abend gab es Anzeichen für aufklarendes Wetter aus Nordwesten. Am nächsten Morgen sollten wir wahrscheinlich nordöstlichen oder nördlichen Wind haben und konnten einen weiteren Versuch wagen.

Mittwochmorgens um drei Uhr herrschte schwacher Nordwind, der bedeutete, dass wir, falls wir flogen, über weite Strecken unseres Kurses gegen den Wind anfliegen mussten, aber klares Wetter hatten. Ich entschied mich, es zu versuchen. Dieses Mal verschüttete ich kein Öl. Das Frühstück war vorüber und wir trafen alle Vorbereitungen für einen glatten und leichten Start, doch Ned, der Eskimo, hatte in der Erinnerung an die Schelte, die er erhalten hatte, dieses Mal die Öfen voll entfacht und den Motor so heiß werden lassen, dass die Hochspannungskabel zu den Zündkerzen stark angeschmort waren. Sie waren jedoch in keinem gefährlichen Zustand, also kletterten wir in die Maschine und Eielson gab Gas.

Einmal mehr schlitterten wir problemlos über die eisige Startbahn und gewannen kontinuierlich an Geschwindigkeit. Die Holzkufen schienen genauso gut wie oder sogar noch besser als die Metallkufen zu gleiten. Es sah so aus, als sollten wir dieses Mal abheben. Wir hätten es wohl auch geschafft, wäre der leichte Wind von vorne nicht auf einmal einer sanften Brise von der Seite gewichen. Ich konnte fühlen, wie der Druck des Flugzeugs auf den Boden leichter und leichter wurde. Sie wollte in die Luft und war beinahe schon abgehoben, als wir das Ende der Startbahn erreichten. Wir trafen auf den Schnee, rasten das Ufer der Lagune hinauf und über die sich dahinter erstreckende schneebedeckte Tundra. Wir fuhren direkt über die Kuppe der Böschung und auf der anderen Seite wieder hinab. Als wir den Schnee erreichten, hatte Eielson den Motor gedrosselt und wir kamen langsam zu Ruhe. Ich zitterte vor Angst, dass unsere leichten Holzkufen Schaden genommen haben könnten. Doch nein, die Maschine ruhte auf ausbalanciertem Rumpf und eine hastige Überprüfung zeigte, dass alles sicher war.

Ich war euphorisch, beinahe so glücklich, wie wenn der Start gelungen wäre. Wir wussten jetzt sicher, dass die Maschine wenn nötig rauer Behandlung widerstehen konnte und ihr Auftrieb am Ende der Startbahn bewies, dass nur wenige

Meter mehr nötig waren, um sogar bei Windstille einen Start zu ermöglichen; bei Gegenwind wären wir schon unterwegs gewesen.

Wir vergeudeten keine Zeit und schleppten die Maschine mit Hilfe zweier Hundegespanne und einiger Männer zur Elson-Lagune. Eine neue Startbahn anzulegen kostete Zeit und Geld, doch für den Fall, dass der Wind uns im Stich lassen sollte, war es besser, viel Platz zu haben. Drei Stunden später hatten wir den Treibstoff aus den Flügeltanks gelassen, das Flugzeug zur Lagune geschleppt und waren damit beschäftigt, eine neue Startbahn in den Schnee zu graben.

Wir mussten bald aufbrechen, ansonsten drohte das Wetter, zu instabil zu werden und das Eis unter tiefhängendem Nebel zu verschwinden. Ich bildete zwei Mannschaften von 15 Männern und rief einen Wettkampf aus. Für rund eine Stunde ackerten sie daraufhin wie die Pferde, doch Eskimos sind keine harte Arbeit gewöhnt und ermüden daher schnell. Ihr Tempo ließ bald nach, und wir arbeiteten langsam, aber beständig bis zum Abend und den ganzen folgenden Tag. Dann jedoch hatten wir eine wesentlich ebenere Startbahn als auf der Lagune bei Barrow. Donnerstag war ein perfekter Tag, wir verbrachten ihn komplett mit dem Schaufeln durch den Schnee und der Verlängerung der Startbahn.

Freitagmorgen um drei Uhr war das Wetter noch immer gut und es schien, als solle dies auch so bleiben. Es herrschte fast völlige Windstille. Ich fürchtete mich, dem Wetter zu lange zu vertrauen, und entschied, es erneut zu versuchen. Ich wusste zwar, dass die Startbahn noch nicht ausreichend lang war, hoffte aber, genug Schwung zu bekommen, um nach ihrem Ende ein Stück über den lockeren Schnee rasen und abheben zu können. Wir versuchten es, mussten jedoch feststellen, dass wir nach Erreichen des Schnees sofort an Geschwindigkeit verloren. Wir konnten nichts machen, außer den Motor auszuschalten, das Flugzeug zurück an den Anfang der Startbahn zu schaffen und noch mehr Schnee vom Eis zu räumen.

Den ganzen Freitag und auch den Samstag schufteten wir. Ich heuerte jeden Mann und Jungen an, der sich bis auf Rufweite näherte. Es waren die Bezahlung und das Essen, die sie lockten. Ich bin sicher, dass diese guten Leute nicht besonders gerne arbeiteten, aber dank ihrer Freundschaft mit uns gaben sie sich Mühe. Samstagabend hatten wir eine rund eineinhalb Kilometer oder noch längere Startbahn, ich war zu erschöpft, um es genau nachzumessen. Um die Männer bei der Stange zu halten, war ich gezwungen gewesen, zusammen mit ihnen zu graben und zu schaufeln. Blasen, die vom Benutzen der Eissäge stammten, fanden Erleichterung, wenn ich zur Schaufel griff, und sobald infolgedessen neue Blasen erschienen, war es an der Zeit, zu Eissäge und -pickel zurückzukehren. Ich war sicher, dass wir am nächsten Morgen starten konnten – sofern der Wind hielt, der im Laufe des Samstags zu einer Brise aus Nordosten aufgefrischt hatte.

Kurz nach neun Uhr abends fuhren wir zurück ins Dorf. Der frische Wind, der zunächst aus Norden, später stärker aus Nordosten wehte, und die Verdunklung des fernen Horizonts im Süden bestärkten meinen Eindruck, sofern mein Verständnis der Wetterbedingungen auch nur halbwegs richtig war, sollten wir am nächsten Morgen eine leichte Brise aus östlicher Richtung haben, die gegen Abend auf Süden drehen und schlechtes Wetter und Neuschnee nach Barrow bringen würde. Ich hoffte aber, zu der Zeit, wenn sich die Wetterbedingungen in Barrow verschlechterten, schon eineinhalbtausend Kilometer weit weg zu sein. Völlig erschöpft schlief ich vier Stunden lang wie ein Stein, und als ich um drei Uhr morgens aufstand, konnte ich anhand der Helligkeit im Raum erkennen, dass das Wetter noch immer gut war. Der leichte Wind aus Ostnordosten hatte bereits angefangen, auf Süden zu drehen. Wir durften keine Zeit verlieren und mussten aufbrechen.

Ich entfachte den Küchenherd, stellte das Öl zum Erwärmen darauf, und machte mich auf den Weg, um Ned zu wecken, der versprochen hatte, bei Bedarf seine Hunde anzuspannen und mich zusammen mit einem anderen Mann zur Startbahn zu bringen, wo noch immer einige Kleinigkeiten zu erledigen waren: Um die Startbahn einigermaßen sicher zu machen, mussten wir noch einen Buckel aufgewölbten Eises einebnen. Die Bahn war ziemlich schmal und die leicht unebene Fläche konnte das Flugzeug in Drehung versetzen und es auf dieser oder jener Seite in die verschneiten Ufer rasen lassen.

Fred Hopson, der trotz des wiederholten Weckens um drei Uhr morgens wie immer fröhlich und gelassen war, kochte mir ein hervorragendes Frühstück. Eielson sollte noch zwei Stunden länger schlafen, dann frühstücken und zusammen mit zwei Männern das vorgewärmte Öl zum Flugfeld bringen. Ned hatte angekündigt, zum Haus sein Schwagers zu gehen, ihn zu wecken, dessen Hunde anzuschirren und dort auf mich zu warten. Ich zog warme Kleidung an und ging zum verabredeten Treffpunkt. Ned war nicht zu sehen. Ich klopfte zehn Minuten lang an die Tür des Hauses, bis ein verschlafener, halb bekleideter Mann herausschaute, der mir aber auch nichts Genaues sagen konnte: »Ned zum Dorf«, war alles, was er von sich gab.

Ich verstand nicht, was los war. Ned hatte mich noch nie im Stich gelassen. Er war meist zur rechten Zeit bereit, wenn nicht früher, und er war ein sehr bereitwilliger und hilfreicher Arbeiter. In den vergangenen Tagen hatte er sehr viele Stunden gearbeitet und war vielleicht deshalb übermüdet. An den Spuren im Schnee konnte ich erkennen, dass er bei diesem Haus gewesen war, andere Spuren führten weiter zum Dorf, das einen guten Kilometer entfernt lag. Ich war ungeduldig, hatte aber keine Wahl, als zum Dorf zu gehen und zu versuchen, die Männer zu finden. Ned war nicht zuhause und auch nachdem ich mehrere Anwohner der Nachbarschaft aus ihren Betten gescheucht hatte, war ich nicht schlauer.

Schließlich machte ich mich auf den Rückweg zur Handelsstation, um zu schauen, ob Ned dort auf mich wartete. Unterwegs sah ich ihn, wie er gerade vor dem Haus von Fred Hopsons Schwiegersohn seine Hunde anschirrte. Als ich zu ihm geeilt war, erklärte Ned, sein Schwager, der ihm am Abend zuvor noch versprochen hatte, ihm mit den Hunden zu helfen, habe seine Meinung geändert und sich geweigert aufzustehen. Mehrere andere Männer hätten sich ebenfalls geweigert, bis schließlich Dean, der immer ein bereitwilliger Helfer gewesen war, sich bereiterklärt hatte zu helfen, wenn er zuvor wenigstens etwas frühstücken konnte. Ned war wegen der Verzögerung genauso nervös wie ich, aber wir konnte es nicht ändern.

Kurz darauf waren wir auf dem Weg zum Flugzeug. Dort zündeten wir die Öfen zum Vorwärmen des Motors an und begannen, mit zwei Eispickeln und einer Schaufel den Buckel im Eis abzutragen. Wir waren gerade fertig, als Eielson und Dave Brower eintrafen. Inzwischen ging es auf zehn Uhr zu, eigentlich hatte ich um sieben oder spätestens um acht starten wollen. Der Motor war inzwischen ziemlich warm. Der Wind hatte gedreht und wehte, aber nicht zu kräftig, von vorne die Startbahn hinab. Die Wetterbedingungen waren gut und sofern wir überhaupt in die Luft kämen, glaubte ich an einen problemlosen Flug.

Eielson hatte das Öl in einen Doppelschlafsack eingewickelt, um es warm zu halten. Wir kippten es in den Tank und entfernten die Abdeckplane vom Motor. Dann säuberten wir noch so gut wie möglich die Fenster der Maschine. Wir füllten die Schmierbüchsen an den Kipphebelwellen des Motors, entfernten die Schale, die wir zum Aufwärmen verwendet hatten und waren einmal mehr startbereit.

Wilkins zeigt vor dem Abflug auf der Landkarte seinen geplanten Kurs von Barrow nach Spitzbergen.

Kapitel VII

Ein Dankgebet

»Schalter aus?«, an Eielson.

»Schalter aus«, antwortete er.

»Treibstoffzufuhr auf?«, fragte ich.

»Treibstoffzufuhr auf«, bestätigte er.

Um Treibstoff in die Zylinder zu saugen, wirbelte ich den Propeller heftig drei- oder viermal im Kreis, platzierte die Klinge in einer zuvor markierten Position, die anzeigte, wann ein Kolben unmittelbar vor dem Auslösen stand, und rief: »Alles klar?«

»Alles klar«, antwortete Eielson und kippte den Schalter auf »Ein«. Er betätigte den Magnetzünder und wie jedes Mal, wenn wir den Motor starteten, hustete er einmal, sammelte sich wieder, hustete erneut und gab dann ein kontinuierliches Brummen von sich. Ich fühlte tiefe Dankbarkeit. Der Motor klang gut, und auch wenn die Windrichtung nicht ideal war, war sie doch sehr gut.

Die Wetterprognose sah, soweit ich dies einschätzen konnte, für den Großteil unseres Fluges gut aus. Ein unvermeidliches Risiko blieb die Frage, was in Spitzbergen auf uns wartete. Ärgerlich war nur, dass knapp 20 Liter Treibstoff, die ich vor dem Start in die Tanks füllen wollte, über Nacht ausgelaufen waren. Auf dem Feld gab es keinen weiteren Treibstoff und uns fehlte die Zeit, jemanden zum Hangar zu schicken und Nachschub zu holen, also mussten wir mit nicht ganz gefüllten Tanks starten. Ich glaubte jedoch, dass der vorhandene Treibstoff für unseren Flug reichte.

Ich kletterte in die Navigatorkabine und rief »Auf geht's!« zu Eielson. Die Eskimos brachten den Sporn der Maschine auf Kurs und wir rutschten von den Brettern, die wir unter den

Kufen platziert hatten, damit diese nicht am Eis festfroren. Wir setzten uns in Bewegung und nahmen auf unserem Weg die Startbahn hinunter schnell Schwung auf. Der Boden unter uns war etwas wellig und als unsere Geschwindigkeit zunahm, hatte Eielson einige Mühe, unser Flugzeug innerhalb eines Streifens von rund vier Metern zu halten. 50 Kilometer pro Stunde, 70, 90 – immer schneller wurden wir und die Maschine benahm sich wie ein stolzes Pferd, das an einer Last zerrt. Aus dem Fenster konnte ich sehen, wie das Höhenleitwerk hin- und herschleuderte und erst auf der einen, dann auf der anderen Seite die Begrenzungen der Bahn nur um wenige Zentimeter verfehlte. Ich bewunderte Eielsons Geschick und Courage. Ein Fehler von nur etwas zu viel Druck auf dem Ruder, ein Schaukeln von nur wenigen Zentimetern mehr in die eine oder andere Richtung, und wir wären in die seitlichen Schneehaufen geschleudert, hätten unsere Ski unter die Eisblöcke gebohrt, die wir von der Fahrbahn geschafft hatten, und es wäre sicher zur Katastrophe gekommen.

Eielson behielt die Nerven. Ich betete. 100 Kilometer pro Stunde, dann 110. Wir hoben ab, schaukelten auf Übelkeit erregende Weise, berührten das Eis noch einmal – und schwangen uns dann hinauf in die Lüfte. Nie gab es ein leidenschaftlicheres Dankgebet als meines.

Die größte Gefahr war vorüber. Das gleichmäßige Brummen des Motors bestätigte mir, dass alles in Ordnung war. Mit großer Ruhe stieg die Maschine höher und höher – kein Sich-Dahinquälen mit hängendem Heck, das einem das Gefühl gab, sie könne jeden Moment wie ein Stein in die Tiefe stürzen. Nein. Nein! Sie war lebhaft, beweglich, doch kurstreu und gradlinig. Ein lebendiges Wesen, das offenbar dasselbe wollte wie wir. Ich dankte Gott für die überragenden Fähigkeiten ihres Konstrukteurs, für die ehrlichen, gewissenhaften Männer, die sie gebaut hatten, und für die Fähigkeiten und Weisheit des Mannes an ihren Kontrollen. Es war ein großes Privileg, sie auf ihrem Flug führen zu dürfen.

Ich schrieb Eielson eine Notiz: »Wundervoller Start. Wie stehen die Dinge?«

»Alles in Ordnung!«, rief er in das Sprechrohr. »Sie fühlt sich gut an. Motor läuft bei 1725 Umdrehungen. Temperatur bei 50 Grad.«

Wir hatten zuvor besprochen, wie der Kurs des ersten Abschnitts unseres Fluges relativ zur Sandgrube bei Barrow verlaufen sollte, sodass Eielson eine Schleife fliegen und von diesem Punkt aus aufbrechen konnte. Um die bestmöglichen Startbedingungen herzustellen, hatte ich vor dem Abheben alle Gegenstände im vorderen Teil der Kabine aufgestapelt, nun fixierte ich sie an ihren Plätzen. Sobald der Kompass bereit war, begann ich, Drift und Geschwindigkeit über Grund zu beobachten.

Die Geschwindigkeit über Grund lag bei 174 Kilometern pro Stunde. Drift zehn Grad nach links. In Bodennähe kam der Wind aus Ostnordost, ein wenig von vorne, aber das störte mich nicht. Wir waren inzwischen 50 Kilometer weit vor der Küste über dem Arktischen Ozean und ich war mir sicher, dass der Wind bald drehen musste. Im Norden und Osten war der Horizont so klar, wie er nur eben sein konnte. Nachdem wir die Lagune überflogen und auch den unebenen Presseiskamm nahe der Küste hinter uns gelassen hatten, war das Eis immer wieder aufgebrochen und es zeigte sich viel offenes Wasser.

Dies waren die Bedingungen auf den ersten 80 Kilometern. Inzwischen hatte der Wind ein wenig nachgelassen und auf Ostsüdost gedreht, aber ich freute mich, dass die frei treibenden Eisberge sich nicht länger zu bewegen schienen. Sie waren stationär oder trieben, sofern sie sich doch bewegten, gegen den Wind. Dieser Umstand verriet, dass wir den Bereich des Ostwindes bald verlassen würden. Er musste auf Südost drehen, dann weiter auf Süd und Südwest, was uns für die ersten paar hundert Kilometer gutes Wetter garantieren würde. Anschließend sollten wir voraussichtlich eine windstille Region mit vermutlich etwas Nebel erreichen, dann wieder klares Wetter in der Nähe von Grant Land. Wie es danach weiterginge, ließ sich zu jenem Zeitpunkt noch nicht einschätzen.

Wir flogen und flogen. Die ersten paar Stunden war ich fleißig wie eine Biene und räumte die Kabine auf. Ich breitete meine Tabellen aus, prüfte beide Sextanten auf Indexfehler und stellte sie ein. Ich prüfte die Treibstoffpumpe, um sicherzustellen, dass sie nicht verstopft war, prüfte, ob die Pop-Off-Ventile, falls wir sie brauchten, frei waren, stellte die Antennen des Funkgeräts ein, suchte nach der besten Resonanz, kontrollierte, ob der Abdriftmesser korrekt arbeitete und testete ihn auf verschiedenen Seiten. Ich stellte fest, dass meine Stoppuhr nicht funktionierte, wenn ich sie in der kalten Kabine liegen ließ, und behielt sie daher in meiner Hosentasche.

Ich hatte nur wenig Zeit für Notizen und genaue Beobachtung des Eises, aber auch diese knappe Zeit war mehr als ausreichend, um festzustellen, dass jede Notlandung während der ersten Dreiviertelstunde unsere letzte gewesen wäre. Das Packeis war derart zerklüftet, dass sich nirgendwo eine zum Landen ausreichend große Fläche finden ließ. Ich hatte jedoch großes Vertrauen in unsere Maschine und darin, weiter draußen auf dem Meer gute Landeflächen zu finden.

Nach ungefähr zwei Stunden bemerkte ich eine Änderung des Windes, oder vielmehr sein Fehlen. Den feinen Schneespuren nach zu urteilen, die sich an den Eisrändern der Wasserarme gebildet hatten, wehte der Wind am Boden aus Ostsüdost, in unserer Flughöhe von knapp 900 Metern jedoch aus Ostnordost. Nördlich von Barrow verliefen die offen Wasserrinnen nahe der Küste von Osten nach Westen, westlich von Barrow bogen sie sich jedoch in Form eines Bumerangs in eine südlichere Richtung.

Auf den ersten 160 Kilometern flogen wir in einer Höhe, die von 150 Metern langsam auf 250 Meter anstieg. Aus dieser Entfernung konnten wir jedes Detail auf dem Packeis klar erkennen. Ungefähr 160 Kilometer von der Küste entfernt wurde das Eis dichter und war von Kämmen durchzogen. Diese

Eiskämme schienen eine Folge schwerer Eisschollen zu sein, die aus Nordosten herantrieben und auf ihrem Weg Richtung Küste die leichteren Schollen nach Westen schoben. Der Verlauf der Eiskämme verriet die Richtung des größten Drucks.

Meine langjährigen Erfahrungen auf Reisen zu Fuß über das Eis, bei denen ich beobachtet hatte, wie sich die Schollen aneinanderrieben und Kämme bildeten, und meinen Weg oft anhand des Verlaufs der Schneeverwehungen bestimmt hatte, erwiesen sich hier als sehr nützlich. In jenen Jahren hatte ich auf dem Eis gestanden und beobachtet, wie es sich unter mir wand und zu chaotischen Haufen auftürmte, hatte seinem Stöhnen bei wachsendem Druck gelauscht. Am Anfang werden die Kanten mit einem dumpfen, kratzenden Geräusch zusammengedrückt, welches sich bei zunehmendem Druck zu einem Stöhnen verstärkt. Unter starker Spannung geben die gewaltigen Eisblöcke Geräusche von sich, die wie das Schluchzen oder Weinen eines leidenden Kindes klingen. Dort zu stehen, ohne zu wissen, wo es sicher ist oder ob sich das Eis unter den eigenen Füßen im nächsten Moment aufbäumt, nur um sogleich abzukippen und einen in die brodelnde Masse zu schleudern, war eine ehrfurchtgebietende Erfahrung.

Als ich nun bequem im Flugzeug dahinflog, standen mir diese halbvergessenen Erinnerungen an meine Reisen zu Fuß über das Eis wieder klar vor Augen. Viele Male hatte ich in einem kleinen, einfachen Schneehaus Schutz vor dem dahintreibenden Schnee gesucht, und während ich ohne Zweifel mitunter das Schicksal verfluchte, das mich dorthin gebracht hatte, hatte ich die Art und Weise beobachtet, wie sich die Schneeverwehungen bildeten. Solche Erfahrungen standen mir nun gut zur Seite. Jede Schneewehe und jeder Eiskamm hatten eine Geschichte zu erzählen. Sie zu beobachten, während wir über sie hinwegflogen, ähnelte dem Lesen einer vertrauten Geschichte.

150 Kilometer nördlich von Barrow waren die größeren Schneeverwehungen von Wind geformt, der entweder aus

Osten oder aus Westen kam. Kleinere Verwehungen, die kreuz und quer verliefen, ließen sich dahingehend interpretieren, dass es unmittelbar nach Schneestürmen Winde sowohl aus Osten wie auch Westen gegeben hatte. Auch aus anderen Richtungen mochte es länger anhaltenden und genauso starken Wind gegeben haben, aber wenn, dann bei niedrigeren Temperaturen und erst, nachdem der frisch gefallene Schnee sich verhärtet hatte.

Als wir uns dem 73. Breitengrad näherten, verliefen die schmalen Rinnen im Eis in Ost-West-Richtung, aber beim Blick nach Westen sah ich, dass sie in der Ferne stärker nach Norden abdrehten. Das hatte zweifellos irgendeine Bedeutung. Wasserrinnen bilden sich im Allgemeinen an der Kante irgendeines Hindernisses, wo das Eis auf starken Widerstand stößt und sich durch die Kräfte von Wind und Strömung zu Kämmen zusammenpresst. Lässt der Druck nach, entspannt sich das Eis und es reißen Arme offenen Wassers auf. Oder ein Starkwind treibt eine schwere, tief schwimmende Scholle vor sich her, die das leichtere Packeis anschiebt und so ebenfalls Wasserarme entstehen lässt. Der Anblick dieser gebogenen Rinnen verriet mir, dass wir bald irgendetwas überfliegen mussten, das für diese Richtungsänderung verantwortlich war.

Als wir die Ursache erreichten, erwies sie sich als schweres, altes Eis, das offensichtlich tief im Wasser lag und frei von Rissen war. Der schwache Ostwind konnte diese riesige Masse Eis nicht so schnell bewegen wie das leichtere Eis weiter im Westen, und dieser Umstand führte zu den Wasserrinnen, die wir sahen. Aber ich sollte meine Leser nicht mit allzu detailverliebten Beschreibungen der Feinheiten der Eisinterpretation und der korrekten Deutung arktischer Indizien verwirren. Ich hatte das Privileg genossen, in diesen Dingen Erfahrung sammeln zu dürfen, und nun war es mein Privileg, die gewonnenen Erfahrungen nutzbringend anzuwenden.

Auf einer Strecke von gut 300 Kilometern flogen wir über diese alte Eisscholle hinweg. Hier und dort wies sie vereinzelte Risse auf, im Laufe von 50 oder 60 Kilometern zumindest eine irgendwie geartete Rinne. Inzwischen hatte der Wind in unserer Höhe auf Nordosten gedreht, war aber sehr schwach und hatte kaum Einfluss auf unsere Geschwindigkeit, die bei knapp 175 Kilometern pro Stunde über Eis lag. An der Nordkante der alten Eisscholle erreichten wir viele offene Wasserarme und viel junges Eis. Dann drehte der Wind innerhalb kurzer Zeit über Osten auf Südosten, Süden und schließlich nach Südwesten.

Es ist denkbar, aber nicht sicher, dass das dicke alte Eis Folge von Besonderheiten in den Luftströmungen jener Gegend war. Die Eisbedingungen wiesen auf dynamische, regelmäßige Luftveränderungen hin, und die Bewegung der alten Eisscholle schien in ihrer Richtung durch aufeinandertreffende Wind- und Wasserströmungen bestimmt. Möglicherweise verdankt sich die Bildung einer so gigantischen Eisplatte den Schneemassen, die in dieser relativ windstillen Region mit starken Temperaturschwankungen niedergehen.

Auf den nächsten grob geschätzt 300 Kilometern nach dem Ende des alten Eises überflogen wir junges Eis, Wasserrinnen und gewöhnliches Packeis, wie es an den arktischen Küsten weit verbreitet ist, wo der Wind wechselhaft und stark ist und die Meeresströmungen kraftvoll. Dem Anblick der Eiskämme in jener Region nach zu urteilen, waren Drift und Druck abwechselnd vor allem aus Osten und Westen gekommen, sowie etwas Druck aus allen übrigen Richtungen. Als nächstes erreichten wir wieder altes, schweres, von Kämmen durchzogenes Eis und fast zeitgleich eine Wolkenbank.

Rund eine Stunde früher hatte ich mit Interesse verfolgt, wie sich der Himmel hinter uns immer weiter verfinsterte. In einem Gebiet, das bei unserem Durchflug noch völlig klar gewesen war, bildeten sich in großer Höhe langgezogene Schichtwolken. Zuerst waren sie kaum zu sehen, dann verdunkelten sie sich. Die Wolkenbank, der wir uns schnell näherten, kündigte sich durch eine eigenartige graue Eintrübung des Horizonts an. Ist die Luft bis zur Grenze der Sichtfeldes ruhig, hat der Himmel, wie wir ihn von unserer Flughöhe aus sahen, dort, wo er den

Erdrand berührt, eine beinahe stählern-blaue Färbung. Die Wolkenbank, die wir überflogen, war vermutlich die Folge relativer Windstille zwischen verschiedenen Winden, die zu jener Zeit in der Umgebung wehten.

Als ich direkt vor dem Erreichen der Wolken unsere Drift prüfte, trieben wir nach Nordosten, doch den herabhängenden niedrigen Wolkenspitzen nach zu urteilen, war der Wind direkt über den Wolken etwas eingeschlafen. Die Wolkenformation insgesamt schien still zu stehen, aber aus einem Flugzeug heraus ist es unmöglich, Wolkenbewegungen sicher zu bestimmen.

Kapitel VIII

Kein Land in Sicht

Es war ärgerlich, dass wir an dieser interessanten Stelle unserer Reise auf tiefhängende Wolken stießen. Gerade in dieser Gegend wäre Land unseren meteorologischen Plänen sehr dienlich gewesen, denn es hätte uns ermöglicht, in gleichen Abständen entlang des 80. Breitengrads an festen Orten einen Ring aus Wetterstationen zu errichten. Ich hatte mir sehr gewünscht, in diesem Gebiet eine Insel zu finden, doch als wir dort waren, verdeckten dichte Wolken jeden Blick auf das Eis unter uns.

Was unter diesem knapp 200 Kilometer breiten Wolkengürtel liegt, ist noch immer ein Geheimnis. Natürlich erhaschten wir auf beiden Seiten des Wolkenstreifens durch Löcher kurze Blicke auf das Eis, und als der Boden unter uns aufklarte, erwies es sich als altes, schweres Packeis. Ich sollte erwähnen, dass der unseren Blicken vollständig entzogene Streifen, wo es noch immer unentdecktes Land geben kann, nicht breiter als 130 Kilometer ist. Die Wolken, die diesen Streifen bedeckten, waren keine deutlichen Landwolken, sondern ähnelten eher Wolkenwellen, wie ich sie über offener See und Packeis beobachtet habe – doch da sie so tief hingen, dass wir nicht unter ihnen fliegen konnten, können wir nicht sicher wissen, ob sie nicht doch niedriges Land bedeckten.

Als wir das Eis wieder klar sahen, war es von vielen Rissen durchzogen, die auf leichten Druck hinwiesen. Die Rinnen verliefen in Ost-West-Richtung, die Schneewehen in erster Linie von Nordost nach Südwest, doch die Kämme verrieten, dass Wind und Druck zu verschiedenen Zeiten aus allen Richtungen gekommen waren. Bald darauf erreichten wir ein Gebiet, in dem einigen Berichten zufolge landfestes Eis gesichtet worden war. Die Bedingungen, die wir vorfanden, konnten jemanden mit begrenzter Sicht – alles, was sich vom Boden aus zum Beispiel an einem nebligen Tag erkennen ließ – leicht zu der Annahme verleiten, das Eis ruhe auf festem Grund entweder über dem Meeresspiegel oder zumindest auf einer Untiefe.

Wir flogen in einer Höhe von 900 Metern. Die Gipfel der abgerundeten Eishügel glitzerten in der Sonne. Es war leicht, es mit Gletschereis zu verwechseln, aber ich habe viel altes, vermeintlich von Gletschern stammendes, tatsächlich jedoch im Meer entstandenes Eis voller Eishügel mit glitzernden Spitzen gesehen, und das Eis unter uns ähnelte solchen Formationen in jeder Hinsicht. Außerdem gab es zwar innerhalb unseres Sichtfelds kein offenes Wasser, die vielen Risse in der Eisfläche vermittelten mir jedoch den Eindruck, dass es noch vor wenigen Wochen offene Wasserrinnen gegeben hatte. Diese vereisten Risse verliefen zickzackartig von Ost nach West, während die von Norden nach Süden verlaufenden Schneewehen sich vor allem bei Westwind gebildet hatten. Wir entdeckten auch keine großen Presseiskämme, wie sie sich gewöhnlich in der Nähe von landfestem Eis finden lassen. Möglicherweise ruht das alte Eis auf festem Land und ist stationär, aber aufgrund der gerade beschriebenen Beobachtungen lautete meine Einschätzung vor Ort, dass es im Wasser trieb. Auch nach sorgfältigem Prüfen meiner Notizen und dem Durchgehen meiner Erinnerungen an den Flug sehe ich keinen Grund, mein Urteil zu ändern.

Als wir das alte Eis überflogen, hatten wir Rückenwind. Nach dem Start waren wir offenbar zunächst aus den Ausläufern eines Sturms herausgeflogen, hatten einen Gürtel ruhiger Luft durchquert, waren anschließend auf drehende Winde gestoßen und nun in ein weiteres Sturmsystem eingedrungen, dessen Zentrum offenbar über dem Norden von Grant Land lag. Konnten wir das Kerngebiet des Sturms meiden und ihn auf seinem äußeren Rand umfliegen, sollte der Wind uns helfen.

Nicht lange nach dem Überqueren des alten polierten Eises erreichten wir gewöhnliches Packeis, das ziemlich stark von Eiskämmen durchzogen war, aber nur hier und dort wenige, sehr kleine Rinnen offenen Wassers zeigte. Die Schneewehen folgten wieder einer Nordwest-Südost-Richtung und waren vor allem von Nordwestwinden geformt worden. Von dort bis in die Nachbarschaft von Grant Land waren die Winde den ganzen Winter über aus wechselnden Richtungen gekommen. Das Eis war voller Presseiskämme, die grobe Quadrate bildeten und den Boden unter uns wie ein riesiges Schachbrett aussehen ließen.

Inzwischen waren wir seit elf Stunden in der Luft. Es war nach Mitternacht Ortszeit, aber die Sonne – zu jener Zeit beinahe direkt im Norden von uns – hatte die gesamte Zeit klar über dem Horizont gestanden. Vermutlich wegen der Lichtbrechung war es seit ungefähr einer Stunde jedoch fast unmöglich, mit dem Sextanten eine auch nur halbwegs genaue Messung zu bekommen. Meine Positionsbestimmungen der Sonne wichen bis zu zwei Grad voneinander ab. Es war mir nahezu unmöglich, die Sonne zentriert in der Blase des Sextanten zu halten, daher musste ich viele Messungen durchführen und ihren Mittelwert bilden. Dieses Problem hatte früher am Tag nicht bestanden und bestand auch später nicht mehr, als die Sonne wieder höher über dem Horizont stand. Um Mitternacht herum konnten wir aus einer Höhe von gut 900 Metern mit dem bloßen Auge beobachten, wie die trübe, rote Kugel hin- und hertanzte und sprang wie das Mastlicht eines fernen Schiffes, das mit den Wellen steigt und fällt.

Ich richtete meine Aufmerksamkeit auf das Eis nördlich von uns, denn Dr. Cook hatte erklärt, in dieser Gegend Land gesehen zu haben.[63] Fern im Norden zog sich zwischen Sonne und Horizont ein gräulicher Gürtel entlang, der mir wie eine dünne, sich langsam bewegende Wolke schien, die sich wie ein samtener Schal im Wind ausbreitete. Unter diesem Gürtel

63 Frederick Albert Cook (1865–1940) war ein US-amerikanischer Polarforscher und Arzt. Auf einer Expedition in den Jahren 1908/09 wollte er eine Insel im Polarmeer gesehen haben, die er »Bradley-Land« nannte. Seit Wilkins' Überflug ist sicher, dass in dieser Gegend kein Land existiert.

konnte ich den Horizont jedoch klar erkennen. Falls es unter der Wolke Land gab, war es niedrig und flach. Nun waren wir uns sicher, und sind es noch immer, dass zwischen Grant Land und dem Pol kein gebirgiges Land existiert. Doch Menschen neigen zu Irrtümern und wir geben nur wieder, was wir in bis zu rund 150 Kilometern Entfernung zu beiden Seiten unseres Kurses erkennen konnten.

Ungefähr zur selben Zeit reichte mir Eielson, der im Gegensatz zu mir die Treibstoffanzeige und das Tachometer sehen konnte, eine Notiz: »Motor dreht ungefähr bei 1650. Verbrauch liegt bei knapp 70 Litern pro Stunde. In den Flügeltanks sind im Moment noch gut 150 Liter. Öltemperatur knapp über 40 Grad.« Also war unser bisheriger Treibstoffverbrauch recht hoch. Wir sollten aber bald weniger verbrauchen, da sich unser Gewicht immer weiter normalen Werten annäherte. Eine Überschlagsrechnung ergab, dass unsere Vorräte für insgesamt 20 Flugstunden reichen sollten, sofern wir auf dem letzten Viertel unserer Reise den Verbrauch auf 45 Liter pro Stunde senken konnten. Wir flogen mit 160 Kilometern pro Stunde über das Eis. Ohne jede Kursabweichung betrug unsere Flugdistanz gut 3500 Kilometer. Über den Wolken waren wir allerdings viele Schlangenlinien geflogen und würden das vermutlich wieder tun müssen. Meinen Messungen nach waren wir außerdem auf einem Abschnitt des Flugs etwas zu weit nach rechts geraten, auf dem nächsten etwas zu weit nach links. Es war unmöglich, auf einen oder zwei Kilometer genau zu fliegen. Ich war mir sicher, dass wir, sofern meine Interpretation der Wetterlage zutraf, keine starken Winde von vorne befürchten mussten und es schaffen konnten, wusste aber, dass dies aufmerksames Fliegen und sehr sorgfältige Navigation erforderte.

Ich hatte großes Vertrauen in die relative Genauigkeit der Navigation bis hierher und fühlte mich zusätzlich dadurch bestätigt, dass das Eis, über dem wir flogen, offensichtlich vergleichsweise nahe der Küste war. Mit »nahe der Küste« meine ich höchstens 150 Kilometer von ihr entfernt. Es ist recht leicht, zwischen Eis zu unterscheiden, das sich regelmäßig bewegt und vom Wind gegen ein hartnäckiges Hindernis wie Flachwasser gedrückt wird, und andererseits Eis auf hoher See. Uns voraus reichten Wolkenformationen, wie man sie nur in Landnähe beobachtet, in große Höhen hinauf. In weiter, weiter Ferne hingen am äußersten Rand des östlichen Himmels säulenartige Sturmwolken wie Geistererscheinungen unter einer blassblauen Kuppel. Sie waren 250 bis 300 Kilometer weit entfernt und nur dank der klaren Luft in 1800 Metern Höhe über dem Eis erkennbar. Unter diesen Säulen aus Dunst lag ein grauweißliches Zwielicht, das sich Richtung Horizont verdunkelte. Von Norden und Süden strömten graue Schichtwolken dem Sturmzentrum entgegen.

Ich war mir nun sicher, dass über Grönland ein Sturm tobte und wir viele Kilometer weit Rückenwind haben würden. Wir hätten uns weiter nordwärts halten können, um so den hohen Wolken auszuweichen, die uns auf direktem Kurs den Weg versperrten, doch ich hatte gehofft, uns durch eine Sichtung von Grant Land in der Ferne unserer genauen Position zu versichern. Wegen der Wolkenstörung konnten wir jedoch nicht weit sehen, und als Eielson statt nach Norden nach Süden abdrehte, um die sich auftürmende Wolkenmasse dort zu umfliegen, nahm ich dies hin. Es gab keinen echten Grund hierfür, da wir nirgendwo sonst sein konnten außer nördlich von Grant Land. Die Wolken erzählten von den Bergen, die sie verbargen, aber es ist nur menschlich, die Sicherheit zu suchen, die das Sehen mit eigenem Auge bietet. Ich wollte Felsen und Erde sehen.

Im Süden wuchsen die Wolken jedoch höher und höher. Um ihnen auszuweichen, drehte Eielson weiter nach rechts und ich schrieb ihm hastig eine Notiz: »Nicht nach Südwesten fliegen. Wenn du den Wolken ausweichen musst, flieg nach Norden oder Osten.« Treu kippte Ben das Flugzeug und drehte nach Norden.

Die Sicht voraus war schlecht. Wir pflügten uns durch mehrere Wolkenbänke. Ich schrieb gerade hastig eine Notiz an Eielson mit meiner Schätzung unserer Position und um ihm zu sagen, dass wir es uns nicht leisten konnten, in die Wolken zu fliegen und nach Grant Land Ausschau zu halten, sondern direkt nach Norden fliegen sollten, da hörte ich ihn rufen. Ich blickte aus dem Fenster und sah rechts von uns nicht weit entfernt – wohl keine 30 Kilometer weit – die schroffen Berggipfel von Grant Land aus den Wolken ragen. Es war nur ein flüchtiger Blick, der uns gegönnt war, aber er reichte, um tiefe Gefühle auszulösen.

Ohne viel Aufhebens entnahm Eielson seiner Tabelle den weiteren Kurs und einige Minuten später rief er: »Richtige Richtung?« – »O. K.«, antwortete ich. Wir flogen zu dieser Zeit Richtung Ostnordost, unser Abstecher nach Süden hatte uns etwas von der vorgezeichneten Route gebracht, aber nicht weit genug, um den vor unserem Aufbruch in Barrow vorausberechneten Kompasskurs deutlich zu beeinflussen.

Während wir parallel zur Küste von Grant Land flogen, lockerte die Bewölkung allmählich auf. Mehrfach sahen wir hoch aufragende, steile Felsmassen dunkel aus dem grauen Nebel ragen. Wir sahen auch einige vergletscherte Flächen und Eiskappen, und gelegentlich erhaschten wir direkt unter uns einen Blick auf das zerborstene Meereis. Als wir uns in der Nähe von Cape Columbia[64] wähnten, sahen wir eine flache Gletscherzunge, die ich für jene Gletscherzunge hielt, bei der Peary vor seinem Marsch zum Pol sein Basislager errichtet hatte. Er hatte den Ort Crane City genannt, nach Mr. Zenas Crane, Präsident des Peary-Clubs und Vater eines meiner Freunde und Unterstützer in Los Angeles.

Unsere Erkundungsarbeit war nun tatsächlich abgeschlossen. Wir waren enorm ermutigt ob der Wunder, die unsere Maschine geleistet hatte und der Zuverlässigkeit unseres Motors in jedem

---

64 Cape Columbia ist der nördlichste Punkt von Ellesmere Island und damit der nördlichste Punkt von Kanada. Im Jahr 1909 brach Robert Peary von hier aus zu seiner Expedition zum Pol auf.

Moment. Gänzlich entspannt griff ich nach der Thermoskanne, goss mir eine Tasse Kaffee ein, kaute Pemmikan und Biscuits und fasste die Lage zusammen.

Wir befanden uns über einem kleinen lokalen Sturm. Voraus zu unserer Rechten tobte der Grönlandsturm. Unseren Beobachtungen nach war der Wind stark und kam von hinten. Falls wir nach einer weiteren Flugstunde Motorprobleme bekommen sollten, würden wir kaum nach Grant Land zurückfliegen können. Konnten wir in einem solchen Fall mit einem beschädigten Flugzeug durch den Sturm fliegen und Grönland erreichen? Aus Pearys Berichten wusste ich, dass das Eis nördlich von Grönland tückisch ist. Selbst wenn wir einen sicheren Landeplatz fänden, wäre der Weg zur Küste und zur nächsten Siedlung keine leichte Aufgabe. Wegen der niedrigen Temperaturen, denen wir ausgesetzt waren – in der Kabine herrschten minus 15 Grad, draußen minus 40 – und den Windrichtungen, die vorherrschen mussten, um das vor uns beobachtbare Sturmzentrum zu bilden, war ich mir sicher, dass sich über den wärmeren Oberflächenbedingungen nahe Spitzbergen Wolken befinden mussten und vielleicht ein heftiger Sturm herrschte.

Kapitel IX

Eielson entscheidet sich für ein Risiko

In Barrow war es zwischen ein Uhr und zwei Uhr morgens, bei uns acht Uhr morgens, und ich hatte nichts mehr gegessen, seit ich 18 Stunden zuvor Fred Hopsons Küche verlassen hatte. Dennoch unterbrach ich mein Frühstück für eine Notiz an Eielson: »Es gibt zwei Möglichkeiten«, schrieb ich. »Wir sind jetzt über einem Sturm. Wir können unter uns landen und warten, bis das Wetter besser wird. Aber können wir wieder starten? Fliegen wir weiter, werden wir bei Spitzbergen abermals in stürmisches Wetter geraten und das Land vielleicht nie finden. Willst du jetzt landen?«

Ben, mit seiner stoischen Courage und ruhigem, überlegten Verstand, wand sich in seinem Sitz. Ich konnte einige Zentimeter seiner Schultern über den Treibstofftanks sehen, sein Kopf war von der Tragfläche verdeckt. Nach nicht einmal einer Minute antwortete er: »Ich bin bereit, weiterzufliegen und es zu riskieren.« Das entsprach meinen Wünschen.

Wir waren jetzt 13 Stunden in der Luft, lange genug, um müde und verspannt zu sein. Der Treibstoffverbrauch auf dem ersten Teil unseres Flugs war höher gewesen als erwartet. Der letzte Teil unseres Fluges führte ohne Zweifel über viele Kilometer offenen Wassers. Andererseits war unter uns ein guter Landeplatz. Wir wussten, dass wir uns im Falle eines Unfalls im Norden von Grant Land ernähren könnten. Falls wir es nicht mehr in die Luft schafften, könnten wir mehr oder weniger bequem zur Station der Canadian Northwest Mounted Police auf der Bache-Halbinsel wandern, die direkt gegenüber von Etah liegt. Von dort könnten wir im Herbst mit irgendeinem Schiff in die Zivilisation zurückkehren. Doch ein echter Flieger hängt an seinem Flugzeug wie ein Seemann an seinem Schiff.

Es wäre für uns kaum erträglich gewesen, das Flugzeug zum Wrack zu machen und zurückzulassen. Wir hatten dieses Gefühl des Verlusts im Vorjahr erdulden müssen, als wir den Stinson-Doppeldecker ohne Treibstoff zurückließen. Ich war bereit, mich auch bei schlechtem Wetter auf Eielsons Fähigkeiten als Pilot zu verlassen, er war bereit, meiner Navigation zu vertrauen, und wir beide hatten volles Vertrauen in die Männer, die unsere Ausrüstung hergestellt hatten, und in die Qualität von Treibstoff und Öl, also hielten wir beständig unseren Kurs.

Unsere Erfahrungen im Vorjahr mit den drei Notlandungen auf dem arktischen Packeis fern von den Küsten Alaskas und Sibiriens belegten jenseits aller Zweifel, dass man ein Flugzeug, wenn nötig, auf dem Eis landen und ohne zu schwere Fracht auch wieder starten konnte. Zwischen Alaska und Grant Land hatten wir viele geeignete Landeplätze gesehen, aber auf der Grönlandseite des Arktischen Ozeans waren solche Plätze viel seltener.

Als wir die wolkenverhangene Küste von Grant Land verließen, sahen wir das, was Peary als *The Big Lead*[65] bezeichnet hatte. Der gewaltige Wasserarm begann einige Kilometer nördlich der Umgebung von Cape Columbia und zog sich von dort Richtung Grönland, bis er sich in der Ferne verlor.

Als wir zunächst auf Grönland zu und später nördlich von Grönland flogen, war das Eis unter uns stark in einzelne Schollen zerbrochen. Ein Großteil des Eises war zu dünn, um darauf zu landen, und zumindest am Tag unseres Überflugs wäre es in jener Gegend auch unmöglich gewesen, mit Schlitten über das Eis zu wandern. Kurz nachdem wir die Wolken nahe Grant Land hinter uns gelassen hatten, zeigten die Schneewehen an, dass die Windrichtungen während des gesamten Winters immer wieder gedreht hatten. Nördlich von Grant Land hatten regelmäßige oder sogar konstante Winde aus Norden oder Nordnordosten vorgeherrscht. Unser Kurs führte Richtung Ostnordost und als wir nördlichere Breitengrade erreichten, entkamen wir

65 In etwa: »Der Große Wasserarm«.

den Ausläufern des Sturms über Grönland und erreichten ein windstilles Gebiet mit kalten Temperaturen von minus 44 Grad. Zum ersten Mal während unseres Fluges fröstelten meine Hände und Füße etwas, waren aber nicht wirklich kalt. Die Öltemperatur im Motor fiel auf etwa 15 Grad ab und um die Motortemperatur zu erhöhen, musste Eielson die Maschine gelegentlich steil in die Höhe ziehen oder Vollgas geben.

Bald drehte unser Kurs auf südöstliche Richtung und als wir uns von Norden aus dem 84. Breitengrad näherten, erreichten wir erneut das Einflussgebiet des Windes. Leicht südlich und später stärker südlich folgten wir immer weiter unserem Kurs, und so, wie wir auf unserem Kurs drehten, drehte auch der Wind und trieb uns auf unserem Weg voran. Drei Stunden, nachdem wir Grant Land verlassen hatten, schob sich fern im Südwesten an der äußersten Nordspitze Grönlands ein einsamer Berggipfel undeutlich aus den Wolken.

Ich war mir nun sicher, dass die niedrigen Temperaturen und der starke Nordwestwind uns Ärger bereiten würden, wenn sie auf die wärmeren Luftmassen nahe Spitzbergen trafen. Schon jetzt war der ferne Horizont in das aschfarbene, graue Licht getaucht, das schon aus großer Distanz auf starke arktische Winde und Stürme hinweist. Aber der Nordwind hatte uns ins seinen Klauen und, wie Peary es über seine Rückkehr vom Pol geschrieben hatte, glitten wir den »Nordpolhügel« in gutem Zustand hinab.

Die Ausläufer des Sturms über Grönland und die Wolken über Spitzbergen schienen sich fern im Süden zu vermischen, doch einige hundert Kilometer weit führte uns unser Weg durch klares Wetter. Dann sahen wir vor uns hohe, wogende Kumuluswolken, die sich bis in Höhen weit oberhalb dessen erstreckten, was selbst unsere inzwischen nur noch leicht beladene Maschine erreichen konnte. Während wir uns den Wolken näherten, zog Eielson die Maschine immer weiter bis auf 2200, dann 2400 Meter in die Höhe, und die Wolken waren noch immer weit über uns. Es war sinnlos: Wir durften nicht hoffen, über ihnen fliegen zu können, und wenn wir Treibstoff sparen wollten, war es nicht ratsam, noch höher hinauf zu fliegen. Wir mussten unseren Weg zwischen den Wolken hindurch suchen – und dabei so gut wie möglich auf Kurs bleiben.

Seit dem Verlassen von Grant Land hatte die Sonne von meinem Platz aus gesehen kontinuierlich zur unserer Linken ihre Bahn gezogen. Nun jedoch wurde sie von der rechten Tragfläche verdeckt. Unmittelbar bevor wir in die Wolken flogen, bat ich Eielson, einen Moment vom Kurs abzuweichen, damit ich unsere Position so genau wie möglich bestimmen konnte.

Zu jener Zeit stand die Sonne 16 Grad über dem Horizont. Auf unserem Weg nach Osten waren wir ihrer Solaren Majestät um den halben Globus entgegengekommen. Mehrere Messungen verschafften mir die benötigten Informationen. Wir waren ungefähr 300 Kilometer genau nordwestlich von Spitzbergen und knapp östlich unseres geplanten Kurses. Der aus Nordnordwest kommende Wind ließ uns nach Osten abdriften, doch im Moment wollte ich den vorausberechneten Kompasskurs nicht verlassen. Es war völlig unklar, aus welcher Richtung und mit welcher Stärke der Wind kommen würde, sobald wir in den Wolken waren. Ich hielt es für weiser, zu weit im Osten über Land zu sein[66] als zu weit im Westen über der Grönlandsee, denn von dort aus hätten wir unseren Weg zur Küste Spitzbergens durch Kreuzwinde erkämpfen müssen.

Wir stellten sicher, dass möglichst viel Treibstoff in den oberen Tanks war – alles, was die Pumpen hergaben. Es schien, als ob das Benzin noch für mindestens vier Stunden reichen sollte, vielleicht auch länger. In einer Höhe von 2400 Metern drangen wir in das Wolkengebiet ein. Eielson wählte die Flugbahnen zwischen den dunstigen Massen, wobei er vorige Kursabweichungen jeweils geschickt ohne meine Hilfe ausglich. Die Luft war aufgewühlt, der Wind wechselhaft. Durch gelegentliche Wolkenlücken sahen wir tief unter uns dunkle Wasserstreifen zwischen verstreuten Eisschollen. Eineinhalb Stunden lang

66 Über Spitzbergen.

flogen wir durch Wolkenlücken, entdeckten einige wenige nahezu eisfreie Wasserflächen, doch für genaue Messungen von Drift und Geschwindigkeit über Grund waren diese Eindrücke zu flüchtig. Manchmal konnten wir die Sonne sehen, dann wieder war sie hinter hohen Wolkentürmen verborgen. Immerhin ermöglichten uns diese unregelmäßig auftretenden Sonnenlücken, unseren Kompasskurs zu prüfen.

Wie man natürlich annehmen musste, war unser Kompass in jener Phase unzuverlässiger als irgendwann sonst während unseres Fluges. Regelmäßige und plötzliche Kursänderungen, um irgendwelchen Wolkenformationen auszuweichen und Wolkenlücken zu folgen, ließen unseren Kompass vor- und zurückschwingen und er hatte kaum Zeit, sich zu stabilisieren. Anstatt uns auf den Kompass zu verlassen, mussten wir unseren Kurs aufgrund unseres Gefühls für Richtung, anhand der Neigungsrichtung der Wolkenspitzen und mit Hilfe gelegentlicher Messungen des Sonnenstandes bestimmen.

Wir glaubten, dass der Wind weiterhin zu unseren Gunsten war, und falls dies stimmte, mussten wir uns unseren Schätzungen zufolge den Bergen im Norden Spitzbergens nähern. Blieben die Wolken jedoch weiterhin so hoch wie die, zwischen denen wir flogen, waren selbst die höchsten Gipfel von ihnen verhangen. Außerdem schienen die Wolken sich auch nach unten hin fast bis zum Wasser auszudehnen, sodass wir aus Furcht, direkt in einen Berg zu rasen, nicht wagten, unter den Wolken zu fliegen.

Unser Motor hatte während des gesamten Flugs hervorragend funktioniert, aber er näherte sich dem Ende eines zermürbenden Flugs und der Treibstoff in den Tanks ging zur Neige. In der sehr feuchten Luft stieg die Gefahr, dass die Gemischbildung aus Treibstoff und Luft versagte und wir in das eisige Wasser stürzten. Drehten wir nach Osten ab, um sicherzustellen, dass wir über Land waren, stand uns – vorausgesetzt, uns gelang eine sichere Landung in den Bergen – eine sehr anstrengende Reise durch tiefen Schnee und über Gletscher bevor.

Südlich von uns schienen die Wolken niedriger zu sein und wir drehten in diese Richtung, um vielleicht einen Berggipfel zu erspähen, der uns helfen konnte, unsere genaue Position zu bestimmen. Bald belohnte uns der Anblick zweier scharfgeschnittener, nadelartiger Spitzen direkt unter uns. Für einen genaueren Blick glitten wir in einer Schleife durch die Wolkenlücke hinab. Wir dachten, sobald wir das Land erst einmal sahen, könnten wir seinen Konturen im Tiefflug folgen.

Über den Wolken war die Luft turbulent, unter ihnen war es ausgesprochen stürmisch. Unser nunmehr beinahe leeres Flugzeug wurde hin- und hergeworfen wie ein Korken in einem sturmgepeitschten Meer. Alles, was in der Kabine nicht niet- und nagelfest war, stürzte scheppernd durcheinander. Da ich nichts zum Festhalten hatte, stürzte ich ebenfalls, wenn auch immerhin ohne zu scheppern.

Eielsons konnte nun all sein wertvolles Training und seine Besonnenheit zeigen. Mit nach unten gedrückter Nase und auf volle Kraft gestelltem Motor bockte das Flugzeug wie ein Rodeopferd, doch Eielson verlor nie die Kontrolle und lenkte es geschickt um die schroffen Gipfel. Wir sanken bis auf wenige Meter über das von Eisbergen übersäte Wasser nahe der Küste, wo der Sturm tobte und salzige, vom Meer aufgepeitschte Gischt die Luft erfüllte. Das Land lag hinter dichtem und hohem Schneetreiben verborgen, das jede Schätzung von Entfernungen unmöglich machte.

Ein Fleckchen flachen, schneebedeckten Landes glitt in einem flüchtigen Moment unter uns hinweg, voraus drohte ein Berg. Mit einem geschickten Schwenk der Maschine konnte Eielson ihm knapp ausweichen. Wir mussten einsehen, dass es gefährlich war, der Küste zu dicht zu folgen, also drehten wir quer zum Wind und krebsten hinaus aufs Meer. Doch das Meer bot keine sichere Zufluchtsstätte für eine Rast – es sei denn, es sollte eine wahrlich lange, lange Rast werden. Bald stellte sich heraus, dass wir an einer kleinen, gebirgigen Insel entlangflogen und es sinnlos war, draußen über dem Wasser zu bleiben. Es ging zurück Richtung Land, nur um erneut von den steilen Bergen abgeschreckt zu werden. Wir waren wie ein gefangener Vogel, der gegen eine Fensterscheibe klopft.

Wir wussten, dass der Treibstoff knapp wurde und wir bald landen mussten oder nicht mehr genug für einen erneuten Start übrig hätten. Wir hatten keine Wahl, außer zu versuchen, jenes kleine Fleckchen flachen Landes wiederzufinden, auf das wir nur einen kurzen Blick erhascht hatten. Die Windschutzscheibe vor Eielson war beinahe völlig mit Schnee und gefrorenem Öl bedeckt, seine Sicht beschränkte sich auf das Wenige, was er durch die kleinen offenen Fenster erkennen konnte, wenn er abwechselnd erst zur einen, dann zur anderen Seite hinausschaute. Mir hingegen ermöglichten die Fenster der Kabine, die bündig im Flugzeugrumpf eingelassen und frei von Schnee waren, eine ziemlich gute Sicht.

Wir flogen hierhin und dorthin. So schnell ich schreiben konnte, reichte ich Eielson Notiz auf Notiz:

»Nach rechts.«

»Nun nach links.«

»Etwas mehr.«

»Nein, wir sind vorbeigeflogen.«

»Zurück.«

»Zurück.«

»Bleib so dicht an der Küste wie möglich.«

»Dort rechts ist es.«

Eielson hatte kaum Zeit, meine Notizen zu lesen. So beschäftigt, wie er mit den Kontrollen war, wunderte ich mich, dass er überhaupt in der Lage war, meine Notizen zu greifen, geschweige denn, ihre Bedeutung zu begreifen und sie zu befolgen.

Als er die richtige Stelle entdeckte, waren wir beinahe schon wieder über sie hinweg, also flog er eine weitere Schleife hinaus aufs Meer, drehte in den Wind und sank bis hinab in den Bereich des vom Boden aufwirbelnden Flugschnees. Es war für uns beide ein sehr angespannter Moment. Ich presste mein Gesicht gegen die Fensterscheibe und versuchte zu erkennen, ob der Boden unter uns gleichmäßig glatt oder von Eistrümmern bedeckt war. Eielson konnte nichts erkennen, stellte sich aber mit großer Nervenstärke auf alle Eventualitäten ein, richtete das Flugzeug aus und ließ es in den wirbelnden Schnee hinabsinken.

Wir kamen reibungslos zum Stehen. Wegen des Sturms war unsere Geschwindigkeit über Grund im Gleitflug mit ausgeschaltetem Motor notwendigerweise niedrig gewesen, vielleicht 40 oder 50 Kilometer pro Stunde. Wegen des blendenden Schneetreibens konnten wir die Windstärke selbst nach der Landung nicht genau beurteilen, aber sie musste ungewöhnlich stark sein und ließ uns kaum zehn Meter von der Stelle, wo unsere Kufen zuerst den Schnee berührt hatten, zur Ruhe kommen. Als wir standen, konnten wir in alle Richtungen nur wenige Meter weit sehen. Ich warf die Abdeckplanen für den Motor und einen leeren Ölkanister aus der Kabine und kämpfte mich voran, um die Öltanks zu leeren, bevor das Öl frieren konnte.

»Öffne den Hahn!«, rief ich Eielson zu und hielt den Kanister unter das Ablassrohr, aber es tat sich nichts. Ich rief noch einmal so laut ich konnte. Doch infolge des stundenlangen Dröhnens unseres Motors war Eielson kurzfristig völlig taub. Er konnte kein Wort hören und erst, als ich mich mit Zeichen verständlich machte, begann das Öl zu fließen. Der Sturm blies weiter mit Orkanstärke und schnell bildeten sich um unser Flugzeug hohe Schneewehen. Um die Kufen herum trampelten wir den Schnee fest, damit er festfror und verhinderte, dass das Flugzeug kippte oder gar umfiel.

So schnell wie möglich warfen wir die Abdeckplanen über den Motor – zuerst die aus Segeltuch, dann die wasserfeste – und verschnürten sie fest.

Wir konnten uns zunächst nur mit Zeichen verständigen, aber wie im Vorjahr, als wir durch einen dunklen, tosenden Schneesturm 1500 Meter hinab auf das Packeis gefallen waren, gab es nichts, was wir sofort besprechen mussten. Wir kletterten schweigend in die Kabine der Maschine und klopften den Schnee von unseren Kleidern. »Gott sei Dank ist die Maschine sicher!«, schrie ich Eielson ins Ohr. Er nickte feierlich. Für ein längeres

Gespräch waren unsere Köpfe und Herzen zu sehr mit Dankbarkeit gefüllt, selbst wenn uns das Hören leicht gefallen wäre.

Das Flugzeug rüttelte und zitterte im böigen Wind. Ich griff nach den Überresten unserer Lunchpakete für den Flug und wir kauten trockene Biscuits, Schokolade und Pemmikan. Der heiße Kaffee in meiner Thermoskanne reichte noch für je einen Schluck für uns beide. Ben hatte einige Zigaretten in seiner Tasche, wir rauchten und legten uns dann zum Schlafen hin. Ich glaube, keiner von uns war körperlich erschöpft, aber die Anspannung der letzten beiden Stunden hatte uns viele Nerven gekostet. Schlaf war lange Zeit unmöglich.

Aus jetziger Sicht, einige Zeit nach dem Ereignis, ist es interessant, unsere Stimmung damals mit jener im Jahr zuvor zu vergleichen, als wir uns nach unserer Notlandung auf einen langen Heimweg einstellen mussten. Seinerzeit war unser Motor plötzlich ausgegangen, während wir noch durch die Luft flogen und hofften, der Treibstoff möge bis zu unserer Station oder wenigsten bis zum Land reichen. 20 lange Minuten schwebten wir in völliger Finsternis immer weiter hinab, eine graue furchteinflößende Finsternis. Nicht das Schwarz einer Winternacht, sondern ein nervtötender, die Sinne trübender Schleier. Was erwartete uns am Boden? Raues Eis, soviel wussten wir, und vielleicht ein offener Wasserarm. Verletzungen, kleinere oder tödliche schienen unausweichlich, aber wir waren schicksalsergeben – hilflos in der Hand unseres Schöpfers, ihm ausgeliefert ohne eigene Einflussmöglichkeiten. Es gab nichts, was wir hätten tun können, um uns selbst zu helfen.

Die Landung in diesem Jahr auf Spitzbergen dagegen hatten wir uns erkämpfen müssen – und zwar jeden einzelnen Zentimeter, voller Anspannung, unsicher, nie gänzlich hilflos, aber immer gegen gewaltige Schwierigkeiten. Als wir nun im Flugzeug saßen, hatten wir sowohl für uns selbst als auch für das Flugzeug einen sicheren Platz gefunden. Ich vermag nicht zu sagen, in welchem Jahr unsere Dankgebete inniger waren. Ehrlich waren sie beide Male.

Kapitel X

Fünf Tage auf Dead Man's Island

Unser Nonstop-Flug von Küste zu Küste war zu Ende. Wir waren 20 Stunden und 20 Minuten in der Luft gewesen. Nicht einmal eine halbe Stunde war vergangen, seit wir den ersten Blick auf die Zwillingsgipfel erhascht hatten, aber es schien uns wie eine Ewigkeit. Nach einer kurzen Rast gewann Eielson allmählich sein Hörvermögen zurück und wir machten uns daran, unsere genaue Position zu bestimmen. Ungefährer Schätzung nach sollten wir in der Nähe von Kings Bay[67] sein, aber die Insel, die wir aus der Luft gesehen hatten, verwirrte uns. Laut unserer Karte gab es in der Nähe von Kings Bay keine solche Insel. Sicher, unsere Karte hatte einen sehr kleinen Maßstab, ein Zentimeter entsprach fast acht Kilometern, und sehr kleine Inseln waren möglicherweise nicht verzeichnet. Die schneebedeckten Berge halfen uns ebenfalls nicht weiter, denn auch sie waren auf unserer Karte nicht ausgewiesen. Erst ein ungestörter Blick auf die Sonne könnte weiterhelfen, und selbst dann war unsere Methode der Navigation nur auf rund 20 Kilometer genau.

Wir fragten uns, wie viel Treibstoff noch übrig war. Eielson war sich sicher, dass die Tankanzeige zuletzt zumindest 75 Liter angezeigt hatte. Es war zu stürmisch, um hinauszuklettern und nachzuschauen. Falls Eielsons Schätzung korrekt war, war das auch unnötig, denn wir waren an der Westküste Spitzbergens

67 Kings Bay ist der historische Name von Ny-Ålesund, einer der nördlichsten Ortschaften der Welt. Sie liegt am Ufer des gleichnamigen Kongsfjorden (Kings Bay), einem Fjord an der Westküste Spitzbergens. Wilkins benutzt für den Fjord wie die Ortschaft den seinerzeit gebräuchlicheren englischen Ausdruck.

und entweder Kings Bay oder Green Harbour[68] konnten nicht weiter als 150 Kilometer entfernt sein. 75 Liter Treibstoff reichten bis dahin.

Wir sprachen über die Freude, die unser Erfolg, wie wir wussten, für Allan Loughead, den Entwickler Jack Northrop und jeden einzelnen Arbeiter in der Fabrik bedeutete. Sie hatten fleißig und gut gearbeitet, und waren, was noch wichtiger ist, überaus bereitwillig und außerordentlich umsichtig auch noch auf das kleinste Detail unserer Wünsche eingegangen. Wir wussten, dass auch die Firma Wright sehr glücklich sein würde, denn unsere langsamen Fortschritte und Rückschläge in den Vorjahren hatten ihren Motoren keine großen Triumphe beschert. Wir gingen jeden einzelnen unserer gemeinsamen Freunde durch, und für jeden unserer persönlichen Freunde huschten stille Botschaften durch unsere Köpfe. Wir waren soeben ohne Zwischenlandung um die halbe Welt geflogen. Wir versuchten zu realisieren, dass in Barrow Fred Hopson und Charlie Brower, die wir 20 Stunden zuvor verlassen hatten, ihr Frühstück aßen, während die Einwohner Spitzbergens ihre Abendmahlzeit zu sich nahmen.

Nach etwa einer Stunde entspannten sich unsere überstrapazierten Nerven und wir schliefen ein. Als wir erwachten, wehte der Schnee noch immer umher, aber nicht mehr so heftig. Wir hatten das Gefühl, in einen Rip-Van-Winkle-Schlaf[69] gefallen zu sein, aber unsere Uhren zeigten an, dass kaum fünf Stunden vergangen waren. Die Mitternachtssonne kämpfte tapfer genug,

---

68 Green Harbour (Grønfjorden) ist ein 16 Kilometer langer Fjord an der Südküste des größeren Isfjorden, an dessen Ufer die heute russische, seinerzeit niederländische Minenstadt Barentsburg liegt. Wilkins benutzt erneut den englischen Namen für den Fjord wie auch für die Siedlung.

69 Rip Van Winkle ist der titelgebende Held einer Kurzgeschichte des amerikanischen Schriftstellers Washington Irving (1783–1859) aus dem Jahr 1819. Sie gilt als erste Kurzgeschichte der amerikanischen Literatur überhaupt. In der Erzählung fällt Rip Van Winkle in einen 20-jährigen Schlaf.

um zu versprechen, die Wolken später am Tag aufzulösen. Wir ruhten weiter und schliefen wieder ein.

Als wir das nächste Mal die Augen öffneten, erblickten wir die Sonne, die ein gutes Stück oberhalb der Berge von einem klaren Himmel schien. Mit Hilfe des Blasensextanten gewann ich eine ziemlich verlässliche Messung des Sonnenstands. Unsere Berechnungen und Zeichnungen platzierten uns irgendwo auf einer Linie, die exakt entlang der Westküste Spitzbergens verlief. Einige Stunden später, wenn die Sonne weiter im Süden stünde, würde eine weitere Messung uns ermöglichen, eine zweite Linie in die Karte zu zeichnen, und wo sich diese beiden Linien kreuzten, wäre unsere ungefähre Position.

Der Schnee fegte über dem Boden dahin, wirbelte aber nicht in große Höhen. Wir sprangen aus der Maschine und wollten ein wenig umherwandern und unsere Umgebung inspizieren, aber schon die ersten Schritte verrieten, dass wir ohne Schneeschuhe oder Skier nicht weit kämen. Bei jedem Schritt versanken wir bis zu den Knien im lockeren Schnee.

Als wir die Skier von der Kabinenwand abschnallten, war ich froh, in Barrow nicht der Versuchung nachgegeben zu haben, ein Paar zurückzulassen, um Gewicht zu sparen. Beim Blick nach Norden und in Richtung See entdeckten wir in etwa 400 Metern Entfernung eine kleine runde Anhöhe, auf der ein aus einfachen Brettern zusammengezimmertes, dreieckiges Landvermesserzeichen stand – vermutlich dort als Wegweiser für Schiffe platziert, die die Küste entlangfuhren. Wir wanderten auf Schneeschuhen dorthin und untersuchten dieses Anzeichen menschlicher Aktivität, aber es bot keinen Hinweis auf unsere exakte Position. Auf keinem der Bretter stand irgendetwas, es gab nicht einmal Kratzer. Ich hatte die Ferngläser mitgenommen und suchte die Berge und Täler im Osten ab. Viele dunkle Objekte tanzten und zitterten, dehnten und verzerrten sich in den Luftspiegelungen über dem dahinfegenden Flugschnee.

In weiter Ferne, jenseits einer Bucht oder eines Meeresarms (wir wussten nicht, welches von beidem) konnten wir etwas sehen, das wie die Häuser eines Dorfes aussah, aber ihre Lage ähnelte nicht im Geringsten der Situation im Kings Bay, wie wir sie von einer unscharfen Photographie kannten. Keiner von uns hatte je ein Bild von Green Harbour gesehen oder kannte die dortige Situation. Mehrmals drehte ich mich den dunklen Objekten zu, die über dem sich bewegenden Dunst zu schweben schienen. Zu oft war ich in der Arktis und anderswo von Luftspiegelungen getäuscht worden, als dass mich diese tanzenden Formen beunruhigen konnten. Unter den gleichen Bedingungen wie an jenem Tag hatte ich über baumlosen Sandebenen oder Eiswüsten zuvor schon Paläste, Schiffe, Palmen und ausgedehnte Städte gesehen. Eine Luftspiegelung kreiert Schatten, die abhängig von den Fantasien des Betrachters jedem beliebigen Objekt gleichen. Wir mochten nicht glauben, durch Zufall nur wenige Kilometer von einer Stadt entfernt gelandet zu sein, außerdem gab es auf Spitzbergen gar keine Städte. Wir wandten uns von den spöttischen Schatten ab.

Direkt unserem Landeplatz gegenüber schob sich ein Bergrücken aus der See – eine hohe Insel. Weiter im Norden sahen wir die hohen Gipfel einer weiteren großen Insel, deren Ausdehnung wir nicht überblicken konnten. Der allgemeine Verlauf der Küste gab uns keinerlei Hinweise auf unseren Aufenthaltsort. Der Küstenverlauf sieht vom Norden bis zum Süden Spitzbergens überall gleich aus. Außer Prince Charles Foreland waren die einzigen auf unserer Karte verzeichneten Inseln Amsterdam und Danes Island am nördlichen Ende Spitzbergens.[70] Es musste so sein, dass wir in der Nähe von Danes Island rund 100 Kilometer nördlich von Kings Bay waren. Das schien jedoch nicht plausibel, denn wir schätzten,

70 Prince Charles Foreland (Prins Karls Forland) ist eine langgezogene Insel vor der Westküste der Hauptinsel Spitzbergen. Amsterdam (Amsterdamøya) und Danes Island (Danskøya) sind kleinere unbewohnte Inseln im Nordwesten von Spitzbergen. Im 17. Jahrhundert befanden sich auf beiden Inseln niederländische bzw. dänische Walfangstationen, daher die Namen der Inseln.

der Küste vor unserer Landung rund 70 bis 80 Kilometer nach Süden gefolgt zu sein.

Ich wanderte zum Fuß eines einige Kilometer östlich gelegenen Berges und entdeckte jenseits von ihm entweder einen Meeresarm oder einen tiefen Fjord von vielen Kilometern Länge. Ich konnte kein Ende des offenen Wasser erkennen, hatte aber auch nur wenig Zeit für Beobachtungen. Der noch immer dahinfegende Schnee begann, wieder höher vom Boden aufzuwirbeln, und ich musste zum Flugzeug zurückhasten, um eine zweite Sonnenmessung vorzunehmen und zu schauen, wo diese uns platzierte. Ich war so todmüde von meiner Wanderung und den Strapazen des Vortags, dass meine zweite Messung vermutlich ungenau war: Sie platzierte uns auf der Hauptinsel Spitzbergen[71], genau gegenüber der ungefähren Mitte von Prince Charles Foreland zwischen Kings Bay und Green Harbour. Obwohl wir der Küste nach Süden gefolgt waren, schien es jedoch unwahrscheinlich, dass wir so weit gekommen sein konnten. Falls das Wetter am nächsten Tag besser wäre, sollte sich eine definitive Position innerhalb von 25 bis 30 Kilometern bestimmen lassen. Es stand außer Zweifel, dass wir, sollte der Treibstoff noch für eine bis eineinhalb Stunden reichen, irgendeine menschliche Siedlung erreichen konnten.

Der Wind hatte abrupt von Nord über Ost auf Südost gedreht und fegte nun von dort aus mit Orkanstärke heran. Der Schnee, der bei unserer Landung an uns vorbeigewischt war, fegte nun zurück in die Richtung, aus der er gekommen war.

Den ganzen nächsten Tag über hielt der Südwind an, um später plötzlich wieder auf Nord zu drehen und voller Raserei eisige Kälte zu bringen. Unser Thermometer war zu Boden gefallen und zerbrochen, sodass wir die Temperatur nur nach Gefühl bestimmen konnten. Bis wir genau wussten, wie viel

71 Archipel und Hauptinsel heißen beide Spitzbergen, bis zu dieser Stelle im Text meinte Wilkins immer den Archipel, hier meint er aber die Hauptinsel.

Treibstoff wir noch hatten, konnten wir es uns nicht erlauben, Benzin als Brennstoff zu verwenden, also verbrannten wir etwas Alkohol in einer Tasse und schmolzen etwas Schnee zum Trinken. Wir durften im Flugzeug nichts erhitzen, denn es galten die gleichen Prinzipien wie in einem Schneehaus oder Zelt: Erhöhten wir in der Kabine die Temperatur, würde sie wegen des Raureifs an ihren Wänden sehr ungemütlich werden. Ein weiterer Grund war, dass wir unser Essen nicht erwärmen mussten: Wir hatten im Vorjahr gelernt, dass wir sehr gut mit kaltem Wasser, trockenen Biscuits, Schokolade und Pemmikan auskamen.

Auf meinem Erkundungsausflug hatte ich am Strand jedoch etwas Treibholz gesehen. Obwohl am nächsten Tag der Schnee um uns herumflog und die Sichtweite nur wenige hundert Meter betrug, brachen wir also auf, hakten einige schwere Äste ein und schleiften sie mühsam durch den tiefen Schnee zu einem kleinen Felssockel in der Nähe unseres Flugzeugs. Es wäre sinnlos gewesen, an jenem Tag zu versuchen, dort ein Feuer zu entfachen, aber wir dachten, dass das Holz sich als sehr nützlich erweisen könnte, wenn wir vor unserem nächsten Aufbruch das Öl erwärmen und eine heiße Schokolade trinken wollten.

Der nächste Tag brachte eine kurze Phase guten Wetters, in der wir trotz des noch immer anhaltenden Schneefegens versuchten, ein Feuer anzuzünden. Wir mussten jedoch feststellen, dass das Holz, für das wir uns so abgemüht hatten, derart salzig und durchnässt war, dass es sich selbst dann noch weigerte zu brennen, als wir es in dem alten Maschinenöl tränkten, das wir nach der Landung aus den Tanks gelassen hatten. Wir mühten uns eine ganze Stunde, aber alles, was wir erhielten, war etwas lauwarmes Schmelzwasser, dessen Menge nicht ganz reichte, um unsere Thermoskannen zu füllen. Für weitere Flüssigkeit mussten wir also auf unseren kleinen Alkoholvorrat zurückgreifen. Dieses Wissen vergrößerte unseren Durst, aber wir verbrauchten nur wenig Energie und lagen gemütlich in der Kabine – die Füße warm in unseren Schlafsäcken und die Arme zurückgezogen in unsere Fellhemden. So benötigten wir nur wenig Essen oder Trinken, die Warterei war aber ermüdend und wir waren unruhig.

Der genaue Füllstand unserer Tanks bereitete uns Sorgen. Solange der Hecksporn der Maschine auf dem Boden auflag, war die Anzeige nicht präzise. Der Schnee hielt uns davon ab, die Tanks abzulassen und die Treibstoffmenge in einem leeren 19-Liter-Kanister[72] nachzumessen, den wir für diesen Zweck dabeihatten. Wir rauchten die Zigaretten, die ich für eine Gelegenheit wie diese gekauft hatte. Außerdem hatten wir zwei Zigarren und an einem der Tage zerteilten wir eine von ihnen und rauchten jeder eine halbe Zigarre. Geduldig warteten wir auf eine Wetterbesserung.

Am Freitagmorgen überprüften wir während einer Ruhepause des Sturms die Treibstoffmenge, wobei wir sie durch den Vergaser laufen ließen, um sicherzustellen, dass alles, was wir maßen, den Motor bei Bedarf auch tatsächlich erreichte. Aus den beiden Steuerbordtanks rannen nur 19 Liter. In den Backbordtanks sollte noch einmal genauso viel sein, denn sie waren miteinander verbunden. Ja! Noch einmal 19 Liter ließen sich zurückgewinnen, doch unsere Stimmung sank, denn wir glaubten, die Kabinentanks komplett leer gepumpt zu haben und rund 38 Liter konnten uns im Fall von Startproblemen kaum in die Luft bringen.

Wir waren völlig niedergeschlagen und fürchteten uns davor, die Siegel vom Ablassrohr der Kabinentanks zu reißen. Aber es ging um jeden Tropfen! Ohne große Erwartungen stellten wir den Kanister unter das Rohr des ersten Kabinentanks und zogen die Reißleine. Zu unserer großen Überraschung trat ein kräftiger Strahl Treibstoff aus. Dank des gut einen Zentimeter breiten Rohres war der Kanister zügig gefüllt und es war noch

72 Der Kanister enthielt fünf amerikanische Gallonen, etwas weniger als 19 Liter.

immer Treibstoff im Tank. Nun also nicht ganz 60 Liter. Die Menge war schön und gut, aber wie konnten wir das Ablaufrohr verstopfen, während wir die 19 zusätzlichen Liter, die wir gerade aus dem Kabinentank abgelassen hatten, in die oberen Tanks kippten? Wir hatten nur diesen einen Kanister und nur ein genau passender, weicher Stopfen konnte den Treibstofffluss stoppen. Das einzige, was diese Bedingungen erfüllte, war meine Hand. Ich zog meinen Handschuh aus und presste meine Handfläche gegen das Rohr. Benzin rann über meinen Hemdärmel und ließ die Temperaturen beim Verdunsten noch weiter abkühlen. Es schien, als müsste meine Hand zu Eis erstarren, bevor Eielson den Kanister leeren und ihn wieder unter der Öffnung des Ablaufrohrs platzieren konnte. Wir durften den Treibstoff nicht verlieren. Eielson beeilte sich so sehr es ging, doch als der Kanister schließlich wieder da war, litt ich unter höllischen Schmerzen und Erfrierungen. Es kamen noch knapp neun weitere Liter aus dem Tank, doch es war die Sache wert gewesen. Ich taute meine Hand und meinen Arm wieder auf, dann folgte dieselbe Prozedur am anderen Kabinentank. Alles in allem kippten wir über 75 Liter in die oberen Flügeltanks. Nun waren wir glücklich und zuversichtlich, dass diese 75 Liter uns an jeden Ort Spitzbergens bringen konnten, an den wir wollten.

Wir kletterten in die Maschine, aßen eine gute Mahlzeit aus Pemmikan und Rosinen und legten uns zu einer erholsamen Ruhe nieder. Wir hofften, dass das Wetter bis zum nächsten Morgen aufklaren würde und wir aufbrechen könnten.

Während wir schliefen, gewann der Wind noch einmal an Stärke und das Schaukeln der Maschine weckte mich, doch in dem Moment ließ die Kraft des Sturms bereits wieder nach und ich hatte das Gefühl, er könne nicht mehr lange anhalten. Den ganzen Freitagnachmittag trampelten wir auf den Schneewehen herum, die sich direkt vor der Maschine gebildet hatten. Erst verdichteten wir den Schnee mit unseren Schuhen, dann schlurften wir mit Schneeschuhen auf ihm herum, bis wir eine beinahe 30 Meter lange harte Startbahn angelegt hatten. Die ganze Zeit über und während der ganzen Nacht wehte ein kräftiger Nordwind und das Schneetreiben blendete uns, aber der Schnee fegte über die von uns angelegte Startbahn hinweg und bildete dort keine neuen Kämme, sondern polierte die Oberfläche.

Wir hatten Spitzbergen erstmals am Montag, den 17. April, um 18.15 Uhr Ortszeit gesichtet und waren 20 Minuten später gelandet. Erst am folgenden Samstag gegen drei Uhr morgens ließ das Wetter erstmals wieder einen Flug zu. Um diese Uhrzeit kletterten wir aus der Maschine und hackten und schaufelten uns sechs Stunden lang durch die Schneewehen, um die Maschine frei zu bekommen. Am Kopf der Startbahn bildeten wir einen kleinen, abschüssigen Hang für den Start. Falls uns keine Zeit mehr für genauere Messungen bliebe, planten wir, abzuheben, die Küste aus der Höhe zu betrachten, unsere genaue Position zu ermitteln und so unseren Kurs zu bestimmen.

Kapitel XI

Verloren auf dem Eis

Wir stellten den Ofen unter den Motor. Wegen des starken Windes war das recht schwierig, aber nachdem er schließlich an seinem Platz war, gab es keine weiteren Probleme. Das Öl erhitzte ich auf dem Primusofen in der Kabine. Wir bemerkten bald, dass es überaus weise gewesen war, auch mit halber Fracht nicht auf dem Packeis zu landen. Wir hatten nun nur noch 75 Liter Treibstoff in den Tanks, also sehr wenig, aber dennoch bewegte sich die Maschine mit zwei Personen an Bord nicht einen Zentimeter vom Fleck. Als ich hinauskletterte und am Heck anschob, kam sie problemlos ins Rollen, aber es erwies sich als schwierig, in das Flugzeug zurückzuklettern, während es sich bereits bewegte. In dieser Situation vermissten wir nun schmerzlich den Flaschenzug, der uns in Fairbanks gestohlen worden war. Er war für genau so einen Notfall wie diesen ausgelegt: Mit dem losen Ende in der Hand hätte ich von der Kabine aus mit der Kraft von vier Männern ziehen und, sobald sich die Maschine bewegte, den Flaschenzug für zukünftige Verwendungen wieder einholen können. Aber genau dieser Teil unserer Ausrüstung – unschätzbar wertvoll, wenn zwei Männer allein alle Arbeit verrichten müssen – fehlte, und wir mussten ohne ihn improvisieren.

Da sich die Maschine mit uns beiden an Bord nicht bewegen ließ, musste ich notgedrungen hinaus und anschieben. Als sie ins Rollen kam, klammerte ich mich an der Trittleiste fest und versuchte, hineinzuklettern, fiel aber bald herunter. Eielson, der mich nicht sehen konnte, dachte, ich sei an Bord, und hob ab. Erst als er die Maschine drehte, sah er mich verloren auf dem Eis stehen. Er flog eine Schleife und landete wieder.

Ich warf die Strickleiter aus, die ich in Ermangelung des Flaschenzugs bereitgelegt hatte, war mir aber nicht sicher, ob meine Fähigkeiten als Seemann ausreichten, um bei diesen Temperaturen mit Hilfe eines hin- und herbaumelnden Seils die Kabine zu erreichen. Es ist eine Sache, sich bei warmem Wetter an einem Seil festzuhalten und in ein Flugzeug zu klettern. Dasselbe bei Minusgraden und einem Flugzeug zu versuchen, das mit rund 150 Kilometern pro Stunde dahinrast, stellt eine komplett andere Ausgangslage dar. Ich verspürte keinerlei Neigung, wie eine Marionette am Seil zu hängen, bis ich steif gefroren war, um sodann wie ein Bleigewicht in mein Verderben zu stürzen. Ich entschied mich jedoch, es zu versuchen und mich auf Gedeih und Verderb festzuhalten.

Wir starteten erneut, und als die Maschine Fahrt aufnahm, klammerte ich mich ans Heck und versuchte verzweifelt, von dort die Kabine zu erreichen. Um die Strickleiter gut packen zu können, hatte ich meine Handschuhe ausgezogen. Meine Hände waren schnell so taub vor Kälte, dass ich das Seil nur schwer halten konnte, also biss ich mit den Zähnen hinein. Vielleicht eine Dummheit, aber es schien keine Alternative zu geben, als sich bedingungslos an der Maschine festzuhalten. Wir waren inzwischen sehr schnell, und Eielson, der noch immer das Gewicht am Heck fühlte, dachte, ich sei in Sicherheit, und hob abermals ab. Unmittelbar bevor wir den Bodenkontakt verloren, wurde mir klar, dass meine Chancen, die Kabine in der Luft zu erreichen, zu klein waren. Folglich ließ ich mich vom glatten, glitzernden Flugzeugrumpf rutschen, wurde vom Heck getroffen und in den Schnee geschleudert. Zu meinem großen Glück war der Schnee weich. Ich war halb begraben und halb betäubt vom Sturz. Nachdem ich den Schnee aus Mund und Augen bekommen hatte, stellte ich fest, keine schwereren Verletzungen davongetragen zu haben, aber jeder Schneidezahn in meinem Mund war lose. Ob dies eine Folge des Aufpralls war oder des Bisses in das Seil, vermochte ich in dem Moment nicht zu sagen, heute aber denke ich, es kam vom Festhalten am Seil.

Eielson sah von oben, dass ich noch auf dem Boden war, flog eine Schleife und landete abermals. Der Schnee war nicht annähernd eben, der Wind fegte quer über die Schneekämme und zwang Eielson, im rechten Winkel zu ihnen zu landen. Ich zitterte vor Angst, das Fahrgestell oder die Kufen könnten brechen. Ich stand direkt neben der Stelle, wo die Maschine den Boden berührte, und der Anblick entsetzte mich. Sie traf auf den Schnee und sprang über die Schneewehen wie ein verängstigtes Reh. Die Kufen, die mit Gummibändern befestigt und unter Spannung gehalten wurden, sprangen und schwankten umher wie die Arme eines Kraken. Sie würden nicht viele weitere Landungen dieser Art im Schnee vertragen.

Es war schwer zu entscheiden, was wir tun sollten. Ich war noch immer etwas außer Atem wegen meines Sturzes, und meine Fliegerkleidung, die ich während meiner verzweifelten Bemühungen getragen hatte, war völlig durchnässt vom Schweiß.

Der Motor war insgesamt eine Stunde gelaufen und wir hatten etwa die Hälfte unseres wertvollen Treibstoffs verbraucht. Ich beschloss, falls der nächste Startversuch nicht gelänge, ein Zelt zu nehmen, ein Gewehr und einige Nahrungsmittel, und Eielson allein nach Kings Bay oder Green Harbour fliegen zu lassen. Er könnte später mit einem Boot zu mir zurückkommen.

Das wäre eine Verzweiflungstat gewesen: An einem Ort wie dem, an dem wir waren, ist es nicht ratsam, ein Team aus zwei Personen zu trennen. Niemand konnte wissen, was aus dem anderen werden würde, aber unsere Not war groß. Vielleicht hätten wir die Hauptinsel zu Fuß erreichen können, doch das hätte bedeutet, die Maschine zurückzulassen. Vielleicht, nur vielleicht, hätten wir sie später im Jahr nachholen können. Wir hätten auch bei der Maschine bleiben und auf den unwahrscheinlichen Glücksfall hoffen können, dass ein Schiff zu unserer Rettung vorbeikäme. Robbenfänger mussten ab und zu an diesem Abschnitt der Küste vorbeikommen, aber so beschäftigt, wie sie mit ihren eigenen Aufgaben sind, hätten sie unsere Signale leicht übersehen können.

Vielleicht waren aller guten Dinge drei. Ich wollte ein Bein in der Kabinenöffnung verhaken und mich, einen Fuß gegen den Flugzeugrumpf gepresst, mit aller Kraft von dem Treibholzbalken abstoßen, den wir gefunden hatten, und so das Flugzeug in Bewegung setzen. Um eine bessere Startposition zu bekommen, hoben wir das Heck auf einen Schneeblock und brachten die Maschine so beinahe in Flugposition. Dann sicherte ich mich selbst und die Holzstange, gab Eielson das Signal und er gab Gas.

Eine ganze lange Minute hingen wir reglos im Gleichgewicht. Ich presste mit jedem Muskel meines Körpers. Das Heck bewegte sich die zwei oder drei Zentimeter, die der Spielraum der Kufen hergab, schien aber nicht darüber hinauszukommen. Doch auf einmal schwankte das Flugzeug leicht und war frei. Ich ließ die Stange fallen und richtete mich, einen Fuß in der Kabine und die Hände an ihrer Öffnung, auf und stürzte ungeachtet irgendwelcher Schrammen in die Kabine. Völlig erschöpft war ich einen Moment unfähig, auf Eielsons Rufen nach meinem Befinden zu antworten, aber er hob ab und hoffte, ich sei in Sicherheit. Bevor er die Zeit für eine Schleife hatte, ließ ich ihn wissen, dass ich an Bord war.

Ich wollte mir so schnell wie möglich einen Überblick über unser Umland verschaffen und unsere Position bestimmen, aber wegen der Wärme meines Körpers bildete sich Raureif an den Fenstern und verdeckte die Sicht. Sie zu säubern war hoffnungslos, aber ich musste unbedingt sehen, wo wir waren und einen Kurs bestimmen. Gerade, als ich meinen Kopf für einen Blick ins Umland aus der offenen Kabine streckte, hörte ich Eielson rufen: »Was ist das da drüben in der Bucht zur Linken?«

Wir hatten die Anhöhe überflogen, bei der wir gewesen waren, und hatten inzwischen knapp 900 Meter Höhe erreicht. Ich schaute nach links und erkannte mit durch den Wind tränenden Augen in der Ferne zwei hohe Radiomasten inmitten einer Häusergruppe. Es konnte nicht Kings Bay sein, Form und Größe des Fjords machten das unmöglich. Ich duckte mich in die Kabine und schrieb eine Notiz an Eielson: »Muss Green Harbour sein. Flieg hin und lande, wo der Platz dir am besten geeignet scheint.«

Wir überflogen rund acht Kilometer offenen Wassers, umrundeten einen Berggipfel und gingen dann dicht über dem Eis in den Tiefflug. Die verschneite Eisfläche im Hafen war glatt und wir flogen an den Radiomasten vorbei, noch rund eineinhalb Kilometer weiter über die riesigen Maschinen eines Kohlebergwerks hinweg. Dann flogen wir eine letzte Schleife über dem Eis und landeten am Fuß der Radiomasten. Unser Flug von unserem Ausgangspunkt in Alaska zu einer Stadt auf Spitzbergen war zu Ende.

Kapitel XII

Jubel und Abschied

Als wir landeten, war es ungefähr halb elf Uhr morgens Ortszeit. Wir sahen nur wenige Lebenszeichen, aber zwei in der Brise wehende norwegische Flaggen versprachen uns, dass wir bald unter Freunden sein würden. Ein kleiner weißer Hund hüpfte auf einer Schneewehe herum und einige andere tiefschwarze Hunde tollten durch einen Hof. Bevor ich Zeit hatte, aus der Kabine zu klettern, sah ich drei oder vier Männer auf Skiern den Hang zu uns herabkommen. Sie mochten es für seltsam halten, dass wir ihnen nicht entgegenkamen und sie begrüßten, aber unsere erste Pflicht galt dem Flugzeug und seinem Motor, das uns sicher über 3200 Kilometer arktisches Eis getragen hatte, das unser Schutz vor einem fünftägigen, eisigen Sturm gewesen war, und das nun – so weit wir sehen konnten – so perfekt vor uns stand wie am Tag seiner Fertigstellung. Als die Männer eintrafen, hatte ich den Motor bereits in die Planen gehüllt und ließ gerade das Öl ab.

Es waren die typischen angenehmen Skandinavier, die ich auf meinen Besuchen in Dänemark und Norwegen stets angetroffen habe. Ein stattlicher Herr mit soldatischem Auftreten trat vor und begrüßte uns mit aller Würde und Manieren der alten Welt. Er stellte sich als Th. Bowitz Ihlen vor, Leiter der staatlichen Radiostation auf Svalbard. Mit ihm kamen Herr[73] Ludvig Varming, ein dänischer Vertreter vieler Firmen auf Spitzbergen, sowie Paul Rierson und Emil Johansen – beides Telegraphisten. Ihnen dicht auf den Fersen folgte Frohen Gunvor

73 Für seine amerikanischen und britischen Bekanntschaften benutzt Wilkins die englische Anrede »Mr.« (Mister), hier und im Rest des Textes für die Norweger jedoch auch im Original das im Deutschen und Norwegischen identische »Herr«. Die unterschiedlichen Anreden wurden in der Übersetzung beibehalten.

Stavseth, ein hübsches norwegisches Mädchen aus Harstad im Norden Norwegens. Wir waren überrascht zu erfahren, dass auch Damen auf Spitzbergen leben. Jeder einzelne von ihnen sprach sehr gut englisch und ich beantwortete ihre Fragen so gut ich konnte. Es gab einige angenehm überraschte Blicke, als Eielson sie aus dem Cockpit mit einigen altnordischen Worten mit leicht amerikanischem Akzent begrüßte.

Sie waren ohne Frage sehr gastfreundlich – wie eigentlich alle Skandinavier – aber Eielsons norwegische Begrüßung brachte uns einen geradezu familiären Empfang ein. Geduldig und höflich hielten sie sich mit Fragen zurück, bis wir unser Flugzeug versorgt hatten und sagten dann: »Kommt mit zu uns und macht es euch bequem.« Der Schnee in Green Harbour war tief und weich, sodass wir selbst auf dem kurzen Weg von rund 100 Metern zur Messe der Radiostation froh über unsere Schneeschuhe waren. Unsere neuen Freunde entschuldigten sich beinahe für die Schneemengen. »Eine Folge des Wetters in den vergangenen fünf Tagen«, erklärten sie. »Davor konnten wir ohne Probleme von einem Gebäude zum nächsten laufen.«

Kurze Zeit später saßen wir bequem in der Wohnstube von Herrn Ihlen und genossen seine freigiebige Gastfreundschaft. Erlesene Weine und Spirituosen wurden kredenzt. »Skaal.« – »Skaal auch euch! Auf eure Gesundheit und künftige Erfolge!« Wir stießen im Stehen auf unseren Erfolg an. Höflichkeit und gute Erziehung hielten sie davon ab, uns mit Fragen zu belästigen, doch wir berichteten von uns aus einige Details.

Sie erzählten vom überstandenen Unwetter. »Nie zuvor in meinen elf Jahren auf Spitzbergen habe ich im April so ein Wetter erlebt«, erklärte Herr Ludvig Varming. »Schnee und Wind – dann Wind und Schnee. So ein Wetter kennen wir aus der Zeit der Äquinoktialstürme[74] im März, aber nie im April.«

---

74 Äquinoktium ist ein anderes Wort für die Tagundnachtgleiche am 21. März beziehungsweise 23. Dezember. Äquinoktialstürme sind Herbst- oder wie hier Frühlingsstürme.

Dann erfuhren wir, wie viel Glück wir gehabt hatten: In Green Harbour steht das staatliche Radio, das direkte Verbindung nach Norwegen hat und zu jener Jahreszeit zwischen acht Uhr morgens und neun Uhr abends im Betrieb war. Die private Radiostation in Kings Bay war bestenfalls zeitweise in Betrieb und im Moment traurigerweise überhaupt nicht. Als am Sonntag der Schneesturm ausgebrochen war, in dem wir tags darauf gelandet waren, hatte sich der Funker in Kings Bay auf dem Heimweg von der Radiostation verlaufen und war im blendenden Sturm umherirrend erfroren. Umso glücklicher schätzten wir uns, solch einem Wetter lebend entronnen zu sein. Ein Amateurfunker, der den Telegraphen in Kings Bay nur sehr langsam bedienen konnte, hatte ihnen die Nachricht zukommen lassen, aber seine Fähigkeiten reichten für genauere Details nicht aus. Wären wir bei Kings Bay gelandet, hätte es sehr lang gedauert und es wäre sehr schwierig gewesen, mit der Welt zu kommunizieren.

Wie die Dinge lagen, konnten wir sofort Kontakt herstellen. Die ganze Radiostation und ihr Mitarbeiterstab standen uns zur Verfügung. Herr Ihlen beschaffte vorausschauend sofort Papier und Stift. »Sie wollen sicher viele Telegramme verschicken. Kümmern Sie sich um alles Nötige und fragen Sie uns einfach, wenn Sie irgendwo Hilfe benötigen.« Ich nahm das Angebot dankend an und schrieb einige Telegramme an unsere Freunde, die, wie ich wusste, ungeduldig auf Nachrichten warteten.

Von Barrow aus hatte ich vor unserem Aufbruch keinerlei Versuche unternommen, mit der Außenwelt zu kommunizieren. Vielleicht war ich in diesem Punkt nachlässig gewesen, aber es hätte viele Umstände bedeutet und ich wollte keine Schäden an unserem Funkgerät riskieren: Wir hätten das Funkgerät jeden Tag vom Flugzeug zum zehn Kilometer entfernten Krankenhaus und zurück tragen und aufbauen müssen, nur um die kleine Chance zu haben, irgendjemandem die Nachricht zukommen zu lassen, dass wir Schwierigkeiten mit den Startvorbereitungen hatten und nicht wussten, wann wir aufbrechen konnten. Da dies alles war, was wir hätten berichten können, war es kaum der Mühe wert. Ich bezweifelte sehr, ob unsere Signale auf dem Flug von irgendeinem unserer Freunde empfangen werden konnten, aber falls der Apparat arbeitete, mochte irgendwo ein Amateur die eine oder andere Nachricht empfangen haben.

Um dieser Situation so gut es ging gerecht zu werden, ließ ich unseren Empfänger in Barrow bei Mr. Vincent zurück, dem Lehrer. Er hatte einige Grundkenntnisse auf dem Gebiet der kabellosen Telegraphie und versprach, das Gerät während der gesamten Zeit unseres Fluges zu überwachen. Auf diese Weise wäre er ohne Zweifel über unsere Fortschritte informiert und im Fall von Problemen in der Lage, irgendwann später die Informationen weiterzuleiten. Es war ihm nicht möglich, selbst Radiobotschaften aus Barrow zu versenden und seine Informationen konnten erst im Sommer über den Postweg an die nächste Telegraphenstation gehen.

Zu Beginn des Fluges hatte der Generator des Funkgeräts eine Zeitlang gut funktioniert. Später jedoch, ich weiß nicht genau ab wann, wurden seine Bewegungen unregelmäßig und obwohl ich es nicht sicher wissen konnte, war ich mir einigermaßen sicher, dass unsere Nachrichten nicht versendet wurden. Während des gesamten Flugs gab ich jedoch stündlich jeweils um 20 Minuten vor der vollen Stunde, zur vollen Stunde und manchmal auch 15 Minuten nach der vollen Stunde über die Morsetaste längere und kürzere Botschaften ein. In den Wolken nahe Spitzbergen schickte ich eine letzte Nachricht, die lautete: »Nun innerhalb 150 Kilometer von Spitzbergen. Wir sind in einer schwierigen Situation. Dichte Wolken überall. Treibstoff reicht noch für zwei Stunden, werden das Land aber nicht sehen können. Unter uns überall offenes Wasser.« Diese Nachricht hatte ich einige Male wiederholt. In jener Phase hatte ich mir tatsächlich große Sorgen um unsere Sicherheit gemacht. Dann, als ich diese Nachricht gerade erneut wiederholte, waren plötzlich die beiden Bergspitzen in Sicht gekommen und ich hatte mitten in den Satz hinein geschrieben: »Spitzbergen in Sicht. Spitzbergen in Sicht. Wir werden es schaffen.«

Danach war ich nur noch damit beschäftigt gewesen, in der rüttelnden Maschine mein Gleichgewicht zu halten und einen Landeplatz zu entdecken. Das beanspruchte meine Aufmerksamkeit so sehr, dass ich zugeben muss, sogar vergessen zu haben, die Radioantenne einzuholen, die wir folglich bei unserer Landung hinterhergeschleift hatten. Glücklicherweise verursachte diese Nachlässigkeit jedoch keine Schäden. Als wir später den Generator untersuchten, entdeckten wir die Ursache des Problems: Die Lagerung eines der Anker war ausgebrannt, und der Anker zerschlug nun die Feldmagneten zu Staub. Ein anderer Teil des Generators funktionierte noch und hielt die Beleuchtung des Geräts aufrecht, aber es war unmöglich zu sagen, wann genau der Apparat ausgefallen war. Wir werden es erfahren, sobald wir von Mr. Vincent hören.[75]

Da wir nun sicher in Green Harbour gelandet waren, gab es keinen Grund mehr, uns über den Ausfall unseres eigenen Funkgeräts zu ärgern. Eine leistungsstarke staatliche Radioanlage stand uns zur Verfügung und schon bald nahmen die Dinge Fahrt auf. Herr Ihlen bat mich freundlicherweise um die Erlaubnis, seinen Vorgesetzten beim staatlichen Radiodienst über unsere Ankunft zu informieren. Diese erteilte ich selbstverständlich. Herr Ihlen erkundigte sich auch, ob ich davon ausginge, »sehr viel Material an die Presse zu verschicken«, doch anfangs war ich diesbezüglich sehr skeptisch. Ich hatte keine Verträge mit irgendwelchen Zeitungskonsortien. Ohne dass ich dies wusste, wartete aber bereits in diesem Moment im Büro des Telegraphen ein Telegramm der *New York Times* auf mich. Voll Vertrauen auf unseren Erfolg hatte der Herausgeber bereits vorab eine Nachricht für mich nach Spitzbergen geschickt.

Ein weiterer Beweis des Edelmuts unserer Gastgeber war die Tatsache, dass Herr Ihlen und Herr Ludvig Varming – obwohl beide autorisierte Nachrichtenkorrespondenten waren – am ersten Tag ihre kleinen, aber substantiellen Informationen

75 Siehe Anhang (Fußnote der Originalausgabe).

nicht zu ihrem Vorteil nutzten und diese erst verschickten, als ich sie gegengelesen und freigegeben hatte. Nachdem ich zufriedenstellende Verträge abgeschlossen und meinen ersten Bericht abgeschickt hatte, waren sie natürlich frei und hatten jedes Recht (wie vom Moment unserer Landung an), alles zu schreiben, was sie wollten. Ich werde ihr rücksichtsvolles und ritterliches Benehmen nie vergessen.

Der Verwalter der zur Radiostation gehörenden Messe, Oscar Bergh, kochte uns eine dampfende Tasse Kaffee; es war unser erstes warmes Getränk seit dem Aufbruch in Alaska sechs Tage zuvor. Wir genossen die norwegischen Delikatessen, die man uns servierte, außerordentlich, aber nicht nur das: Herr Varming lud uns ein, ihn nach Hause zu begleiten und dort mit ihm zu speisen. Er habe einen besonderen Likör, der nach einem berühmten alten dänischen Rezept gebrannt war und mit dem wir alle auf unseren Erfolg und den Erfolg zukünftiger Unternehmungen anstoßen müssten. In Begleitung unseres Gastgebers von der Radiostation gingen wir zum Haus von Herrn Varming. Dort trafen wir auch seine charmante Frau, eine typisch blonde, blauäugige Skandinavierin, und ihre drei Kinder: ein gut aussehender, wohlgeratener Junge von vielleicht neun Jahren, ein etwa dreijähriges sommersprossiges kleines Mädchen namens Sos mit weizenblonden Haaren und traumhaftem Lächeln, und ein strampelnder kleiner Säugling, der rund sechs Wochen zuvor geboren worden war.

Es war eine Freude, die bezaubernde Freundlichkeit und liebenswürdige Gastlichkeit dieser neuen Freunde zu erleben. In ihrer wundervollen Breite und Spontaneität konnte sie die Behandlung, die wir durch unsere Freunde in Amerika erfahren hatten, zwar nicht übertreffen, kam ihr aber absolut gleich. Ihre besonderen Feinheiten ähnelten jedoch stärker den Erfahrungen meiner eigenen Kindheit, und nach drei Jahren, die ich fern europäischer Sitten verbracht hatte, verzauberten sie mich ganz besonders.

Wir erfuhren, dass die *Hobby* – das Schiff, das 1925 Amundsens Flugzeuge transportiert und auch Byrd bei Kings

Bay geholfen hatte – bei Kings Bay lag und Fracht für Nobile[76] entlud. Unglücklicherweise steckte sie im Packeis fest, es wurde aber erwartet, dass sie demnächst freikommen sollte. Anschließend sollte das Schiff nach Süden aufbrechen und auf seinem Weg Green Harbour anlaufen. Sobald das Schiff an der Kante des Hafeneises läge, könnten wir unser Flugzeug vermutlich ohne große Schwierigkeiten an Bord bringen. Wir könnten die Maschine bis auf wenige Meter an die *Hobby* heranrollen und von dort an Bord hieven lassen.

Als wir zu den Wohnquartieren des Mitarbeiterstabs der Radiostation zurückkehrten, hatte der Verwalter bereits sehr vorausschauend einen Raum für uns vorbereitet. Wir hatten gemütliche Betten, einen Schreibtisch, eine Schreibmaschine und Papier. Tatsächlich genossen wir jeden Komfort, den man in einem modernen erstklassigen Hotel hätte erwarten dürfen. Nun ja – vielleicht fehlte das geflieste Badezimmer, aber das Problem eines Bades ließ sich auf ebenjene Weise lösen, wie man es in einem arktischen Haushalt inmitten des arktischen Winters stets löst.

Drei Stunden nach unserer Ankunft trafen die ersten Telegramme unserer Freunde ein. Sie und die Welt hatten erfahren, dass wir in Sicherheit waren, und sie und die Welt freuten sich, uns mitteilen zu können, dass sie sich freuten. Als die Zeit verging, trafen auch die Gratulationen des norwegischen Königs sowie die des Außen- und des Kriegsministers[77] aus Washington ein, weiterhin die Gratulationen von verschiedenen Ministerpräsidenten, Botschaftern und hohen Beamten, von Fliegervereinen und von wissenschaftlichen Organisationen, von unserem engen Freund Dr. Bowman von der American Geographical Society, von anderen Entdeckern – unter anderem Nansen, Stefánsson und Roald Amundsen – die besser als alle anderen Menschen verstanden, welche Arbeit wir geleistet hatten.

76 Nobile bereitete zu jener Zeit seinen zweiten Polflug mit seinem Luftschiff *Italia* vor, diesmal ohne Amundsen.

77 Anstelle eines Verteidigungsministers war in den USA bis 1947 der Kriegsminister permanenter Teil des Kabinetts.

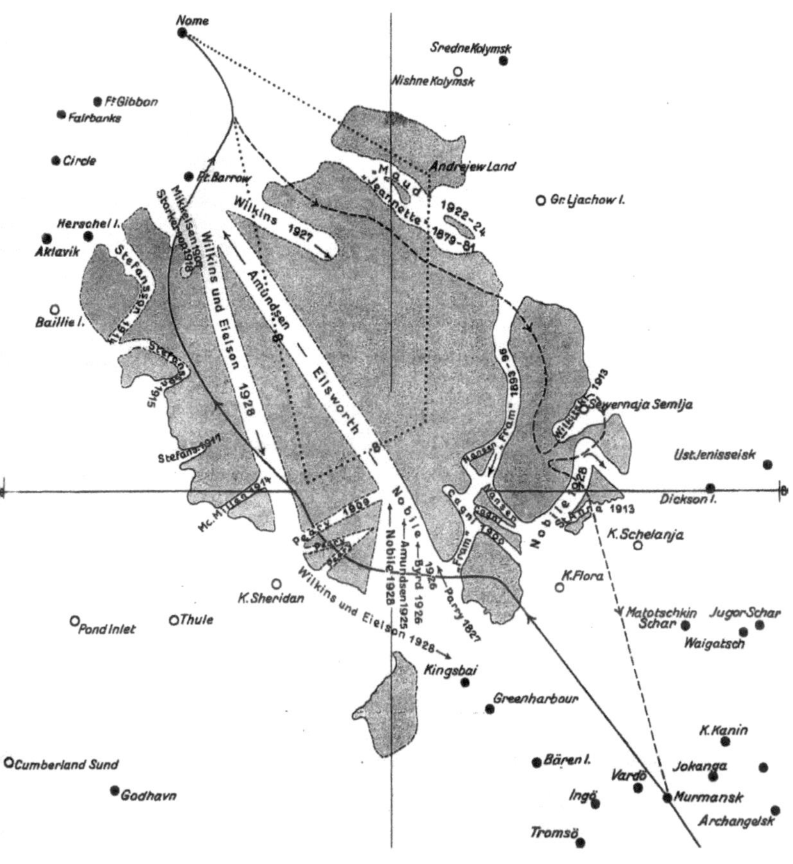

Karte der unbekannten Arktis (graue Fläche) mit verschiedenen Expeditionsrouten (weiße Korridore) von Flugzeugen, Luftschiffen, Segelschiffen und Hundeschlitten. Außerdem sind die drei in der Aeroarctic diskutierten Erkundungsrouten der Expedition auf dem LZ 127 Graf Zeppelin eingezeichnet.

Und was war es nun, das wir geleistet hatten? Mit Hilfe perfekter Ausrüstung – bereitgestellt von der Lockheed Aircraft Company aus Los Angeles, die das Flugzeug gebaut hatte; der Wright Aeronautical Company, die den Motor gebaut hatte; der Pioneer Instrument Company, von der die meisten der wichtigsten Instrumente stammten; der Richfield Oil Company aus Los Angeles, deren Treibstoff wir genutzt hatten und die uns auch auf großzügige Weise finanziell unterstützt hatte, und der Pennzoil Company, ebenfalls aus Los Angeles, deren bemerkenswertes Öl wir für unseren Motor genutzt hatten – hatten zwei Männer gut 3500 Kilometer arktischen Schnee und arktisches Eis überflogen, wobei gut 2000 Kilometer dieser Strecke noch nie ein Mensch zuvor gesehen hatte.

2900 Kilometer des Weges hatten wir bei klarem Sonnenschein überflogen. Etwas über 160 Kilometer wolkenverhangenes Eis im Zentrum der bis dahin unerforschten Weiten zwischen Point Barrow und Grönland bildeten den Schönheitsfehler in einer ansonsten perfekten Expedition. Die übrigen Wolkengebiete auf unserem Weg hatten lediglich Regionen verdeckt, die bereits gut erforscht waren, und nur deshalb gestört, weil sie uns Probleme bereitet hatten. Wir hatten sorgfältig die generellen Richtungen der Eisdrift und des Verlaufs der Schneewehen festgehalten, was uns einen ungefähren Eindruck der oberflächennahen Luftbewegungen im Verlaufe des Winters gab.

Wir hatten kein für das Errichten einer meteorologischen Station geeignetes Land gefunden, unsere Beobachtungen zeigten jedoch, dass es vielleicht möglich war, eine solche Station auf dem schwimmenden Eis zu errichten.

Wir konnten zeigen, dass es möglich ist, in den arktischen Regionen auf einem Kurs, der über mehrere Längengrade hinweg führt, mit einem Flugzeug seinen Weg zu finden – selbst wenn der Kurs um den halben Globus und durch das Gebiet maximaler Kompassabweichungen führt.

Was unsere Leistung darüber hinaus wert ist, wird die Zukunft zeigen. Eielson und mich verbindet seit jener Zeit eine tiefe Freundschaft. Unsere tiefe Wertschätzung für die großzügige Hilfe vieler Männer und Frauen, ohne deren Unterstützung, Glaube und Loyalität wir nie hätten erreichen können, was wir erreicht haben, werden wir nie angemessen ausdrücken können. Wir danken ihnen allen.

Anhang

Anmerkung des Herausgebers: Die auf Seite 280 erwähnten Informationen trafen erst nach Einreichen des Manuskripts mit einem Brief von Mr. Vincent ein, in dem dieser einen dramatischen Bericht der Funknachrichten gibt, die er während des Fluges von Captain Wilkins erhielt. Der Brief lautet wie folgt:

Barrow, Alaska, 30. April 1928

An
Lura B. Shreck
1370 Washington Street
San Francisco

Sehr verehrte Frau Shreck,
Captain Wilkins ließ mir seinen Funkempfänger zurück und sprach mit mir ab, ich solle während seines Fluges auf Nachrichten von ihm achten. Ich bin Radioenthusiast und war sehr glücklich über dieses Privileg. Er wies mich an, Ihnen zu schreiben, sollte es mir gelingen, irgendeine seiner Nachrichten zu empfangen. Vermutlich haben viele andere Radioamateure den Flug verfolgt und Sie haben zweifellos bereits Nachrichten direkt vom Captain erhalten, aber ich schicke Ihnen dennoch, was ich hörte, und hoffe, dass es etwas nutzt.

Captain Wilkins war während seines Aufenthalts hier sehr freundlich zu mir und das Radio, das er zurückließ, hat seitdem in vielen einsamen Stunden für Kurzweil gesorgt und die Neuigkeiten der Welt zu uns in den fernen Norden gebracht. Dies ist der einzige Gefallen, den ich ihm tun kann, und ich würde mich sehr freuen, wenn Sie den Empfang dieses Briefes mit einer kurzen Nachricht bestätigen könnten.

Die Funkmeldungen waren sehr schwach und ich hatte große Schwierigkeiten, sie zu isolieren, denn sie verschmolzen mit anderem atmosphärischen Rauschen. Ich wünschte, ich hätte die ganzen Nachrichten aufnehmen können, es kam aber vor allem darauf an, zu wissen, ob das Flugzeug noch immer in der Luft und alles in Ordnung war.

Im Folgenden die exakten Nachrichten ohne jede Bearbeitung:

Sonntag, 15. April 1928

16.00 Uhr	… eine Stunde … nirgendwo Wolken … direkt über den Bergen … fliegen knapp über ihre Gipfel.
17.00 Uhr	KDZ KDZ KDZ Über den Wolken jetzt bei 80 Grad nördlicher Breite. O. K. KDZ KDZ.
18.00 Uhr	… über … Wolken voraus. KDZ KDZ KDZ
18.20 Uhr	KDZ KDZ KDZ Jetzt klar, aber kalt … aber Nebel voraus. KDZ KDZ
19.00 Uhr	KDZ KDZ KDZ Bisher alles O. K. Knapp 500 Kilometer bis Grant Land.
21.00 Uhr	KDZ KDZ KDZ Klar. Alles O. K. KDZ Wilkins Arctic Expedition. 160 Kilometer bis Grant Land. KDZ KDZ KDZ
22.00 Uhr	KDZ KDZ KDZ … klar, aber Wolken voraus. KDZ KDZ KDZ
23.00 Uhr	KDZ KDZ KDZ Wolken. Stürmisch hier, aber wir sind nicht weit vor der Küste. Können sie nicht sehen … Nebel … Sturm.
1.20 Uhr	KDZ KDZ KDZ Wilkins Arctic Expedition … Grönland … Sturm …
2.00 Uhr	… unsere Tanks …
3.30 Uhr	(Gerade noch hörbares Senderrauschen, aber Nachricht war zu schwach um verständlich zu sein.)
3.50 Uhr	(Senderrauschen, wird allmählich leiser und verstummt.)

Als ich die letzten Signale wahrnahm, dämmerte hier bereits der Morgen und die Stärke des Signals ließ sehr langsam nach. Ich konnte das Senderrauschen hören, auch nachdem die Nachrichten selbst nicht mehr verständlich waren. Ich weiß, dass das Rauschen mindestens bis um 3.50 Uhr anhielt, später bin ich mir nicht sicher.

Da die letzten Funknachrichten, die nicht mehr verständlich waren, zu exakt jener Zeit eintrafen, die er zuvor mit mir abgesprochen hatte, und weil das Nachlassen der Signalstärke sehr allmählich erfolgte, bin ich mir ziemlich sicher, dass er sein Ziel erreicht hat. Er muss sehr nahe gewesen sein. Ich hoffe, diese Informationen nützen Ihnen. Es war mir bisher nicht möglich, über Funk zu erfahren, ob Wilkins Spitzbergen erreicht hat, und wir sind alle voller Ungewissheit.

Mit respektvollen Grüßen,
Leon S. Vincent,
Staatlicher Lehrer, Barrow, Alaska

Antarktisexpedition 1928/29

The Advertiser, Donnerstag, den 9. Mai 1929, Seite 17

Sir[78] George Wilkins
Meine dritte[79] Reise in die Antarktis

New York, 11. März 1929

Meine dritte Reise in die Antarktis ist zu Ende.[80]

Viele Jahre ist es her, da plagte ich mich 14 Tage lang in einem offenen Rettungsboot zu Füßen der majestätischen antarktischen Berge, schuftete wie ein Galeerensklave am Ende eines schweren Ruders, um am Ende jener Zeit schließlich rund 50 Kilometer bis dato unbekannter Küsten kartographiert zu haben. In jeder wachen Stunde überwältigte mich die majestätische Größe der sich vor mir entfaltenden Landschaft. Um jeden einzelnen Schritt meines Weges musste ich kämpfen. An jeder Halbinsel musste ich an Land gehen und eine bitterkalte halbe Stunde mit frierenden Fingern einen Landvermesser-Theodoliten bedienen. Stunden um Stunden, mitunter ganze Tage gingen wegen

---

78 Wilkins war nach dem Spitzbergen-Flug von König George V. in den Ritterstand erhoben worden. Der Zeitung ist hier dennoch ein Fehler unterlaufen: Wilkins hatte ausdrücklich gebeten, unter seinem Mittelnamen – Hubert – genannt zu werden, sein offizieller Titel lautete entsprechend Sir Hubert Wilkins.

79 Wilkins hatte zuvor bereits in den Jahren 1920/21 und 1921/22 an Antarktisexpeditionen teilgenommen.

80 Ein ausführlicherer Bericht dieser Expedition erschien unter dem Titel *The Wilkins-Hearst Antarctic Expedition, 1928–1929.* in: Geographical Review, Vol. 19, No. 3 (Jul., 1929), Seiten 353–376.

Wolken und schlechter Sicht verloren, aber wir verdienten uns die tiefe Befriedigung hart erkämpfter Fortschritte.

Dann kamen drei aufregende Tage, in denen wir vor einem Sturm segelten. Wir hatten nur ein kleines Handtuch von Segel gesetzt. Wir drei – ein Mann als Ausguck im Bug, einer am Segel und ich am Ruder – fegten 50 Stunden lang ohne jede Rast oder Schlaf vor einem Sturm dahin und pflügten uns durch die sich auftürmende See.

Zweimal liefen wir auf verborgenen Felsen auf Grund, warfen Lebensmittel und Ballast über Bord und kamen wieder frei – das Boot halbvoll mit Wasser, doch es schwamm wegen seiner wasserdichten, durch Schotten voneinander getrennten Abteilungen. Nur die Robustheit unseres Schiffs und das Schicksal retteten uns.

Tiefe Ehrfurcht vor der Antarktis

Voll tiefer Ehrfurcht vor der Antarktis kehrte ich in die Zivilisation zurück. Dennoch wollte ich sie erneut herausfordern. Orte, an denen man große Risiken eingegangen ist, haben eine hohe Anziehungskraft.

Auf meiner nächsten Reise in die Antarktis begleitete ich Shackleton an Bord eines 35 Meter langen Schiffes. Langsam bahnten wir uns unseren Weg zwischen tausenden von Eisbergen hindurch, einmal hielt uns das Packeis ganze sechs Wochen am Stück in seinem eisigen Griff. Es schien, als sollten wir auf ewig in den Armen Ihrer Majestät der Königin der Antarktis ruhen.

Ich lernte dort, die Antarktis selbst und ihre Launen zu bewundern, wie sie sich tagein, tagaus in eisige Gewänder aus funkelnden Farben kleidete und jeden faszinierte, der ihre Präsenz wahrnehmen konnte. Ich hätte mit Freude die Ewigkeit in ihren Armen verbringen wollen, doch ein Eisberg, ohne Zweifel voller Eifersucht, kam des Wegs, brach das Packeis auf

Eine Lockheed Vega wird vom Expeditionsschiff auf das Eis entladen.

und befreite unser Schiff. Vor inzwischen acht Jahren kehrten wir in die Zivilisation zurück.

Als ich in diesem Jahr erneut südwärts zog, hoffte ich, die mir vertraute königliche Dame erneut umwerben zu können, doch musste ich mir bei meiner Rückkehr eingestehen, sie lediglich beim Bade, nackt und in ihrer privaten Wanne überfallen zu haben.

Wir hatten unsere beiden Lockheed-Vega-Eindecker an Bord des 15 000 Tonnen schweren Walfängers *Hektoria* der Hektoria Whaling Company nach Deception Island vor der Küste der Antarktis gebracht, und hatten auf ebenjenem Schiff auch unser bequemes Hauptquartier. Dort lebten wir in einem Komfort, der auch von einem erstklassigen Ozeandampfer nicht übertroffen wird.

In der Erwartung, sobald das Wetter aufklarte von einer schneebedeckten Oberfläche aus zu starten, tauschten wir unsere Schwimmer gegen Kufen aus, und so standen die Maschinen gut 800 Meter vom Schiff entfernt bereit und warteten auf uns.

Tagelang war der Himmel von tiefhängenden Wolken bedeckt und der Schnee feucht und pappig. Selbst wenn wir gestartet wären, hätten wir keine sinnvolle Arbeit erledigen können, daher entschieden wir uns, unnötige Risiken zu vermeiden und blieben am Boden.

Dann folgte eine ungewöhnlich warme Wetterperiode. Wie durch Zauberhand verschwand der Schnee von den Hügeln, und auf dem flachen Eis der Bucht stand das Wasser 15 Zentimeter tief. Unser schneebedecktes Flugfeld am Ufer schmolz in einer einzigen Nacht. Folglich mussten wir am Fuß der Hügel eine Startbahn anlegen, die Kufen entfernen und den Testflug auf Rädern durchführen.

Hinauf in die Lüfte

Unter den gegeben Umständen war es möglicherweise ratsam, die Flugzeuge wieder auf Schwimmer zu stellen, doch es bestand immer die Gefahr, dass an Tagen mit gutem Wetter Eisberge das Wasser in der Bucht blockierten. Die vielen Vögel bedeuteten eine permanente ernste Gefahr und konnten leicht zu Problemen führen. Mit Hilfe von 20 Walfängern befreiten wir auf einer vorstehenden Halbinsel aus Vulkanschlacke eine zwölf Meter breite Startbahn von losen Felsbrocken.

Die Halbinsel war am Sockel knapp eineinhalb Kilometer breit. Um sie zu überqueren, musste man zunächst einen flachen Hang hinauf, dann eine Kurve von 30 Grad fahren, ein Gefälle hinabgleiten, anschließend einen weiteren Hang hinauf auf eine Anhöhe, die rund 30 Meter über dem Ausgangspunkt lag, und schließlich auf der anderen Seite wieder hinab – ein kompliziertes Unterfangen für ein schwer beladenes, schnell fahrendes Flugzeug. Dies galt umso mehr wegen des weichen und kiesigen Bodens und der permanenten Gefahr, dass ein Reifen aufgeschlitzt werden könnte.

Das Wetter blieb warm und wolkig, unterbrochen von kurzen Sonnenscheinphasen. Diese Unterbrechungen nutzten wir für Testflüge und die Suche nach einem besseren Flugfeld in der Umgebung. Aus der Luft konnten wir den landumschlossenen Hafen von Deception Island klar erkennen.[81]

Die Nachbarinseln strecken sich in größere Höhen als Deception und der Schnee war dort tiefer, aber die Flanken ihrer Berge ragten direkt aus der See. An vielen Stellen flossen steile Gletscherzungen an ihnen hinab, bis ihre netzartig auffächernden Füße im Wasser verschwanden. Es war beinahe unmöglich, sich den Bergen vom Wasser aus zu nähern.

Viele Stunden flogen wir zwischen diesen majestätischen Fels- und Eismassen umher, bis die tiefstehende Sonne der aufsteigenden warmen Luft schließlich erlaubte, die Berge mit Wolken zu umgürten. Wir wendeten unseren flotten Eindecker und folgten der nun im Schatten liegenden Küste zurück zu unserem zeitweiligen Heim.

Eines Tages versuchten wir, mit Rädern auf dem schnell schmelzenden Eis der Bucht zu landen. Wir gingen dabei ein sehr großes Risiko ein und entgingen einer Katastrophe nur um Haaresbreite. Falls es uns gelänge, an einem ungewöhnlich kalten Tag zunächst auf Rädern zu landen, dann schnell die Kufen zu montieren, unsere Fracht aufzunehmen und erneut zu starten, schien es möglich, unser Basislager an eine weiter südlich gelegene Stelle zu verschieben.

Frühmorgens glückte Eielson eine perfekte Landung weit draußen auf der Bucht. Die Maschine schlitterte rund 300 Meter über die glatte Oberfläche, bevor sie genau im Moment des Stillstands eine instabile Stelle erreichte, einbrach und zu versinken drohte. Nur ihre ausladenden Tragflächen verhinderten, dass sie samt ihrem Piloten unterging.

81 Deception Island ist die Spitze eines Vulkans. Der Kraterring ist nicht völlig geschlossen, von Südosten aus können Schiffe durch eine Meerenge in den inneren Kratersee fahren, der so einen natürlichen Hafen bildet.

Wiederaufnahme der gewasserten Lockheed Vega in der Antarktis

Eielson kletterte unverletzt aus der Maschine und nach zehn Stunden anstrengender und sehr gefährlicher Arbeit stand das Flugzeug dank der Hilfe von 20 norwegischen Walfängern sicher auf stabilem Eis. Es hatte bei seinem Tauchgang keinen größeren Schaden genommen.

Einige Tage später hatten wir den vom Meerwasser gefluteten Motor grundlegend überholt und die Maschine wieder in der Luft. Das Abenteuer reichte, um uns zu überzeugen, in dieser Saison auf Deception Island weder unsere Kufen noch das Eis in der Bucht zu nutzen. Normalerweise – das heißt, laut kontinuierlicher Beobachtungen seit 1914 – ist das Eis in der Bucht mindestens bis Weihnachten stabil und zuverlässig, doch unser Missgeschick trug sich bereits am 1. Dezember zu.

Mit Bedauern nahmen wir zur Kenntnis, dass unser erster Langstreckenflug gezwungenermaßen von der kiesigen Startbahn aus erfolgen musste, aber bevor das geschehen konnte, musste die Oberflächenstruktur der Bahn deutlich verbessert werden.

Unsere ersten Flüge lagen hinter uns, wir hatten einige entmutigende Abenteuer erlebt und einsehen müssen, dass wir nicht hoffen durften, das Reich Ihrer Majestät des Großen Weißen Südens ohne Kampf und große Risiken betreten zu können.

Anstatt unbesorgt auf Kufen zu starten und auf alle Notfälle vorbereitet zu sein, waren wir gezwungen, eine Landebahn zu bauen, sodann auf Rädern zu starten, die im Fall einer Notlandung eine sichere Katastrophe bedeuteten, und mit minimaler Ausrüstung und Vorräten ein maximales Risiko einzugehen.

Strahlender Sonnenschein

Eine eigenartige Warmwetterperiode und ungewöhnlich viel Regen hatten den Schnee geschmolzen und überall Wasserpfützen entstehen lassen. Dann rissen die Wolken plötzlich auf und wichen strahlendem Sonnenschein. Unsere Startbahn war noch nicht fertig, also entschieden wir, es mit den Schwimmern zu versuchen – eine unserer beiden Maschinen war mit Schwimmern ausgestattet, die andere mit Rädern. Wir hofften, mit den Schwimmern nach Süden fliegen, auf dem Schnee landen und ein Lager mit Vorräten anlegen zu können. Voller Furcht, unter den Seevögeln, die sich in der Bucht drängten, ein regelrechtes Massaker anzurichten, brachen wir zu einem Teststart auf. Ein Motorboot fuhr uns voraus, doch unsere Geschwindigkeit übertraf schon bald die des Bootes. Wir bahnten uns unseren Weg durch die schwirrenden und kreischenden Kapsturmvögel, Seemöwen, Seeschwalben und Sturmschwalben, doch zumindest beim Start verfehlten wir sie glücklicherweise.

Trotz der nur leichten Beladung war die Maschine im Wasser schwerfällig, doch bei leichtem Wind von vorne gelang es uns, abzuheben. Sobald wir in der Luft waren, benahm sich das Flugzeug vorbildlich. Um weitere Fracht zuzuladen setzten wir zur Landung an, doch im Anflug schien die Luft voller Vögel zu sein. Es war unmöglich, allen auszuweichen.

Die beiden Expeditionsflugzeuge am Strand von Deception Island in der Antarktis

Wir hörten ein schreckliches Krachen, als ein großer Vogel in den Propeller geriet, es folgten ein kurzes Aussetzen des Motors und ein furchtsames Aufschnaufen von mir und meinem Piloten Joe Crosson[82], doch der immer zuverlässige Crosson richtete die Maschine sofort wieder aus und wir landeten sanft auf dem Wasser. Motorhaube und Vorderkante der Tragflächen waren mit Blut und Federn verschmiert, die Maschine jedoch war abgesehen von einigen Dellen unbeschädigt.

Wir luden unsere Vorräte ein, doch trotz optimaler Bedingungen kamen wir nicht aus dem Wasser und in die Luft. Wir mussten unsere Ausrüstung wieder umladen, die Startbahn erweitern, die Maschine mit dem Fahrgestell nutzen und unseren Whirlwind-Motoren vertrauen.

---

82 Joe Crosson, der Wilkins schon in den Vorjahren in Alaska geholfen hatte, war diesmal als zweiter Pilot neben Eielson Teil der Expedition.

Die abschließenden Arbeiten an der Startbahn waren leichter gesagt als getan. Der Untergrund bestand zum Großteil aus vulkanischem Tuff und erkalteter Lava, die sich wie auf einem tief gepflügten Feld zu Kämmen zusammengeschoben hatte. An einigen Stellen mussten wir über einen halben Meter Boden abtragen, an anderen Rinnen ausfüllen, die mitunter mehrere Handspannen tief und manchmal einige Meter breit waren. Unsere Freunde vom norwegischen Walfänger – ohne deren Hilfe dieses Unterfangen nicht möglich gewesen wäre – unterstützten uns. Sie brachten zusätzliche Hacken und Schaufeln, Schubkarren und Eimer, und wir machten uns ans Werk, den koksartigen Schutt zu entfernen.

Glücklicherweise war das Gestein nicht schwer, aber in größeren Massen doch ernst zu nehmen. Zu beiden Seiten der zwölf Meter breiten Startbahn türmten sich die vielen Tonnen, die wir bewegten, bis zu einen Meter hoch auf und vergrößerten natürlich die Gefahr. Das Wetter war noch immer warm und für unsere Zwecke ideal. Wir durften kaum hoffen, dass es noch länger als ein oder zwei Tage so bleiben würde. Wir hatten 20 Stunden mit dem Wasserflugzeug gekämpft, anschließend 16 Stunden geschaufelt, gehackt und Lava geschleppt. Unsere Rücken schienen vor Schmerzen zu brechen und unsere Finger waren voller Blasen.

Startvorbereitungen

Schließlich war der Weg frei, wenn auch keinesfalls perfekt. Wir konnten ihn nur unter großen Gefahren nutzen, aber die Gefahr, dass die perfekten Wetterbedingungen enden könnten, war größer. Ich beeilte mich, meine Instrumente vom Wasserflugzeug *Los Angeles* zum Landflugzeug *San Francisco* zu tragen, und während die anderen sich zu einer kurzen Ruhepause legten, baute ich Radio, Driftanzeigen, Kompasse, Sextanten, Photoapparate, Landkarten und Zeitmesser ein, die ich allesamt zur Navigation brauchte.

Um vier Uhr morgens war alles bereit und ich weckte Eielson, um sie in der Luft zu testen. Crosson und Porter standen ebenfalls auf, um uns zu helfen. Rund eine halbe Stunde lang zogen wir über dem Flugfeld unsere Schleifen, trafen letzte Feineinstellungen und landeten wieder, als alles bereit war. Es blieb nur noch, die Tanks zu füllen. Selbst die 750 Liter Treibstoff über rund 200 Meter kiesigen Boden zu tragen und anschließend durch Gamslederfilter zu kippen, war keine leichte Aufgabe. Crosson und Porter füllten die Tanks mit Treibstoff von Mobiloil und Plume.

Eielson und ich marschierten an der Startbahn entlang. Sie lief nacheinander in drei verschiedene Richtungen mit zwei scharfen Kurven. Es ging bergauf und bergab, zu beiden Seiten türmte sich die Lava auf. Wir hatten die Landebahn auf den Namen Hoover-Flugfeld getauft. Ob sich die schwer beladene Maschine auf dem weichen Untergrund überhaupt rühren konnte? Wir sprachen nur wenig. Wir schauten das Flugfeld an und dann einander. Wir wussten beide, dass wir aus Sicherheitsgründen noch mindestens einen weiteren Tag mit dem Vorbereiten der Startbahn verbringen sollten. Ich fragte Eielson:

»Was denkst du?«

»Was immer du sagst«, antwortete er.

Ich dankte Gott für die Courage meines Gefährten. Ich wusste, dass seine Fähigkeiten als Pilot verlässlicher waren als das Wetter. Bisher war der blassblaue Himmel noch völlig wolkenlos, doch das Thermometer stand einige Grad über dem Gefrierpunkt und das kontinuierlich fallende Barometer zeigte an, dass das klare Wetter nicht mehr lange anhalten würde.

Eielson erhitzte auf einem Primusofen das Öl. Dann liefen wir zum Schiff, zogen unsere Kleidung für den Flug an und brachten unsere Pakete mit Nahrungsmitteln und persönlicher Ausrüstung zum Flugzeug.

All unsere Lebensmittel, die aus Pemmikan, Biscuits, Schokolade, Malzmilchpulver und Rosinen bestanden, unsere Ersatzkleidung und ein Ofen zum Schmelzen von Eis waren in Säcken verpackt, die wir auf dem Rücken tragen konnten. Die Säcke dienten zugleich als Schlafsäcke. Jeder von uns beiden hatte einen eigenen und vollständigen Satz Ausrüstung – eine unabdingbare Vorsichtsmaßnahme bei Reisen über Gletschereis, das voller Spalten war, in die jederzeit einer von uns einbrechen und für immer verschwinden konnte.

Unsere alpine Kletterausrüstung wurde separat transportiert und bestand aus Äxten, Klettereisen, Schneeschuhen, Seilen und kleinen, starken Flaschenzügen, mit deren Hilfe jeder von uns sich selbst an senkrecht hängenden Seilen hinaufziehen konnte.

Captain Marinius Hansen von der *Hektoria* kam herüber, um uns viel Glück zu wünschen, und wir nahmen unsere Plätze ein.

In der Luft

Der Motor funktionierte reibungslos. Viktor Olsen, unser gewissenhafter Funker, führte einen letzten Uhrenvergleich durch, und wir rollten los. Es dauerte eine Weile, bis wir Schwung aufnahmen, aber vor der ersten scharfen Kurve durften wir nicht zu schnell werden.

Dann ging es bergab, wir pflügten uns durch eine Schneewehe und wurden in einer Bodenwelle kräftig durchgerüttelt. Eine weitere, tiefere Bodenwelle folgte und katapultierte die Maschine in die Luft. Dass das Flugzeug den enormen Belastungen widerstand, belegte auf eindrucksvolle Weise die Stabilität der Lockheed. Während wir den zweiten Hügel hinaufkletterten, gewannen wir immer weiter an Geschwindigkeit. Kurz vor dem Gipfel fuhren wir durch eine weitere Bodenwelle, die uns einen solchen Schlag versetzte, dass ich aus meinem Sitz geschleudert wurde. Teile des Gepäcks flogen durch die Kabine und landeten auf mir. Eielson klammerte sich an die Kontrollen und leitete die Maschine mit äußerstem Geschick. Dann, als wir den Gipfel des Hügels erreichten, sank der Boden unter uns weg und wir waren in der Luft. Niemand außer uns beiden kann sich das immense Ausmaß unserer Erleichterung vorstellen. Die Gefahr, dass alle Risiken vergeblich waren, lag hinter uns. Sollten wir später am Tag abstürzen, würden wir zumindest irgendetwas erreicht haben.

Viele Kilometer weit führte unser Flug über von Eisbergen übersätes Wasser. Dann erreichten wir die Trinity-Insel, deren höchster Gipfel über 1800 Meter in den Himmel ragt. Jenseits der Trinity-Insel konnten wir die Klippen und die Hochebene von Grahamland erkennen. Die Pazifikküste von Grahamland ist voller tief eingeschnittener Buchten offenen Wassers. Wir überflogen die Salveson-Bucht, dann die höchsten Erhebungen der Hochebene von Grahamland, wo wir auf 2500 Meter steigen mussten. Wir tauften diese Ebene auf den Namen Detroit Aviation Society's Plateau.

Die Hochebene liegt vermutlich in einer Höhe von knapp 2300 Metern und ist von einem bis zu 30 Meter dicken Eispanzer bedeckt. Wir überquerten Grahamland, erreichten das Weddell-Meer und sahen vor uns in der Ferne die Robbeninseln.

Die Westküste des Weddell-Meers ist eine riesige Eisbarriere, ähnlich jener an der Küste des Rossmeeres, und wir überflogen sie in Nähe des Landes. Das Eis unter uns war von furchterregenden Rissen durchzogen. Als wir aus knapp 2400 Metern Höhe hinabschauten, sahen wir eine Menge Spalten, in die unsere Maschine hineinstürzen und in denen sie spurlos verschwinden konnte.

Wir flogen beinahe direkt nach Süden und bemerkten, dass mehrere langgezogene, eisgefüllte Fjorde Grahamland an seinem nördlichen Ende beinahe vollständig zerschnitten. Wir tauften diese Buchten Hektoria-Fjorde.

In der Ferne konnten wir die Gipfel des Mount William und Mount Français sehen. Dann erreichten wir Regionen, die nie zuvor ein Mensch gesehen hatte.

Beim Blick nach Süden konnten wir erkennen, dass Grahamland in jenen Breitengraden immer stärker zerklüftet wurde, und bald war offensichtlich, dass ein eisgefüllter Kanal Grahamland zerteilte.[83] Einen weithin sichtbaren Berg nahe dem Ende von Nord-Grahamland nannten wir Mount Napier

83 Wilkins nannte den Kanal Crane Channel (heute Crane Glacier).

Birks[84] nach einem Australier, der mir vor vielen Jahren Geldmittel für geographische Arbeit in der Antarktis zur Verfügung gestellt hatte.

Das Nordende von Süd-Grahamland breitete sich unter uns aus, und seinen östlichsten Punkt tauften wir Cape Northrop nach dem Ingenieur, der die berühmte Lockheed Vega entwarf.

Die Berge hinter dem Cape nannten wir Lockheed Mountains.

Schon bald stellte sich heraus, dass auch Süd-Grahamland eine Insel ist,[85] die abrupt in einer steilen Bergkette endet, die wir nach Mr. T. V. Ranck benannten, der im Großen und Ganzen für die Mittel verantwortlich war, die es mir ermöglichten, die diesjährige Expedition zu organisieren. Den Kanal zwischen den Bergen und der nächsten Insel (die wir nach Mr. Scripps aus Detroit Scripps-Insel nannten) nannten wir Casey Channel. Jenseits von Scripps Island lag ein weiterer Meeresarm, den wir zu Ehren von Lura B. Shreck, die mir bei meiner Arbeit in den Polarregionen stets eine große Hilfe gewesen war, Lurabee Channel nannten.

Südlich dieses Kanals liegt eine Inselgruppe, die wir Finley Islands nannten, um so Dr. Finley zu ehren, der unter anderem Präsident der American Geographical Society in New York ist.

Dann kam unsere wichtigste Entdeckung: Ein breiter, flacher Meeresarm trennt die Inseln von einem ausgedehnten Schneefeld, das wir für das antarktische Festland halten. Wir nannten diesen Arm Stefansson Strait.

---

84 Als diese Gegend 1947 kartographiert wurde, konnte Mount Napier Birks nicht eindeutig identifiziert werden. 1950 wurde der Name gekürzt an den heutigen Mount Birks vergeben, einen auffälligen Berg nahe der Mündung des Crane Glaciers.

85 Hier irrt Wilkins: Die von ihm entdeckten breiten Kanäle (auch der weiter oben erwähnte Crane Channel) bilden keine Verbindung zwischen dem Weddell-Meer im Osten und der Bellingshausen-See im Westen, sondern sind tiefe Fjorde. Grahamland ist tatsächlich eine tief zerklüftete ausgedehnte Halbinsel des antarktischen Kontinents. Sein Irrtum brachte Wilkins in späteren Jahren einigen Spott ein.

Es wäre schwer gewesen, zwischen dem Eis des Meeresarms und dem Festland zu unterscheiden, hätte es nicht eine niedrige Eisklippe gegeben, die offenbar vom Auf und Ab der Gezeiten geschaffen worden war.

Weder auf dem Land noch auf dem Wasser konnten wir die Dicke des Eises einschätzen, die Klippe jedoch hielten wir für nicht mehr als fünf Meter hoch. Sie lag direkt im Sonnenlicht und aus unserer Höhe war es unmöglich, sie auf einem Photo gut abzubilden.

Weiter im Süden jenseits der Eisklippe bildete der verschneite Grund einen flachen, allmählich ansteigenden Hang, der sich schließlich im graublauen dunstigen Himmel verlor. Wir nannten diesen Teil des antarktischen Kontinents Hearst Land[86]. Beim Blick in diese riesige konturlose Ebene hinein konnten wir nicht mehr erkennen als jemand mit fest geschlossenen Augen, der von einem hellen Licht angestrahlt wird. Alles war einheitlich grau in grau mit einem leichten rötlichen Einschlag, aber wir konnten nichts wahrnehmen, das irgendeinen Schatten warf oder die Oberfläche auf andere Weise auflockerte.

Wir hatten die Berge weit hinter uns gelassen und wussten, dass wir damit tatsächlich ins Unbekannte vorgestoßen waren. Es war nicht einfach nur ein weiterer Teil eines bereits zuvor bekannten Gebiets, wie unsere Aufzeichnungen zu neuen Küstenabschnitten von Grahamland und am Ufer des Weddell-Meeres es gewesen waren. Wir hatten nicht nur eine Entdeckung gemacht, die eine jahrhundertealte Annahme widerlegte, sondern waren noch einen Schritt weiter gegangen und hatten völlig Neues entdeckt.

86 Eigentlich handelt es sich hier um eine Insel, später Hearst-Insel genannt.

Große Möglichkeiten

Wir wissen noch nicht, als wie wichtig sich unsere Entdeckungen erweisen werden. Für die Geographie sind sie wichtig, weil sich der antarktische Kontinent um über 100 000 Quadratkilometer verkleinert und auf der Weltkarte über 20 zusätzliche Inseln, drei neue Kanäle, eine Meerenge, viele Buchten, jede Menge Berge und über 1600 Kilometer neue Küstenlinien erscheinen.

Aus geologischer Perspektive ist bedeutsam, dass die Inseln, aus denen Grahamland besteht, eine Störung bilden, die sich zwischen Südamerika und Antarktika erhebt. Diese Informationen werden unsere Vorstellungen von der Verteilung der Kontinentalplatten und dem Verlauf von Vulkanketten beeinflussen.

Aus biologischer Perspektive ist bedeutsam, dass viele versteinerte Bäume, Moose, Farne, Gräser und Insekten, die auf Grahamland gefunden wurden, das zu jener Zeit als Teil des antarktischen Kontinents galt, nun neu klassifiziert werden müssen.

Aus geophysikalischer Sicht sind vor allem die Folgen für die Modelle zur Kraft der Gezeiten und für unsere Vorstellungen vom Verlauf der Meeresströme bemerkenswert, die ihrerseits das Wetter beeinflussen.

Unsere Entdeckungen bestätigen auch die Annahme, dass der antarktische Kontinent, wie alle anderen Kontinente auch, eine Seite mit einer flachen Küste hat.

Es war diese Annahme, die mich vor acht Jahren zur kühnen Ankündigung meiner Pläne brachte, über das Gebiet zwischen Grahamland und dem Rossmeer zu fliegen, da ich glaubte, entlang jener Küste – die noch immer unbekannt ist – müssten sich flache Landschaften finden und folglich nur die üblichen Winde und normales Wetter, in denen der Einsatz von Flugzeugen sicher wäre.

Politisch sind unsere Entdeckungen bedeutsam, weil sich gezeigt hat, dass die Briten nicht die ersten waren, die den eigentlichen antarktischen Kontinent zu Gesicht bekamen, und dies bedeutet voraussichtlich eine Neuverteilung territorialer Rechte.

In jedem Fall ist unser Flug für Historiker interessant, denn er ist ohne Frage der erste Flug, auf dem gänzlich unbekannte Landstriche entdeckt wurden und zugleich der erste Flug, der je innerhalb des südlichen Polarkreises erfolgte.

Welchem Land und wem gebührt der Stolz auf diese Entdeckungen? Wir hätten die neuen Territorien für die Vereinigten Staaten, England, Australien oder Norwegen in Besitz nehmen können, deren Bürger uns und ausnahmslos auch jede andere Antarktisexpedition der letzten Jahre materiell unterstützten. Doch ein solcher Akt im Namen von wem auch immer wäre anmaßend und bedeutungslos gewesen.

Gäbe es eine Übereinkunft, der zufolge wir Land, das wir von einem Flugzeug aus entdecken, verbindlich in Besitz nehmen könnten, wären viele Komplikationen unausweichlich: Kann man dann alles Land in Besitz nehmen, das man sieht, und auch all jene Gebiete, die aller Wahrscheinlichkeit nach zwischen dem neu entdeckten Abschnitt und dem nächstliegenden bekannten Gebiet liegen?

Käme man hingegen dahingehend überein, dass wir nur von uns kartographiertes Land beanspruchen könnten, müsste die Frage geklärt werden, welche Genauigkeit beim Kartographieren erforderlich wäre. Müssten wir auf dem fraglichen Land landen, und falls ja, wie lange? Kann unser Anspruch dann nur jenes Gebiet umfassen, das wir vom Boden aus sahen, oder alles, was wir aus einer bestimmten Höhe – welcher? – erkennen konnten? Und bedeutet ein Fuß auf dem Boden über einige Stunden oder Tage anschließend einen absoluten Besitzanspruch?

Nein, dem modernen wissenschaftlichen Entdecker steht es nicht zu, alles, was er sieht, zu beschlagnahmen und in Besitz zu nehmen. Unser Privileg liegt darin, Informationen zu sammeln, die in unserer Zeit der Weltkonferenzen, internationalen Verbände und des Völkerbundes verarbeitet und zum größtmöglichen Nutzen aller berücksichtigt werden.

Unvermeidlich gingen uns einige dieser Fragen durch den Kopf, als wir unsere Maschine drehten und auf den Heimflug einschwenken ließen, doch schon bald galt unsere Aufmerksamkeit dem Problem, sicher zurückzukehren.

Wir konnten sehen, wie sich in der Ferne Wolkenformationen bildeten und wie schon bei unserem Arktisflug im Vorjahr hatte ich abermals Gelegenheit, in hohen Breitengraden und aus großer Höhe ferne meteorologische Bedingungen zu beurteilen und zu beweisen, dass ich in einer Höhe von 2400 Metern durch die Beobachtung von Wolkenintensität und -formation das Wetter in bis zu 500 Kilometern Entfernung vorhersagen konnte.

Dies mag mit der Klarheit der Atmosphäre in den Polarregionen zusammenhängen, teilweise zweifellos aber auch an der Abflachung der Erde an ihren Polen liegen. Meine korrekten Vorhersagen in der Arktis hätten für sich genommen vielleicht einfach auf Glück beruhen können, doch auch in diesem Jahr erwiesen sich unsere Prognosen als korrekt. Dies demonstriert, dass Piloten in hohen Breitengraden mit Kenntnissen in Meteorologie in der Lage sind, schwierigen Wetterbedingungen auszuweichen, wenn sie dies wollen – eine wichtige Fertigkeit.

Wir beschleunigten unsere Maschine und eilten mit 210 Kilometern pro Stunde heimwärts. Trotz dieser Geschwindigkeit erreichten wir unseren Ausgangspunkt keinen Moment zu früh. Als wir Grahamland überflogen, bildeten sich um uns herum Sturmwolken. Im Südwesten spiegelte sich die Sonne im Wasser der Bransfield Strait und ließ die Küsten von Grahamland und der Brabant-Insel leuchten.

Voraus hatten sich die Wolken um Deception Island zugezogen und verbargen die Insel vor unseren Augen, bis wir beinahe direkt über ihr waren. Dann erhaschten wir einen flüchtigen Blick auf einen bekannt aussehenden Felsen und einen Abschnitt der Küste. Aus 1500 Metern Höhe blickten wir durch ein Wolkenloch hinab auf unsere Landebahn.

Eielson drückte die Maschine in einen steilen Spiral-Sinkflug und wir landeten sicher, nachdem wir viele tausend Quadratkilometer Land erkundet hatten, das nie zuvor ein Mensch gesehen hatte.

Nach 40 Stunden harter Arbeit gefolgt von weiteren zehn Stunden eines ungeheuer spannenden Flugs waren Eielson und ich beide völlig erschöpft.

Erfolg

Wir waren in vielerlei Hinsicht sehr erfolgreich gewesen und wussten natürlich, dass wir einen Großteil unseres Erfolgs der Hilfe vieler Freunde verdankten, allen voran unseren Gefährten Joe Crosson und Orval Porter.

Als unsere Maschine sicher abgestellt war, teilten wir die Last unserer ungenutzten Lebensmittel- und Ausrüstungspakete – jedes 50 Kilo schwer – mit unseren Gefährten und trugen sie zur *Hektoria* zurück.

Und was waren unsere Gefühle am Ende einer solchen Reise? Waren wir durchdrungen vom Gefühl des Erfolgs? Ich für meinen Teil war enttäuscht. Wir hatten die gesamte Skala menschlicher Erfahrungen durchlebt. Den Glauben an den Sinn unseres Projekts. Die Hoffnung, eine Chance zu bekommen und auf die Nachsicht der Elemente. Die Anspannung, wenn es schien, als habe sich alles gegen uns verschworen. Die Mühen und Erschöpfung der Vorbereitung. Die Abenteuer, die unvermeidliche Risiken und mittelmäßiges Urteilsvermögen mit sich brachten. Die extremen Gefahren, selbst gewählt aus Furcht vor noch größeren Wagnissen. Die dankbare Freude und Erleichterung angesichts überstandener Gefahren und genutzter Chancen. Die grenzenlose Neugier auf sich vor uns öffnende neue Landschaften. Die extreme Befriedigung, zuvor behauptete Theorien bewiesen zu haben. Nervenkitzel jenseits allen Vorstellungsvermögens. Neue Entdeckungen und tiefe Dankbarkeit, und schließlich das Wissen, für weitere Anstrengungen bewahrt worden zu sein. Aber brachte all dies Freude? Definitiv nicht.

Von der Ruderbank eines offenen Bootes aus hatte ich die gewaltigen Ausmaße der Antarktis eingeschüchtert und voller Ehrfurcht bestaunt. Vom Deck eines im Eis gefangenen Segelschiffs konnte ich nicht anders, als den wunderschönen, großartigen, majestätischen Geist des großen weißen Südens zu lieben und zu verehren. Aber aus der beheizten Kabine eines Flugzeugs, auf Schwingen aus Holz, die mich mit drei Kilometern pro Minute hoch über den aufragenden Bergen dahin trugen, starrte ich unhöflich herab auf ihre glitzernden Gipfel, schaute in die zurückgezogensten Falten ihrer Täler, lüftete Geheimnisse, die bis dahin sicher vor den Menschen verborgen gelegen hatten, und fühlte mich so gemein und schäbig wie ein schmutziger Landstreicher, der in das Ankleidezimmer einer königlichen Dame linst. Doch die Zeit bringt Gleichgültigkeit und Toleranz für die eigenen Vergehen, und schon warte ich auf die nächste Gelegenheit – die sich hoffentlich im kommenden Dezember bietet – die Aufrichtigkeit unserer Absichten zu belegen und abermals in die Geheimnisse der Antarktis zu spähen.

Unsere Maschinen warten auf Deception Island auf uns. Rund 3000 Kilometer Küste – Luftlinie – warten auf ihre Entdeckung. Mit der fortgesetzten Unterstützung unserer Freunde und meinen erfahrenen Gefährten Eielson, Crosson und Porter hoffe ich, diese Aufgabe zu bewältigen.

Dann folgt die wichtigere Arbeit: Mit Hilfe der gewonnenen Erkenntnisse und der Unterstützung einer internationalen

Organisation hoffen wir, nach einigen Jahren der Beobachtung, der Welt Informationen zu liefern, die für alle landwirtschaftlichen Produzenten wirtschaftlich bedeutsam und darüber hinaus insbesondere für Luftreisende wertvoll sind.

Hier, inmitten des Komforts und der Annehmlichkeiten der Zivilisation, wie wir sie in New York genießen, mag schwer vorstellbar erscheinen, weshalb jemand in die gefrorenen Wüsten der Antarktis zurückkehren wollen könnte. Aber nur vom Blickwinkel der Zivilisation aus können diejenigen, die das Privileg einer wissenschaftlichen Ausbildung in Meteorologie genossen haben und Erfahrungen in den Polarregionen sammeln durften, das gesamte Ausmaß der Vorteile erkennen, das sich aus der Arbeit an den Polen gewinnen lässt. Unsere Arbeit hat gerade für die Zivilisation größere Bedeutung als für irgendeine andere Region der Welt, denn ihr Wert wird letztlich im Einfluss auf die Preise aller zivilisatorischen Notwendigkeiten liegen, insbesondere Nahrung und Kleidung. Von den Polarregionen aus können wir die Informationen zusammentragen, die es uns ermöglichen, jahreszeitliche Wetterbedingungen vorherzusagen und Landwirte wie Viehzüchter mit den notwendigen Informationen zu versorgen, durch die sie die richtigen Pflanzen zur rechten Zeit im Jahr anbauen können.

Diese Arbeit kann nicht von Expeditionen geleistet werden, die nur wenige Monate dauern. Sie erfordert jahrelange Studien in Stationen, die sich tatsächlich dauerhaft in der Arktis und Antarktis befinden, und die Ergebnisse dieser Studien müssen mit Beobachtungen aus gemäßigten Breitengraden in Beziehung gesetzt werden. Vermutlich wird der Aufbau solcher Stationen in der Arktis von der Aero Arctic Society organisiert werden, deren Hauptquartier in Berlin[87] liegt, und einige dieser Stationen

87 Im Sommer 1928, nach ihrem Flug von Barrow nach Spitzbergen, aber vor der hier beschriebenen Expedition in die Antarktis, waren Wilkins und Eielson auf ihrer Vortragsreise unter anderem in Berlin gewesen. Bei dieser Gelegenheit waren sie auch Ehrenmitglieder der hier erwähnten Aeroarctic geworden.

werden in Gebieten liegen, die Leutnant Eielson und ich bei unserem Flug im vergangenen Jahr über die Arktis entdeckten.

Die Aero Arctic Society plant, mit Hilfe riesiger Zeppeline sechs Stationen in der Arktis zu unterhalten. Doch wenn die Zeit kommt, die Beobachtungspunkte in der Antarktis zu errichten, werden es Flugzeuge sein und nicht Luftschiffe, auf die wir uns bei der Kommunikation verlassen müssen. Die Flüge unserer diesjährigen Expedition und die von Commander Byrd über der Antarktis belegten jenseits aller Zweifel die Einsetzbarkeit von Flugzeugen im großen weißen Süden. Vom Flugzeug aus konnten wir in diesem Jahr bereits eine Stelle bestimmen, von der aus sich Wetterbeobachtungen gut durchführen lassen sollten. Aber zwischen Hearst Land und dem Rossmeer warten noch immer über 3000 Küstenkilometer darauf, entdeckt zu werden, und irgendwo dort muss eine für Südamerika und Australien außerordentlich wichtige Station errichtet werden.

Unsere Lockheed-Flugzeuge sind nun ohne ihre Tragflächen in einem großen, aus Eisenblechen errichteten Schuppen auf Deception Island untergestellt. In rund einer Woche werden selbst die Walfänger die Insel verlassen haben. Unsere Maschinen warten zusammen mit der Ausrüstung der Walfänger unter dem Schnee auf uns, bis wir irgendwann im kommenden November zurückkehren. Wir machen uns weder Sorgen um die Sicherheit der Ausrüstung, noch fürchten wir, dass sie auf irgendeine Weise Schaden nehmen könnte.

Seit 14 Jahren unterhalten die Walfänger an der Küste von Deception Island eine Anlage zur Weiterverarbeitung gefangener Wale und sie wissen aus Erfahrung, dass ihre Motoren und Maschinen weder Rost ansetzen noch in irgendeiner anderen Form unter den extremen Temperaturen des Winters leiden. Tragflächen und Rümpfe unserer Maschinen sind in wasserdichte Segeltücher gewickelt, die Motoren gut gefettet und geölt und wir erwarten, drei Tage nach unserer Rückkehr nach Deception Island alles zur Fortsetzung unserer geographischen Arbeit bereit zu haben.

Ein gefährlicher Flug

Wir werden unsere beiden Maschinen startbereit machen und früh aufbrechen, um die Schwierigkeiten zu vermeiden, die uns das schmelzende Eis in diesem Jahr bereitet hat. Wir planen, vom westlichsten Punkt Hearst Lands aus nach Süden zu fliegen.

Anstatt der Ostküste, die wir in diesem Jahr überflogen, wird der kommende Flug uns über die Westküste der Inseln führen, die zusammen Grahamland bilden. Es wird ein sehr gefährlicher Flug werden, denn unsere beiden Maschinen werden schwer beladen sein.

Die ersten 300 Kilometer werden über Wasser voller Eisberge führen, anschließend geht es 800 Kilometer zwischen hohen, zerklüfteten Berggipfeln hindurch ohne jeden sicheren Landeplatz. Unsere Flugzeuge werden jedoch mit Kufen ausgerüstet sein und ich erwarte, auf den gewaltigen tafelförmigen Eisbergen, die wir vermutlich in der Gerlache-Straße antreffen werden, für Notlandungen geeignete Flächen zu finden.

Als wir dieses Jahr von Deception Island aus flogen, sahen wir einen 40 Kilometer langen Eisberg mit geraden Kanten und völlig flacher Oberfläche. In einem Notfall hätte dieser Eisberg einen idealen Landeplatz geboten, aber weil er mit den Strömungen trieb, änderte er jeden Tag seine Position.

Sobald wir Hearst Land erreicht haben, werden wir auf Wetterberichte der norwegischen Walfänger im Rossmeer warten und auf Berichte von Commander Byrd. Dann werden wir mit einer Maschine, geflogen von Leutnant Eielson, mit der schwerstmöglichen Ladung abheben und der Küste bis zur Kante des Ross-Schelfeises folgen.

Unsere Entdeckungen in diesem Jahr haben gezeigt, dass die Küste des antarktischen Kontinents südlich der Graham-Inseln flach ist. Wir erwarten, dass diese Bedingungen fast bis zur

Edward-VII-Halbinsel[88] gelten und wir folglich auf der gesamten Reise gute Flugbedingungen haben werden. Stürmisches Wetter erlebt man in der Antarktis in der Regel in der Nähe von Bergen oder offenem Wasser.

Auf Deception Island hatten wir dieses Jahr mehr als genug von solchem Wetter. Als wir weiter in den Süden vordrangen, sahen wir, dass das gesamte Meer unter einer geschlossenen Eisdecke lag und die Bergkette verschwunden war. Selbst die verschneite Oberfläche des neuen Kontinents gab, so beobachteten wir, nur wenig Hinweise auf Wind in jener Region.

Die Tatsache, dass der amerikanische Sektor des antarktischen Kontinents eine flache Küste aufweist, beschert uns zwar vermutlich besseres Wetter, birgt im Fall von Motorproblemen aber eine zusätzliche Gefahr: Vor unserem diesjährigen Flug glaubte ich, eine Expedition könnte der antarktischen Küste zu Fuß folgen, doch unsere Beobachtungen zeigten, dass dies ein sehr schwieriges Unterfangen wäre. In Ufernähe des flachen Landes ist das Eis so fürchterlich von Spalten zerfurcht, dass man der Küstenlinie unmöglich exakt folgen kann und stattdessen entweder in einiger Distanz landeinwärts oder auf dem schwimmenden Eis wandern müsste.

Ein lohnendes Risiko

Bei einer Reise über Land wäre es unmöglich, unsere Lebensmittelvorräte aufzufüllen. Auf dem Meereseis, wo wir eventuell Robben oder Pinguine jagen könnten, wäre es andererseits extrem gefährlich, denn während des gesamten Jahres brechen von Zeit zu Zeit große Eisschollen vom landfesten Eis ab und treiben davon – möglicherweise bis in den offenen Ozean, wo sie verschwinden.

88 Die Edward-VII-Halbinsel ist eine antarktische Halbinsel an der nordöstlichen Grenze des Ross-Schelfeises.

Aus diesen Gründen werden wir nach unserer Rückkehr mit besonderer Sorgfalt auf unsere Motoren und unsere Ausrüstung achten müssen. Wir planen, kurz nach dem ersten September dieses Jahres erneut nach Süden aufzubrechen. Wir werden mit dem besten tragbaren Radioapparat ausgestattet sein, der erhältlich ist. Nach einigen weiteren wenigen Nachbesserungen unserer Ausrüstung, die wir nach dem intensiven Test unserer letzten Expedition für wünschenswert halten, erwarten wir von dieser Seite keine größeren Schwierigkeiten.

Unsere nächste Expedition wird vermutlich ein größeres Risiko beinhalten, als wir anfangs vermuteten, aber das, was wir bereits gesehen haben, überzeugt uns, dass es das Risiko wert ist.

Mit der Unterstützung der fähigen Männer, die mich in diesem Jahr begleiteten und die ihren Wert so oft bewiesen haben, freue ich mich voller Ungeduld auf die Zeit, wenn wir erneut die Antarktis besuchen.

Nachdem wir das Rossmeer erreicht haben, was irgendwann im kommenden Dezember der Fall sein sollte, planen wir, sofort mit den Walfängern Kontakt aufzunehmen, damit sie zu uns kommen können. Mit ihnen werden wir nach Tasmanien zurückkehren, wo wir im März oder April nächsten Jahres eintreffen sollten.

Unser Langstreckenflug sollte die geographische Arbeit vollenden, die wir uns vorgenommen haben. Im Anschluss wartet die noch größere Aufgabe auf uns, eine internationale Behörde zu organisieren, welche die langfristige Erforschung der entdeckten Regionen koordiniert. Dies ist eine Frage, der sich die verschiedenen nationalen wie internationalen wissenschaftlichen Gesellschaften und Gesellschaften zur Erkundung der Welt zuwenden müssen.

Wir hingegen werden voller Enthusiasmus zurückkehren, um den Weg noch weiter in den Süden zu ebnen!

Nachtrag des Übersetzers

Die zuletzt beschriebenen Pläne für das Jahr 1929/1930 ließen sich nicht umsetzen: Wilkins brach zwar wie angekündigt im September nach Deception Island auf, jedoch ohne Eielson und Crosson, da sich Eielson um eine von ihm gegründete Fluggesellschaft in Alaska kümmern wollte. Die Bedingungen in der Antarktis waren abermals viel zu warm, im Vergleich zum Vorjahr hatte sich das Eis deutlich zurückgezogen. (Nasht zufolge veranlassten Wilkins diese Bedingungen später dazu, auf die langfristigen globalen Klimafolgen hinzuweisen, die sich aus den tauenden Eiskappen ergaben. Wilkins war damit einer der ersten, die diesen Zusammenhang herstellten.) Wilkins blieb nur, die Flugzeuge mit Schwimmern auszustatten, mit denen aber keine Landung auf dem Küsteneis möglich war. Folglich ließ sich der geplante Langstreckenflug zum Ross-Schelfeis nicht durchführen, es wurden lediglich einige kleinere Entdeckungen gemacht. (Etwa konnte Wilkins bestätigen, dass die Charcot-Insel vor der Westküste von Grahamland tatsächlich eine Insel war – die zugehörige Meerenge trägt heute Wilkins' Namen: Wilkins Sound.)

Ein weiterer schwerer Schlag war Eielsons plötzlicher Tod im November 1929, während Wilkins auf Deception Island war. Eielson war zusammen mit seinem Mechaniker auf einem Rettungsflug für den im Eis feststeckenden Frachter *Nanuk* abgestürzt. Crosson war einer der Piloten, die in den folgenden Wochen nach ihm suchten, bis schließlich das Wrack von Eielsons Maschine gefunden wurde. Bei dem Unglück spielte unter anderem ein Bruch in den diplomatischen Beziehungen zwischen Russland und den Vereinigten Staaten eine Rolle, der dazu führte, dass die beiden Länder ihre Wetterdaten nicht austauschten und

Eielson und andere hilfswillige Piloten praktisch zum Blindflug zwangen.

Unmittelbar nach seiner Rückkehr nach New York teilte Wilkins den am Hafenkai auf ihn wartenden Reportern mit, für ihn sei die Fliegerei beendet.

(vgl. Nasht 2006, S. 205–208)

Quellen

Originalliteratur

Amundsen, Roald, 1925, Die Jagd nach dem Nordpol. Mit dem Flugzeug zum 88. Breitengrad. Ullstein Verlag, Berlin, 306 S.

Anschütz-Kaempfe, Hermann, 1902, Das Unterseeboot im Dienste der Polarforschung. Vortrag gehalten im Januar 1902 in der K.u.K. Geographische Gesellschaft zu Wien, 30 S.

Berson, Arthur und Leonid Breitfuß, 1928, Die »Detroit News Wilkins Arctic Expedition« und der Berliner Besuch der Herren Wilkins und Eielson. Arktis 1 (3/4), S. 121–122.

McKinlay, William Laird, 1999, Karluk – Die Geschichte einer verratenen Expedition. Kiepenheuer & Witsch, 253 S.

Miethe, Adolf und Hugo Hergesell (Hrsg.), 1911, Mit Zeppelin nach Spitzbergen. Deutsches Verlagshaus Bong & Co., Berlin, 291 S.

Mittelholzer, Walter (Hrsg.), 1924, Im Flugzeug dem Nordpol entgegen. Junkers'sche Hilfsexpedition für Amundsen nach Spitzbergen 1923, Orell Füssli, Zürich, 106 S.

Rebitzki, A. und W. Geisler, 1919, Eine neue deutsche Nordpol-Expedition, Petermanns Geographische Mitteilungen 65 (1/2), 1–6.

Rebitzki, A. und W. Geisler, 1920, Eine neue deutsche Nordpol-Expedition, Petermanns Geographische Mitteilungen 66 (7/8), 147–153.

Rodewald, Martin, 1928, Die Wetterlage im nördlichen Polargebiet während des Polfluges von Hauptmann Wilkins am 16. April 1928. Annalen der Hydrographie und maritimen Meteorologie, 192–195, Tf 19.

Sverdrup, Harald U., 1931, Die wissenschaftlichen Arbeiten auf der Wilkins-Ellsworth-Expedition 1931. Arktis. Vierteljahresschrift der Internationalen Gesellschaft zur Erforschung der Arktis mit Luftfahrzeugen. 4 (3/4), 49–50, Tf. 16.

Wilkins, George Hubert, 1928, Flying the Arctic. G. P. Putnam's Sons, New York/London, 336 S.

Originalquellen

Wilkins' Nachlass befindet sich im Archiv des Byrd Polar Research Centers an der Ohio State University in Columbus (Ohio, USA).

Weiterführende Sekundärliteratur

Breitfuß, Leonid, 1929, Neues über die Antarktis. Arktis (3), S. 89–92, Tf 1.

Lüdecke, Cornelia, 2011, Roald Amundsen. Ein biografisches Portrait. Herder, Freiburg, 208 S.

Nasht, Simon, 2006, The Last Explorer: Hubert Wilkins, Hero of the Great Age of Polar Exploration. Arcade Publishing, New York, 346 S.

Rackwitz, Erich, 1958, Reisen und Abenteuer im Zeppelin. Nach Erlebnissen und Erinnerungen des Dr. Hugo Eckener. 2. verbesserte Auflage, Verlag Sport und Technik, Neuenhagen bei Berlin, 283 S.

Tilgenkamp, Erich, 1957, Schwingen über Nacht und Eis. Neues Leben, Berlin, 351 S.

Filme

Mit dem U-Boot in die Arktis? Sir Huberts Reise zum Nordpol. Dokumentarfilm, Deutschland, 2011, 52 Min., Regie: Hans Fricke, Sebastian Fricke, Produktion: FrickeFilmproduktion.

Links im Internet

Anschütz-Kaempfe

Biographie von Hermann Anschütz-Kaempfe, die auch auf den Plan, die Arktis mit dem U-Boot zu erforschen, und auf seine Erfindung des Kreiselkompasses eingeht.

https://de.wikipedia.org/wiki/Hermann_Anschütz-Kaempfe *<angesehen 16.02.2016>*

Junkers

Beschreibung der Junkers-Expedition nach Spitzbergen.

https://www.unibw.de/IfG/Org/schriftenreihe/heft-88-2012/forster-r/junkers-auf-spitzbergen.-ziel-verschiebungen-von-expeditionsreisen-der-zwanziger-jahre *<angesehen 22.2.2016>*

Polargebiete aus der Luft

Cornelia Lüdeckes Dissertation über die deutsche Polarforschung zwischen 1900 und dem Zweiten Weltkrieg mit ausführlicher Darstellung deutscher Pläne und Expeditionen zur Erforschung der Polargebiete aus der Luft.

http://hdl.handle.net/10013/epic.10159 *<angesehen 16.02.2016>*

Wilkins

Ausführliche Biographie von Hubert Wilkins.

https://de.wikipedia.org/wiki/Hubert_Wilkins *<angesehen 16.02.2016>*

Zeppelin-Studienexpedition

Beschreibung der deutschen arktischen Zeppelin-Studienexpedition nach Spitzbergen im Jahr 1910 und ihrer Forschungsergebnisse.

https://www.unibw.de/IfG/Org/schriftenreihe/heft-88-2012/88-luedecke/index_html *<angesehen 16.02.2016>*

Bildnachweis

Breitfuß 1929	S. 27, 283
Grotewahl Nachlass, Archiv für deutsche Polarforschung, Alfred-Wegener-Institut, Bremerhaven	S. 31
Rodewald 1928	S. 25
Sverdrup 1931	S. 33
Wide World Photos, Wilkins 1928	S. 2
Wilkins Nachlass	S. 35, 37, 47, 65, 77, 83, 125, 139, 209, 211, 237, 290, 293, 295

Editorische Notiz

Trotz aller Bemühungen konnte die Rechtslage der Texte und Abbildungen nicht endgültig ermittelt werden. Der Verlag verpflichtet sich deshalb, etwaige rechtmäßige Ansprüche in adäquater Form abzugelten.

Bibliografische Information der Deutschen Nationalbibliothek
Die Deutsche Nationalbibliothek verzeichnet diese Publikation in der Deutschen Nationalbibliografie; detaillierte bibliografische Daten sind im Internet über http://dnb.d-nb.de abrufbar.

Der Text wurde übersetzt nach der Ausgabe: George Hubert Wilkins, Flying the Arctic (New York/London: G. P. Putnam's Sons, 1928).
Covergestaltung: Kerstin Göhlich, Wiesbaden
Bildnachweis Cover: Wilkins Flies Over North Pole From Alaska. Photographie, 1928 © akg-images GmbH, Berlin / TT News Agency, Vorsatz: Kartographische Anstalt von F. A. Brockhaus, Leipzig
Satz und Bearbeitung: Medienservice Feiß, Burgwitz
Der Titel wurde in der Adobe Garamond gesetzt.
Gesamtherstellung: CPI books GmbH, Leck – Germany

ISBN: 978-3-7374-0025-1
www.verlagshaus-roemerweg.de